"十四五"职业教育国家规划教材

高等职业教育高速铁路客运乘务专业系列教材

高速铁路安全管理与应急处置

主　编　王芳梅　刘　杰　龙　讯
副主编　陈　健　王玲玲　代佳妮

科学出版社
北　京

内容简介

本书结合高速铁路（简称“高铁”）的车站、列车、车辆、供电、信号、通信相关岗位的实际工作流程，以岗位需求为导向、以提高学生实际操作能力为目标编写而成。

全书包括四个项目，主要介绍高铁安全管理通识、高铁客运突发事件安全管理与应急处置、高铁行车突发事件安全管理与应急处置、高铁设备故障安全管理与应急处置，每个项目分为若干任务。本书在附录中给出了各种客运记录、电报的模板，以供读者学习。

本书既可作为高职高专院校高铁相关专业的教学用书，亦可作为铁路职工的培训教材。

图书在版编目（CIP）数据

高速铁路安全管理与应急处置/王芳梅，刘杰，龙讯主编．—北京：科学出版社，2018.4（2024.2 修订）

（“十四五”职业教育国家规划教材・高等职业教育高速铁路客运乘务专业系列教材）

ISBN 978-7-03-056378-1

Ⅰ. ①高…　Ⅱ. ①王…　②刘…　③龙…　Ⅲ. ①高速铁路－安全管理－高等职业教育－教材　Ⅳ. ①U238

中国版本图书馆 CIP 数据核字（2018）第 012431 号

责任编辑：高立凤 / 责任校对：赵丽杰

责任印制：吕春珉 / 封面设计：东方人华平面设计部

科学出版社 出版

北京东黄城根北街 16 号

邮政编码：100717

http://www.sciencep.com

三河市骏杰印刷有限公司印刷

科学出版社发行　各地新华书店经销

*

2018 年 4 月第　一　版　开本：787×1092　1/16

2025 年 2 月第十五次印刷　印张：17 1/4

字数：355 000

定价：53.00 元

（如有印装质量问题，我社负责调换）

销售部电话 010-62136230　编辑部电话 010-62195035（VF22）

前　言

党的二十大报告指出："高质量发展是全面建设社会主义现代化国家的首要任务"。"建设现代化产业体系。坚持把发展经济的着力点放在实体经济上，推进新型工业化，加快建设制造强国、质量强国、航天强国、交通强国、网络强国、数字中国。"具有世界领跑地位的中国高铁是建设的重点之一。中国高铁因其技术先进、安全可靠、快捷高效、舒适便利等特点已越来越受到人们的青睐，但是由于设备、人为及自然灾害等因素的影响，高铁也难免会发生各种突发状况，加之高铁列车速度快，一旦发生安全事故，所造成的生命财产损失巨大，社会影响难以逆转。这就要求高铁职工具有很强的安全意识和应急处置技能。

重庆公共运输职业学院自建校以来一直致力于培养高铁相关专业人才，本书由重庆公共运输职业学院与中国铁路成都局集团有限公司、贵阳市城市轨道交通集团有限公司合作开发，按照产出导向教学理念（outcome based education，OBE)，对接高铁车务、乘务和电务相关岗位，遵循"一专多能"原则，依托订单人才培养项目，融入企业规章和职业技能等级证书考核标准，基于岗位实际工作流程及典型工作任务，"产教融合"地建构内容，旨在使学生掌握与工作相关的安全知识，具备应急处置技能。

本书采用项目—任务式结构，每个任务均围绕企业"知风险、善预防、能处置"的用人需求为思路设计内容，并提供真实案例，帮助学生学会分析、解决实际问题，满足"理实一体化"教学需求。"任务自测"嵌入了企业相关岗位技能等级证书认定题目及技能竞赛考核题目，帮助学生复习巩固所学知识，为考取职业技能等级证书和参加职业技能竞赛奠定基础，满足"岗课赛证"综合育人需求。

本书深入贯彻实施科教兴国战略，根据新时期党和国家的中心任务，分析高速铁路建设的中心任务，明确育人目标，将总体国家安全观、奋斗精神、劳动精神、奉献精神、创新精神、人民至上、文化自信、依法治国、绿色发展等思政元素与专业知识有机融合，大力推进交通人才德育工作。

本书由重庆公共运输职业学院王芳梅、龙讯和重庆工程职业技术学院刘杰担任主编，负责全书框架和编写思路的设计及统稿工作；由贵阳市城市轨道交通集团有限公司陈健和重庆公共运输职业学院王玲玲、代佳妮担任副主编。具体编写分工如下：刘杰编写项目 1 和项目 3，王芳梅、王玲玲、代佳妮编写项目 2，龙讯、陈健编写项目 4 和附录。

在编写本书的过程中，编者得到了中国铁路成都局集团有限公司、贵阳市城市轨道交通集团有限公司、重庆江跳线轨道交通运营管理有限公司、中国铁路上海局集团有限公司、中国铁路昆明局集团有限公司、中国铁路沈阳局集团有限公司及重庆市急救中心的大力支持，在此一并表示衷心的感谢！

由于编者水平有限，书中不足之处在所难免，敬请广大读者批评指正。

编　者

2024 年 2 月

目　录

项目 1

高铁安全管理通识

项目描述

高速铁路是重要的民生工程，作为一种绿色低碳运输方式，其运输安全是否有保障将直接影响绿色低碳生活方式的形成。本项目通过对高速铁路安全管理现状的学习，培养铁路运输从业人员在安全生产方面的职业素质，使其将总体国家安全观贯穿于铁路运输生产全过程。

学习目标

1. 了解国内外铁路安全管理概况。
2. 了解中国高铁的发展历程，养成安全生产的职业素养。
3. 认识到“安全责任重于泰山”，深刻理解安全对于铁路发展的极端重要性。
4. 认识到铁路运输系统中各个岗位工作人员应有的工匠精神和敬业精神对确保安全行车的重要性。
5. 了解各个科学技术领域在为象征“中国速度”的高铁发展中的具体应用。

任务 1.1 了解高铁安全管理概况

知识准备

1.1.1 国内高铁安全管理概况

安全管理概述

基本认知

铁路行车安全既是铁路运输产品的质量特征，也是各部门工作质量的综合反映，更是法律赋予铁路运输的责任和义务。加强高铁安全管理是确保人民群众生命财产安全、铁路运输行业安全经营，以及我国铁路现代化建设顺利进行的需要。安全和速度并不矛盾，高铁的迅速发展对安全管理提出了一系列新要求，我们必须正视安全管理中存在的问题，树立新的安全管理理念，完善高铁规章制度，规范基础管理，健全高速铁路安全法律、法规保障体系，坚持法治国家、法治政府、法治社会一体建设，科学立法、严格执法、公正司法、全民守法，推进我国高铁运输等工作全面法治化。

安全管理技术保障

高铁一旦出了故障，就必须进入应急管理状态。日本、法国、德国的高铁运营企业都针对各自的国情和常见故障类型制定了应急预案。例如，日本是一个地震频发国，应对地震是新干线所必须攻克的安全运营课题。据悉，日本的新干线都装备了紧急地震监测报警系统，这套系统依靠设置在各地的地震仪捕捉地震初期的纵波，在危害更大的横波到来之前切断列车的供电，同时紧急停车，将损害控制在最低限度。随着地震仪数量的增加，紧急地震监测报警系统的反应时间已从最初的 3 秒缩短到目前的 0.3 秒。正是有了多重的保障措施，2011 年日本发生“3・11”大地震时，以时速 270 千米运行在东京、青森、福岛与岩手之间的 23 趟列车才能全部安全停车。

事故发生时可以启动应急预案，但是更重要的是平时的多重技术保障。同样，日本新干线已普及自动列车控制装置，能根据列车与前面列车的间距及铁路线状况自动限制列车速度、保持车距。另外，日本在新干线可能因地震等发生脱轨的地区、列车脱轨可能带来重大损失的道岔附近，以及铁轨的内侧都安装防脱轨装置，一旦发生可导致脱轨的情况，车轮就会被该装置控制。新干线车厢的转向架中央还设置了防逃逸装置，万一出现脱轨，车厢也不会大幅度脱离线路。

高铁技术发展

我国的高铁建设起步较晚，但是中国高铁的发展和运营实践表明，高铁在我国有很大的发展空间和潜力，我国充分利用后发优势，实现了铁路的跨越式发展。目前，我国高铁运营状况总体较好，设备质量可靠。无论是线路基础、通信信号、牵引供电等固定设备，还是动车组等移动设备，均质量稳定、安全可靠。由于高铁运输安全稳定、方便快捷，因此其受到了广大旅客的青睐，市场需求旺盛。2021年，全国铁路运营里程突破15万千米，其中高铁运营里程突破4万千米，全年开行中欧班列1.5万列，2021年旅客发送量实现恢复性增长，达到25.3亿人。

从中国首条设计时速350千米的高速铁路京津城际铁路通车到现在，中国高铁实现了从追赶到并跑、再到领跑的历史性变化。党的十八大以来，中国高铁发展进入快车道，运营里程快速攀升：2013年突破1万千米，2016年突破2万千米，2019年突破3万千米，2021年突破4万千米，“四纵四横”高铁网提前建成，“八纵八横”高铁网加密成型。与此同时，中国高铁技术水平飞速提升，形成了涵盖高铁工程建设、装备制造、运营管理三大领域的成套高铁技术体系，总体进入世界先进行列。

根据“十四五”规划，到2025年，全国铁路运营里程将达到17万千米左右，其中高铁（含城际铁路）5万千米左右。届时，这张世界上最现代化的铁路网和最发达的高铁网将以更加闪亮的形象改变中国、影响世界。

高铁作为现代社会的一种新的运输方式，具有极为明显的优势。在运行速度上，目前我国高铁最高时速达到486.1千米；在运输能力上，一个长编组的列车可以运送1 000多人，每隔3分钟就可以开出一趟列车，运力强大；在适应自然环境上，高速列车可以全天候运行，基本不受雨雪雾等天气的影响；在列车开行上，采取“公交化”的模式，旅客可以随到随走；在节能环保上，高铁是绿色交通工具，非常适应节能减排的要求。

高铁线路应能保证列车规定的最高速度，安全、平稳和不间断地运行。因此，铁路线路的整体或各个组成部分都应当具有一定的坚固性和稳定性。

高铁能以300千米以上的时速安全行驶，主要是由以下几个条件保证的：能高速行驶的列车、无砟轨道、全封闭的线路和智能化的交通信号系统。当动车组以每小时300千米速度运行过程中出现两车交会或高速通过隧道时，车体会受到一个巨大的“挤压力”，相当于拇指大小的面积承受6千克的重物，这无疑是对车体结构可靠性的重大考验。

2020年8月，中国国家铁路集团有限公司（以下简称“国铁集团”）发布了《新时代交通强国铁路先行规划纲要》，明确了“率先建成现代化铁路强国”的奋斗目标，让新一代信息和智能技术与铁路技术融合发展的趋势不断加快，在京津冀协同发展大背景下，中国铁路将依托智能京张、智能京雄等重点项目，智能高铁顶层设计持续优化，覆盖智能建造、智能装备、智能运营三大领域的智能铁路成套技术体系、数据体系和标准体系成功构建并不断完善，智能铁路技术发展路线更加明确，中国铁路正在由高速发展阶段向高质量发展阶段转换。

1. 中国动车组的车体

中国动车组的车体包括车窗玻璃和门等在内，都按照90对次的列车交会速度，经过了 20 万余次的模拟试验。高铁的挡风玻璃共有 6 层，包括 3 层无机玻璃、2 层软塑料及 1 层 2～3 毫米厚的防飞溅层，飞来的物体即便将 5 层车窗玻璃全部击碎，最后也会被防飞溅层像网一样兜住。驾驶员前方的玻璃是球面防弹玻璃，不怕撞击，有报道称，即使在行驶时速达到 400～500 千米时遭遇重 1 千克的飞石撞击，也不至于产生破碎的危险。

2. 国内高铁列车脱轨系数与机车检修

1）衡量列车运行安全性的一个重要指标是脱轨系数。国际相关标准规定，无论运行速度多快，脱轨系数都不得大于 0.8。我国 CRH380A 型动车组实测中的脱轨系数小于 0.13，远低于国际标准。

2）除设计和制造外，检修也是保证安全的一个关键环节。据介绍，国际上机车检修通常分为零部件、系统和车辆三个级别。其中，零部件级别的检测已经成熟，分为 A、B、C 三档。系统级别的检测则是用真车做针对不同子系统的安全性试验，试验时还要加入各种激扰和失效，如让减震器停止工作，在这种情况下观察列车是否能正常运行。车辆级别的检测则有一整套高速列车试验规范可以遵循，由国铁集团安全监督管理局等组织实施评估。为了尽可能将人为因素的影响降到最低，不仅检测设备水平在提高，检测系统也已高度自动化，需要人工操作的部分实际已经很少。

3. 高铁线路

（1）线路结构失效的原因

在高速条件下，线路受到较高频率的动荷载作用。列车运行速度越快，动力响应越大，轨道的损伤和路基的变形越大。轨道的损伤和路基的变形又会导致列车运行不平稳，产生更大的动力响应。如果路基和轨道在列车运行荷载下的空间位置和轨顶表面状况不能保持稳定，则必会造成恶性循环，最后导致线路结构的彻底失效。线路结构的失效有以下两种原因。

1）钢轨在高频动荷载作用下发生轨头磨耗、空间位置移位及疲劳折断。这种失效状态是否产生主要取决于钢轨动应力的大小，在列车质量和运行速度一定的情况下，减小钢轨动应力的途径是使轨排具有一定的弹性，从而将车轮动荷载扩散到车轮作用点相邻的数个钢轨扣件范围内，以避免过高的局部钢轨应力。相应的技术措施是在钢轨下面放置具有特定弹性性能的垫板，使轨排具有适当的弹性系数。

2）路基变形过大，传递至轨顶，引起线路位置的空间不平顺，导致高速列车运行时产生过大的动力响应，造成变形和动力响应的恶性循环。这种失效状态是否产生主要取决于路基的变形稳定性，即在列车荷载下不应产生过大的变形，且尽可能减小残余变形。从减小残余变形的角度考虑，要求减小路基的弹性，因为路基材料是非线性弹性的，路基弹性越大，变形越大，残余变形也越大。由于路基的变形不可避免，故应尽量保证路基变形的均匀性。相应的技术措施是提高路基的施工压实标准。高铁的路基压实系数应在 0.95 以上。

（2）高铁线路要求

高铁对线路结构的变形性能具有较高的要求，弹性太小，会导致第一种失效状态；弹性太大，又可能导致第二种失效状态。

线路结构由钢轨、连接件、轨下基础、道砟和路基等组成，各部分具有各自的变形特性，因此应对各部分的力学参数进行综合优化设计，使其总体变形性能达到高铁对线路结构的变形性能要求。

1）在高铁桥梁地段，线路结构面临更复杂的技术问题：一方面，高速运行条件下对线路的变形控制较高；另一方面，桥梁会受到高速列车所带来的巨大纵向力（包括正常运行的轮周牵引力、制动力、起动力），气温变化导致的梁内和焊接长钢轨内的约束应力，桥梁风荷载、基础倾斜、单侧阳光照射等因素造成的横向力和不对称力。这些力会对桥梁的纵向连接强度、钢轨应力、支座强度、横向稳定性等产生很大的影响。因此，必须研究这些力在整个桥梁结构中的传播情况，从而采取相应的设计对策，以保证桥梁的纵向强度和横向稳定性。设计对策包括在合适的位置设置钢轨伸缩装置，特殊的梁、墩刚度比，合理的轨道、梁、墩连接，合理的钢轨纵向移动阻力参数，采用特殊构造的支座等。

2）在高速铁路隧道地段，由于列车速度快，活塞效应将更加显著。除列车受到的空气阻力在量上有很大的增加外，空气动力效应还会产生质的变化。在隧道内空气压力波的传递速度会受到影响，如果该速度小于列车运行速度，则将可能出现强烈的瞬变压力效应，不仅使旅客耳朵产生明显不适，还会危及洞口环境，对列车的安全构成威胁，并产生噪声污染问题。其中，隧道断面面积、隧道内表面状况及隧道洞门形式是主要控制因素。因此，加强隧道空气动力学研究是隧道设计的理论基础。

3）普通的列车钢轨由碎石路砟和枕木固定，虽然承压力比较好，但完全不能承受列车的高速运行。无砟轨道是将钢轨直接浇筑在混凝土上，这样能保证即使列车高速行驶，钢轨也不会变形。中国的高铁轨道采用先进的无砟轨道技术，以降低安全风险。

复兴号列车实现国内31个省区市全覆盖，中老铁路开通运行，中欧班列发展迅猛，西部海陆新通道稳步发展，中国助力修建的雅万高铁也跨越山河的友谊路，让“一带一路”共建国家之间更好地实现了互联互通。随着中国高铁事业的迅速发展，关注该领域的安防企业越来越多，竞争愈演愈烈。相信随着中国高铁事业的发展，以及安防企业对高铁关注度的不断提升，将会有更多的参与者为象征着“中国速度”的高铁保驾护航，为推动构建人类命运共同体贡献更多更好的中国智慧、中国方案、中国力量。

1.1.2 国外高铁安全管理概况

基本认知

发达国家的铁路行车安全保障都有一个共性：安全管理法制化、科学化，安全装备高新技术化，安全保障系统综合化、集成化。

安全管理技术保障

1）持续供电：高铁沿途每50千米就会有一个变电站，其内部利用一种特殊的分相系统，自动将电能从变电站转换给正在行驶的列车，这样列车就可以不断从变电站获得推进力并不断前进。

2）防止脱轨装置：防止脱轨装置安装在线路路基的两条铁轨之间，一旦发生地震或其他冲击性灾害，逸脱的车轮将会被该装置控制，最终回到轨道上，以防止列车脱轨和颠覆。另外，车厢的转向架中央设置防逃逸装置，即使出现脱轨，车厢也不会大幅度脱离线路。

3）防止相撞：高铁的运转系统称为列车自动控制装置（automatic train control，ATC），它能自动控制列车之间的距离以防相撞。列车的驾驶室内会显示计算两车之间的距离后得出的最高限速，以及与下一站之间的距离和轨道情况。高铁列车的限速会根据列车距离停车点距离分别逐级设置不同的限制速度。高铁列车的限速一般设定为210千米/时、160千米/时、110千米/时、70千米/时、30千米/时、0千米/时。以日本新干线为例，当列车距停靠站10千米、5千米、1千米时，列车自动控制装置会自动将列车的时速分别降至210千米、110千米、70千米。列车长具有速度的决策权，当速度超过允许的极限的时候，给出红色信号的提醒。如果驾驶员贸然前行，ATC就会强行自动停止。

4）及时制动：高铁的每节车厢均是多部件电车，车上每个轮轴都有独立的直流电动机，每节车厢都有两个支架，共四个轮轴，因此每个车厢都有四台发动机。这可以让列车所有轮轴同时制动以便快速停车。

5）严刑峻法：如日本政府颁布的《新干线特例法》，对于各种妨碍新干线运行的行为做出了严厉的处罚规定。在日本的铁路安全文化中，发生事故后必须一查到底。由独立的铁道事故调查委员会调查，保证其调查评估结果的公正性。铁路公司职员只能协助提供相关数据，不介入评估。评估报告对全社会公开，可以从网上下载。

高铁技术发展

1. 日本

日本新干线自1964年10月1日开通以来，被称为全世界最安全的高速列车之一。这主要得益于两个基本原则：一是凡涉及安全运行的关键地方尽量排除人的介入而由机器自动操作；二是一旦发生事故，便要彻底查清事故原因，并提出相应的解决措施，绝对不允许同样的事故再次发生。

新干线在硬件设计时就考虑到不给人犯错误的机会。新干线不仅在东京和大阪设置了对行驶的列车进行监视和远距离控制的中央控制系统，每条线路上还安装了列车速度自动控制系统。在线路设计上，新干线完全独立于既有铁路线，没有容易发生事故的平交道口，全线都采取了防止人畜等进入轨道的措施。另外，为了保证行车安全，新干线会对行驶10年的车体进行彻底的解体分析检查，并对金属的疲劳程度进行验证。

日本铁道株式会社特别注重驾驶员的安全意识教育。例如，行驶中的新干线列车上存在驾驶员打盹、用手机拍照等现象，这些情况被曝光后，舆论哗然，驾驶员也因此被解雇。

2. 法国

法国现有铁路总长31 939千米，其中高铁线为2 000千米，居欧洲第二位，2014年创造574.8千米的时速纪录。法国建设高铁的设想始于1955年，法国国营铁路公司在波尔多—莫桑克斯之间测试火车机车性能，最高时速达到331千米，创造了当时的世界纪录。这也给法国建造高铁网络开创了一条思路。法国真正开始设想高铁是在1960年以后，当时日本已经开始建造新干线。

（1）法国高铁线路

法国第一条高铁巴黎—里昂线于1971年立项，1976年动工，1983年全线通车，全过程历时12年。在此基础上，法国陆续建造了高铁大西洋线（巴黎—图尔、勒芒）、北线（巴黎—加来、比利时边境）、地中海线（瓦朗斯—马赛）、东线（巴黎—斯特拉斯堡）、东南延伸线（罗纳河—阿尔卑斯）、巴黎地区联络线。其中，北线和欧洲之星及比利时、荷兰的铁路联通，东线与德国、瑞士的铁路联通。考虑国际能源紧张，法国高铁机车从最初设计时的燃气机车改进为最终使用的电力机车，机车所用电力通过架空线从附近核电站输送。法国高铁轮轨列车试验时能达到的最高时速为650千米，实际运行时速保持在220～330千米。

（2）法国高铁的安全管理模式

法国高铁自投入运营以来，就以其安全、快速、便捷和舒适等特性吸引了广大旅客，成为法国民众及外国游客在法国境内，以及法国周边国家旅行时的首选交通工具。法国对高铁的安全管理非常严格，具体措施如下。

1）在设计建造过程中严格把关。法国第一条高铁从立项到正式通车历时12年。如果算上前期的技术研发阶段，这个过程几乎达到30年。在如此漫长的过程中，负责设计建造的阿尔斯通公司和负责运营的法国国营铁路公司以谨慎、科学的态度对待每一个细小项目，从路轨的转弯半径是否有安全隐患到驾驶室侧窗是否会引起驾驶员视觉疲劳，几乎每个细节都在其考虑、试验和实施范围内。

法国高铁列车系统最初由阿尔斯通公司单独设计建造，现在部分业务转由庞巴迪公司研制；法国国营铁路公司拥有运营及维护技术，承担基础线路的建设；信号和指挥控制系统由阿尔卡特公司、安赛尔多公司提供；接触网由阿梅克斯罗尔公司提供。可见，承担高铁设备研发、制造的供应商都是信誉良好、技术领先的业界领军企业。

2）制定铁路标准并严格执行。法国政府有专门针对铁路领域的标准化机构——铁路标准协会，专门制定、实施、维护铁路相关标准。该协会是法国国营铁路公司、巴黎运输公司和法国铁路工业联盟共同决议成立的。

铁路标准协会拟定的标准先要进行验证，验证通过后会在网上公布，供社会各方充分讨论研究。以高铁列车技术为例，制定轨道空气动力学标准时，法国曾预先进行包括风洞实验、高速列车现场试验、理论研究与模拟计算等一系列准备工作，最终形成了现行的高铁列车技术标准。法国铁路标准体系在通用性、系统性与逻辑性、前瞻性与先进性、理论性与实用性、严谨性与灵活性等方面相当科学。这些标准为法国高铁的安全运行奠定了坚实基础。1996年，欧洲联盟各国的国有铁路公司共同决定采用法国高速列车技术作为欧洲高速列车的通用技术标准。

3）重视试运行和人员培训。法国每条高铁线路建成后，都会有9～12个月的预运营期。预运营期间，列车不搭载旅客，进行空载运行与模拟负载运行，以测试及验证列车及轨道在各种可能情况下的状态。预运营阶段的一个主要任务是进行驾驶员和相关技术人员培训，使驾驶员熟练掌握列车操作和线路状况，使铁路沿线技术人员熟练掌握相关技术设备的操作和故障处理方案等。由于驾驶员长期处于高度紧张的工作环境，因此除提供高薪外，一般在岗工作一段时间后会有一段很长时间的假期。

4）铁路运行监管。负责法国铁路安全的法国公共铁路安全局隶属于法国交通运输部，但其财政管理体系不受交通运输部直接领导，拥有高度自主权。这保证了法国公共铁路安全局在资金和人事上不受制于外部因素，增强了其独立执法性，有利于铁路的安全监管。法国还有另一个与公共铁路安全局分工不同，但职能互相补充的部门——针对道路交通事故调查的交通事故调查署①。它可以对一项未发生但已经预见到的威胁进行提前干预，也需要对任何重大事故做详细的事故分析报告。

5）降低事故伤亡率。法国高铁运营的几十年里，虽然发生过一些事故，但是概率相对较低，这与铁路系统完善的监测报警系统是分不开的。在巴黎—里昂线上，没有平行交道口和隧道，铁路沿线不设置单独的行车信号，统一采用自动安全信号系统。除此之外，法国高速列车还设有驾驶员防睡监视器、火灾报警系统、道路灾情报警系统。法国国营铁路公司联合国家地震局在高铁沿线设置地震监测系统，并与法国警方合作，在全国高铁沿线动用警用直升机沿线巡逻，及时发现异常情况，第一时间排除故障，抢救伤员。此外，法国对高铁的运行速度也有严格规定。目前法国高铁的实验最高时速可达650 千米，但为保证高速铁路安全运行，在高铁专用线路上最高运行时速限制在 320～330 千米及以下，在其他通用铁路线上高铁的运行时速限制在 220 千米，以最大限度地保证列车安全性。

3. 德国

德国 ICE（intercity express，城际快车）高铁由以西门子公司为首的开发团队设计制造，德国 ICE 高铁是连接城市，解决人员、货物运输的交通工具。它将德国国内 130 多个城市连为一体，对人员和信息的往来与交流，以及经济建设发挥了极其重要的作用。

1991 年，首个 ICE 列车正式运营，开通了从下萨克森州的首府汉诺威直达巴伐利亚州的重镇维尔茨堡的铁路线，全长 327 千米；以及从曼海姆至斯图加特的铁路线，全长 99 千米。此后，德国高铁迅速发展，分别在 1998 年、2002 年、2006 年和 2007 年开通了四条高铁线。据 2022 年统计数据，德国铁路运营总长超过 3.3 万千米，其中高铁运营里程超过 1 885.4 千米。

在德国，高速公路和民用航空高度发达，政府仍然斥巨资兴建高铁。这样做主要是从整个国家的能源战略高度考虑。因为德国第三代高速列车比汽车和飞机更节能。据德国联邦铁路公司计算，ICE 3 系列后的列车在载客率为 50%的情况下，每人每百千米消耗的能源不到 2 升汽油。以汉堡到柏林为例，乘火车需要 1.5 小时，比汽车快 1 倍。火车在半满员的情况下，每位旅客整个旅程消耗的能源平均不到 8 升汽油；而汽车平均需要 27 升以上。

日本新干线 1964 年正式运营，法国高速列车 1981 年正式运营，德国 ICE 1991 年正式运营。几十年来，尽管各国高铁有完善的技术和人员保障，但大大小小的故障屡见

① 法国负责铁路监管的三个主要机构：交通运输部、公共铁路安全局、交通事故调查署。

不鲜。

2011 年 3 月 3 日，15 列从法国西部开往巴黎的高速列车因停电在半路瘫痪，导致近 5 000 名旅客被困车厢内达数小时。2011 年 5 月 16 日，德国一辆维尔茨堡—法兰克福的 ICE 列车一节车厢顶部总电闸开关短路并引发火灾，导致列车电力供应完全中断，400 名旅客被困。日本的新干线列车因为台风、暴雨、信号系统故障等延误或停运的案例也不在少数。

高铁正式运营初期有 6 个月左右的磨合期，这期间可能会出现各种故障，但只要不是涉及整个系统的根本性问题，都属于正常范围，不能因此否定整套高铁系统。高铁建设的关键在于所有设施和系统的建造质量必须有保证。从以往经验看，在磨合期暴露问题其实有助于完善高铁系统，从而确保磨合期结束后的安全平稳运营。

任务实施

任务内容

通过网络、论坛等方式，查阅目前国内外高铁运营安全的典型事故，分析当前事故调查报告程序，制作并讲解 PPT。

任务要求

1）搜集国内外高铁相关案例，含客运、行车等方面。

2）突出事故发生原因，事故处理的流程，分析在处理过程中工作人员的做法是否恰当。

3）PPT 制作参照事故处理程序，要求简洁明了。

任务自测

1．自动列车控制装置，能根据（　　）及铁路线状况自动限制列车速度、保持车距。

A．列车与前行列车的间距　　B．列车与后行列车的间距

C．列车与前行列车的时间间隔　　D．列车与后行列车的时间间隔

2．衡量列车运行安全性的一个重要指标是脱轨系数。国际相关标准规定，无论运行速度多高，脱轨系数都不得高于（　　）。

A．0.8　　B．0.6　　C．0.5　　D．0.7

3．根据“十四五”规划，到 2025 年，全国铁路运营里程将达到 17 万千米左右，其中高铁运营里程（　　）万千米。

A．5　　B．6　　C．7　　D．8

4．我国高铁每隔（　　）分钟可以开出一趟列车。

A．2　　B．3　　C．4　　D．5

5．高铁能以 300 千米以上的时速安全行驶，主要是由（　　）保证的。

A．能高速行驶的列车　　B．无砟轨道

C．全封闭的线路　　D．智能化的交通信号系统

6．2020 年 8 月，国铁集团发布了《新时代交通强国铁路先行规划纲要》，明确了（　　）的奋斗目标，让新一代信息和智能技术与铁路技术融合发展的趋势不断加快。

A．率先建成现代化铁路强国　　B．交通强国

C．铁路强国　　D．智能化铁路强国

7．高铁线路结构失效的原因主要有两种，一是钢轨在（　　）作用下发生轨头磨耗、空间位置移位及疲劳折断；二是路基变形过大，传递至轨顶，引起线路位置的空间不平顺，导致高速列车运行时产生过大的动力响应，造成变形和动力响应的恶性循环。

A．高频动荷载　　B．低频动荷载

C．以上均对　　D．以上均不对

8．高铁的运转系统——列车自动控制装置的英文缩写是（　　）。

A．ATO　　B．ATC　　C．ATS　　D．CTC

9．发达国家的铁路行车安全保障都有何共同特点？

10．案例分析：2022 年 6 月 4 日 10 时 30 分许，贵阳北至广州南的旅客列车 D2809 在贵广线榕江站进站前的月寨隧道入口处运行时，撞上突发溜坍侵入线路的泥石流，导致 7 号和 8 号车厢脱轨。

（1）请通过互联网进一步查阅该事故详情，分析事故原因。

（2）通过案例分析，谈谈你对高铁安全管理的认识，分析我国高铁安全管理存在哪些不足，应如何改进。

任务 1.2 了解高铁安全风险与事故

知识准备

基本认知

高速度会带来很大的安全风险。在时速 200 千米或 300 千米以上的轨道上，高铁一旦出现任何问题，旅客自我救助的可能性很小，所以绝对不容许列车出现一点小故障。

列车如果在高速运行过程中出现意外，将造成很大影响，因此必须在安全极限内限制速度，因为速度快的高铁对小故障的包容力有限，不能有一丝侥幸心理。

安全第一，这是任何交通运输装备的技术发展都要首先考虑的问题。安全水平决定了铁路运输与其他运输方式的竞争力、声誉和经济效益。在“7·23”甬温事故之后，社会各界都在思考铁路安全运营这一个课题。国务院组织了高铁安全大检查，并作出以风险识别与控制为核心的现代化安全管理工作部署和全面推行安全风险管理的工作部署。其指导思想和主要内容是构建安全风险的防控体系，最大限度减少和消除安全风险，确保铁路的安全运营。

事故案例

1. 德国 ICE884 次高速列车脱轨事故

1998 年 6 月 3 日，由慕尼黑开往汉堡的德国 ICE884 次高速列车在运行至汉诺威东北方向附近的小镇埃舍德时，发生了第二次世界大战后德国最为惨重的列车脱轨事故（图 1-1）。该列车由两辆动车和 12 辆拖车组成，事故发生后 12 辆拖车全部脱轨。410 米长的列车以时速 200 千米的速度冲出轨道，在短短 100 多秒的时间里，车厢内的 400 名旅客有 101 人丧生、105 人重伤。发生事故的列车是德国第一代 ICE 型高速列车，此型列车从 1991 年开始投入运营。

图 1-1　德国 ICE884 次高速列车脱轨事故现场

2. 日本 JR 福知山线事故

2005 年 4 月 25 日，日本兵库县尼崎市一列由宝冢驶往学研都市线的快速列车，驾驶员欲追回误点的时间而车速过快，导致来不及在弯道上减速而脱轨后冲入一座住宅大厦，造成第一车厢与第二车厢全部毁坏（图 1-2）。此事故造成 107 人死亡、562 人受伤。

图 1-2 日本 JR 福知山线事故现场

3. 中国“7・23”甬温线特别重大铁路交通事故

2011 年 7 月 23 日，北京南站开往福州站的 D301 次动车组列车运行至甬温线上海铁路局管内永嘉站至温州南站间双屿路段时，与前行的杭州站开往福州南站的 D3115 次动车组列车发生追尾事故（图 1-3），致使 D301 次动车组四节车厢从高架桥上坠下。这次事故造成 40 人死亡、172 人受伤。2011 年 12 月 28 日，国务院召开常务会议，将此次事故认定为一起设计缺陷、把关不严、应急处置不力等因素造成的责任事故。

图 1-3 中国“7・23”甬温线特别重大铁路交通事故现场

这次事故发生的原因是中国铁路通信信号集团公司所属通信信号研究设计院在 LKD2-T1 型列控中心设备研发中管理混乱，中国铁路通信信号集团公司作为甬温线通信信号集成总承包商履行职责不力，致使为甬温线温州南站提供的设备存在严重设计缺陷和重大安全隐患。原铁道部在 LKD2-T1 型列控中心设备招投标、技术审查、上道使用等方面违规操作、把关不严，致使其上道使用。雷击导致列控中心设备和轨道电路发生故障，错误地控制信号显示，使行车处于不安全状态。上海铁路局相关作业人员缺乏安全意识，在设备故障发生后，未认真正确地履行职责，故障处置工作不得力，未能起到可能避免事故发生或减轻事故损失的作用。在事故抢险救援过程中，原铁道部和上海铁路局存在处置不当、信息发布不及时、对社会关切回应不准确等问题，在社会上造成了不良影响。

自高铁出现以来，每个国家在安全方面都投入了大量精力。有关方面应更多地借鉴相关国家在列车保护和自动控制技术、监测报警系统及应急管理等方面的经验，以减少事故的发生。

任务实施

任务内容

通过网络、论坛等方式，查阅目前国内外高铁运营安全典型事故，分析当前事故调查报告程序，制作并讲解事故 PPT。

任务要求

1）搜集的国内外高铁运营安全相关案例，含客运、行车等方面。

2）突出事故发生原因、事故处理流程，分析在处理过程中工作人员的做法是否恰当。

3）PPT 制作参照事故处理程序，简洁明了。

任务自测

1．在“7・23”甬温事故之后，社会各界都在思考铁路安全运营这一个课题。国务院组织了高铁安全大检查，并作出以（　　）为核心的现代化安全管理工作部署和全面推行安全风险管理的工作部署。

A．风险识别与控制　　B．隐患排查

C．应急处置　　D．事故预防

2．“7・23”甬温事故告诫我们，当行车设备故障时，信号系统应显示（　　）才能保证行车安全。

A．允许信号　　B．禁止信号　　C．容许信号　　D．黄灯

3．高铁事故案例调查实作。

请通过互联网进一步查阅日本 JR 福知山线事故详情，从人为因素、设备因素、管理因素三个方面分析事故原因，探索避免同类事故发生的解决措施，最后形成事故案例调查报告，高铁事故案例调查实作评分标准见表 1-1。

表 1-1　高铁事故案例调查实作评分标准

考核内容		配分	评分细则	扣分	得分
事故经过的梳理		10	未梳理事故经过扣 10 分； 事故经过条理混乱扣5 分		
事故原因的分析	人为因素 （司机）	20	未分析人为因素扣 20 分； 人为因素分析不合理，每条扣 5 分，扣分上限不超过配分		
	设备因素 （线路、信号系统）	20	未分析线路原因扣 10 分； 未分析信号系统原因扣 10 分		
	管理因素 （规章制度、职工培训）	20	未分析规章制度问题扣 10 分； 未分析职工培训问题扣 10 分		
解决措施的探索	人防 （任职资格、职工培训）	10	未提出人防措施扣 10 分； 人防措施不合理，每条扣 2 分		
	物防 （设施设备）	10	未提出物防措施扣 10 分； 物防措施不合理，每条扣 2 分		
	技防 （安全防护技术）	10	未提出技防措施扣 10 分； 技防措施不合理，每条扣 2 分		

项目 2

高铁客运突发事件安全管理与应急处置

项目描述

本项目主要从客运组织方面介绍了高铁站、车常见突发事件的安全管理与应急处置。根据高铁客运相关岗位的职业技能要求，本项目在任务中融入了现场急救、反恐防暴及消防等必备知识。

学习目标

1. 能够分析各种客运组织类突发事件的安全风险。
2. 能够采取有效措施预防客运组织类事故的发生。
3. 能够及时采取措施对伤、病旅客实施现场急救。
4. 能够正确处理高铁站、车常见客运组织类突发事件。
5. 能够根据特定情境制订突发事件处理方案。
6. 能够填写各类台账。
7. 能够坚定不移贯彻总体国家安全观，把维护国家安全贯穿到铁路运输工作全过程。

任务 2.1 旅客人身伤害及疾病突发事件安全管理与应急处置

知识准备

2.1.1 旅客人身伤害及疾病

事件描述

1. 事件的界定

铁路旅客人身伤害及疾病（以下简称“客伤”）突发事件，是指在铁路运输过程中，由于各种原因导致的旅客遭受人身伤害或突发疾病的事件。此类突发事件的认定主要涉及三个关键点的界定，即身份的界定、时间的界定和区域的界定。

1）身份的界定：根据《铁路旅客运输规程》的规定，旅客是指持有铁路有效乘车凭证的人和同行免费乘车的儿童。

2）时间的界定：旅客运输的运送期间是指自检票进站起至到站出站时止。

3）区域的界定：实际工作中，动态的“运输过程”较难界定区域。一般地，这个区域包括以候车室、售票厅等站舍面向车站广场的大门口为界线和以出站信号机为界线的范围。在这个区域内发生的旅客人身伤害事件可以按旅客意外伤害程序处理，若超出这个范围，则按铁路交通事故（路外伤亡）处理。

对未经车站、列车同意乘车的无票人员，在运输过程中发生的人身伤害，应“以人为本”比照“旅客”的办法，对其实施救护。

2. 事件发生规律和特点

通过对此类事件的分析发现，客伤事件发生的数量与关注重视程度、车体客流状况、站台线路结构、旅行时间和周期等有直接的联系，主要呈现以下几个方面的规律和特点。

1）在波动频率上，客伤事件具有重复性、反复性和周期性的特点。春、暑运期间是每年客伤的高发期。

2）在时间上，客伤事件的发生与旅行时间长短、旅行时期相关。例如，在长途列车上和夜间（如厕）发生客伤的比例较大。

3）在空间上，客伤事件的发生与车站环境、列车车体、乘车条件相关。例如，站台与列车间的缝隙部位发生旅客摔伤较为集中。

4）在人员上，客伤事件的发生与工作人员和旅客成分有关，如工作人员的工作经验不足、安全意识薄弱，制度标准掌握不熟练，重点隐患处跟踪指导、宣传不到位等是导致客伤发生的重要原因；此外，老、幼、病、残、孕、院校入学新生、醉酒旅客、精神异常旅客等是客伤事件的高发人群。

安全风险及预防控制

在法治社会，旅客的法律认知和维权意识越来越强，而国家在旅客人身伤害赔付方面的法律法规暂不完善，这给客伤事件的善后处理工作带来了很大的难度。此类突发事件若处理不好，引发的纠纷会占用相关业务部门大量工作精力，花费大量的经济成本并造成不良的社会影响。要妥善处理此类事件，必须清楚此类事件的风险所在，加以预防控制。

1. 安全风险

人身伤害无疑是客伤事件最大的风险，根据伤害程度不同可分为死亡、重伤和轻伤。

（1）死亡及重伤

导致死亡及重伤风险发生的主要原因如下。

1）旅客自身健康原因造成的伤害。例如，旅客在车厢内分娩或突发脑溢血、心脏病、精神病等疾病。

2）由于旅客故意或重大过失造成的伤害。故意，是指旅客明知损害会发生，而实施危险行为或放纵这一结果的发生，如自伤或自杀行为。过失，是指旅客应当预见而且能预见损害会发生，由于疏忽大意或过于自信而导致损害的发生。例如，旅客擅自翻越站台受伤或不听工作人员劝阻、违反乘车规则所致伤害。

3）第三人违法、犯罪、过失原因引起的伤害。例如，抢劫、绑架、强奸、拘禁、殴打、谋杀、恐怖袭击及因其他旅客的过失而造成的伤害。

4）行车安全导致的伤害。例如，车辆碰撞、倾覆、翻沉、挤压、碾轧及车外打击等造成的伤害。

5）突发自然灾害等不可抗力因素引起的伤害。例如，突遇洪水、台风、地震、泥石流、山体滑坡、桥梁垮塌、地面沉陷等造成的伤害。

（2）轻伤

轻伤包括掉入站台缝隙的摔伤、搭乘扶梯摔伤、拥挤造成的踩伤、列车紧急制动造成的摔伤或碰伤、行李掉落砸伤、开水打翻造成的烫伤、手指夹伤等。

2. 预防控制

1）加强职工法制教育，提高客运人员安全防范意识。

2）建立全员预防、全员监控、全员承责的风险控制体系。风险控制的关键在于超前预控，要清楚旅客易受伤的重点部位、关键环节和处理方法。风险控制做好以下“四个重点”。

① 重点时期及时段控制，即春运、暑运、黄金周、清晨、夜间控制。

② 重点部位控制，即车站楼、扶梯处、站台缝隙处、车门处、热水炉处、厕所、行李架、大件行李存放处等控制。例如，行李架和大件行李存放处的行李物品摆放平稳、牢固、整齐；大件行李放在大件行李存放处，不占用席（铺）位，不堵塞通道；锐器、易碎品、杆状物品及重物等放在座（铺）位下面或大件行李存放处；衣帽钩限挂衣帽等轻质物品；使用小桌板不超过其承重范围；列车运行中，车门、气密窗锁闭状态良好；定期巡视，保持通道畅通；发现车门未锁闭或锁闭状态不良时，指派专人看守，并及时通知随车机械师处理。

③ 重点旅客控制，即把老、幼、病、残、孕作为重点照顾对象。例如，对于车厢里的老、弱、病、残旅客，应坚持送水到位，杜绝重点旅客到电茶炉处取水，提示旅客不要使用塑料瓶、罐头瓶等容器接开水，以免容器发生变形、炸裂而烫伤旅客。把精神病患者、精神突变者、神情异常者、心情郁闷者、严重酗酒者、寻衅滋事者等作为重点监控对象，对其及时采取询问、对话、劝阻、隔离等方式了解其精神状态，并跟踪观察，若发现其精神异常、突发疾病等情况，则应立即对其进行看护，通知列车长及时启动应急处置预案。

④ 重点设备控制，即防火设施设备、车辆设备、安全应急设备等控制。运营期间随时巡查重点设备状态，及时解决安全隐患。

3）完善客伤救治流程，提高工作人员应急能力。

4）加强旅客宣传教育。例如，采用广播、视频、图形标志、服务指南等方式，宣传安全常识和设备设施的使用方法，提示旅客遵守安全乘车规定。列车运行中做好安全宣传和防范，维持车内秩序，保持环境良好，无闲杂人员随车叫卖、拣拾、讨要。发现可能损坏车辆设施和影响安全、文明的行为及时制止。

应急处置

1. 车站发生旅客人身伤害的应急处置

（1）事件上报

站内发生客伤时，当班客运员要立即通知本区域值班员，并在第一时间组织抢救（如需实施心肺复苏术，相关操作参见本节技能拓展），拨打 120 急救电话。值班员接到通知后，将事故地点、事故概况汇报值班干部，并迅速赶赴事发现场；值班干部立即向车间主任、分管领导报告，并通知公安人员赶赴现场。对于涉及旅客意外伤害的轻伤、重伤及一般伤亡事故应立即向铁路局主管部门发出事故速报。事故速报包括如下内容。

1）发生日期、时间、地点、车站。

2）伤亡旅客的姓名、性别、年龄、国籍、民族、职业、单位、有效身份证件信息、联系方式、住址及车票种类、票号、发站、到站、车厢、席位等基本情况。

3）发生经过、旅客伤亡及现场处理简况。

事件报告格式如下。

××车间值班干部×××汇报:

××××年×月×日×分×次列车移交摔伤（烫伤、夹伤、突发疾病、精神异常、死亡等）或车站×处摔伤（烫伤、突发疾病、精神异常、死亡等）旅客×××［男或女，×岁，×族，×××人，身份证号码××××，持××站至××站××车厢××商务（二等）座车票，票号××］，同行人×××［男或女，×岁，持××站至××站××车厢××商务（二等）座车票，系该旅客的××人］，车站于×时×分拨打 120，120 急救车于×时×分到达，送往××医院，经医院初步诊断为××××，现在××治疗（或经 120 确认已死亡，×时×分车站派出所警察到现场进行现场勘查，并出具×××死亡证明，尸体于×时×分送往殡仪馆存放）（或×时×分由车站×××、警察×××送往救助站）。

车站收集（列车移交）×份旁证材料（其中本人、同行人旁证×份，旅客或工作人员旁证×份），现场未发现新闻媒体采访［或现场发现××新闻媒体在场、旅客亲属（同行人、其他旅客）已联系或扬言联系×××新闻媒体采访］。

注意：车站工作人员在救治过程中发现有新闻媒体在场、旅客亲属（同行人、其他旅客）已联系或扬言联系新闻媒体采访时，必须在第一时间内向上级有关部门报告。

（2）救助措施

发生旅客人身伤害时，全力救治永远是第一位的。当班客运员要在第一时间组织抢救。

对于人身伤害（突发疾病）旅客，车站值班员应及时拨打 120 急救电话，记录拨打 120 急救电话的时间和 120 急救车到达的时间，询问或查找受伤旅客（患者）家属的联系电话，送往就近或具备救治条件的医院进行救治。送医人员应初步了解旅客受伤情况，发生医疗费用时，应当根据对责任的初步判断，属于旅客自身责任或第三人责任的，由旅客或第三人支付医疗费用；不能区分责任或责任人不明、无力承担的，经站长批准，可用站进款垫付。使用站进款时，应填写或补填运输进款动支凭证，10 日内由车站财务拨款归还。旅客随身携带品、现金（含退票所得）清点后编制旅客随身物品携带清单，交 120 急救人员签字一并带往医院，当行李较多或 120 急救人员不愿带走时，可暂存车站遗失物品处。

（3）现场控制

值班干部、值班员接到通知后，要立即赶赴现场，会同公安人员查看旅客是否有同行人、旅客受伤程度，及时勘验事故现场，检查受伤旅客人数、姓名、性别、年龄、单位、家庭住址，以及所持车票的票种、票号、发到站、车次、有效期和检票情况、随身携带品等，编制客运记录和随身物品清单；发生客伤人数较多时，要逐级汇报至车站主要领导，当班工作人员要积极配合公安人员封锁事故现场，禁止与救援、调查无关人员进入。

（4）收集证据

1）发生客伤后，值班站长（值班员）应当及时组织现场查验，全面搜集、梳理相关证据资料，检查旅客所持车票的票种、票号、发到站、车次、有效期及有效身份证件信息等，描绘现场旅客定位图，收集不少于两份同行人或见证人的证言及查验记录、现场照片、录像等其他相关证据，形成比较完整的证据链，能够证明事件发生的过程和原因，初步明确事件性质，并妥善保管。

2）旅客或第三人能够说明事件发生经过或责任的，应当由其出具书面材料，并签字确认。

3）涉及违法犯罪或旅客死亡的，由铁路公安机关组织现场勘查。

4）证人应当具有完全民事行为能力。收集证人证言时，公安部门负责做询问笔录，客运部门负责收集旁证材料。证人证言中应当记录证人的姓名、性别、年龄、地址、联系方式、有效身份证件信息等内容，且要有公安人员的签字（盖章），保证旁证材料的真实性、合法性。有医务工作人员参加救治时，应由其出具参与救治经过的证言。

5）证言、证据应当真实，能够反映事件发生的时间、地点、过程、原因和结果。证据材料应尽量做到字迹整洁、清晰。

6）证人证言收集的优先顺序如下：受伤旅客本人自述、旅客亲属证言、同行人证言、参与抢救的医务人员证言、相邻座位的旅客证言、本候车室旅客证言、车站相关工作人员证言。

（5）死亡旅客的处理

受伤旅客在现场抢救无效死亡或在站内发现旅客尸体时，经公安机关或医疗部门确认死亡后，应当暂时派人看守，并尽快送殡仪馆存放。尸体存放时间原则上不超过10天。

（6）旅客车票的处理

旅客发生意外伤害时，如系自身疾病或旅客违反铁路安全规定，不听从铁路工作人员引导、劝阻等自身原因造成的伤害，办理退票时应按规定核收退票费。如旅客意外伤害系铁路设施设备或铁路工作人员失误而造成的伤害，办理退票时由值班站长签字，不再核收退票费。

对于死者的车票、衣物应当妥善保管并通知其家属来站处理，如死者身份、地址不详或家属不来时，或死亡原因系伤害致死需立案侦查时，可根据公安机关的意见处理死者尸体，物品按无法交付处理。

（7）相关资料整理

车间业务室及时整理相关资料报车站业务科、安全科，确保信息准确无误。

（8）相关材料上报

发生客伤后，须于次日（遇双休、节假日顺延）10时前由车间干部将以下材料上报客运科。

1）客运记录。

2）受伤旅客车票。

3）随身携带品清单。

4）旅客或家属的联系电话。

5）不少于两份旁证材料。

6）旅客和同行人的身份证复印件。

7）死亡证明复印件。

8）现场旅客定位图（标明旅客受伤时所在地点）。

9）现场照片、录音、录像资料。

10）客运值班员拟写的处理经过（含医院初步诊断情况）。

11）其他与该事件相关的材料。

（9）需报警的情况

1）对下列情形造成的客伤应当立即向铁路公安机关报警。

① 杀人、抢劫、抢夺、强奸、爆炸、纵火、绑架、结伙斗殴、寻衅滋事、故意伤害、击打列车、故意损毁或移动站、车设备等违法犯罪行为。

② 因散布谣言，谎报险情、疫情、警情，扬言放火、爆炸、投放危险物质，或非法阻拦行车、堵塞通道等，引起公共秩序混乱。

③ 火灾、爆炸、中毒等治安灾害事故。

④ 精神病患者肇事肇祸，醉酒滋事行为。

⑤ 自然灾害。

⑥ 铁路设备、设施故障造成的事故。

2）发生客伤及携带品损失且有下列情形之一的，应当及时通知铁路公安机关。

① 应当控制、约束违法犯罪嫌疑人和扣押相关涉案物品的。

② 应当保护现场、维持秩序、协同救助的。

③ 应当由铁路公安机关介入调查、获取证据、查明原因的。

④ 引发治安纠纷或酿成群体性事件并影响站、车秩序，应当及时处置的。

⑤ 造成旅客死亡的。

2. 对列车移交的受伤旅客的应急处置

（1）移交准备

对于列车移交的受伤旅客，列车提前通报综合控制室（简称“综控室”）联系当地急救中心到现场做好救护准备工作。

（2）移交手续

列车向车站移交受伤旅客时，车站不得拒绝接收；办理移交手续时，列车应当编制客运记录和旅客携带物品清单一式两份，一份由列车存查，一份连同车票、证明材料、相关证人证件或其联系方式等一并移交。客运记录应载明：日期，车次，旅客姓名、性别、年龄、国籍、民族、职业、单位、有效身份证件信息、联系方式、住址，车票种类、票号、发站、到站、车厢、席位，受伤地点、受伤原因、受伤部位，处理简况，以及证据材料清单等内容。客伤事故如因打架、斗殴等治安或刑事案件所致，列车乘警还须在客运记录上签字。因时间来不及记明前述内容时，可在客运记录中简要记明日期、车次、移交原因，必须在三日内向处理单位补交有关材料。特殊情况下来不及编制客运记录时，列车长或其指定的专人应随同受伤旅客下车办理交接。涉及第三人时，应将第三人同时交站处理。对已控制的违法、犯罪嫌疑人，应当及时移交车站铁路公安派出所。

（3）交接过程

在站、车交接过程中，站台客运员要维持好站台秩序，客运值班员应确认受伤旅客是否有同行人，认真核对列车开具的客运记录、旅客随身物品清单及相关证据材料。

（4）其他事项

其他事项与车站发生的客伤事件处置一致。

3．动车组列车上发生客伤的应急处置

1）发生客伤或疾病时，列车长、乘警（专职安全员）应立即赶赴发生车厢，了解事情发生原因和过程、确定证人、收集物证、广播寻医、积极救治。如伤（病）旅客不能继续乘车或旅客要求前方停车站下车治疗，列车长应编制客运记录与站方办理交接，乘务员不下车参与处理。

2）如旅客因伤情、病情严重必须临时停车送医院抢救或已经死亡时，列车长需及时向客调（或通过驾驶员向列车调度员或车站值班员）请示在前方有医疗条件的车站临时停车，移交伤病或死亡旅客。列车调度员要及时安排列车在前方具备医疗条件车站临时停车，临时停车站应立即联系急救中心，并做好交接和救护等准备工作。列车驾驶员接到在指定站停车的通知后，列车长应编制客运记录，将伤病（死亡）旅客，连同车票、携带品一并交车站处理，列车乘务员不下车参与处理。

3）凡发生客伤、疾病无同行人或在列车上死亡时，列车长还应收集旁证、物证，调查受伤（死亡）原因。收集见证人证词不少于2份，根据有效证件确定伤亡者姓名、单位、住址，同时对参加抢救医生的姓名、单位、电话进行登记。客伤事故系斗殴治安或刑事案件所致，列车乘警和站警应在客运记录上签章。如列车不能在移交伤病旅客的同时向车站提供相关材料，为保证动车组恢复正点运行，列车可暂不移交相关材料，三日内向受理车站移交。

4）因列车紧急制动造成客伤时，列车长、乘务员应当记下紧急制动的时间，随后列车长向机械师了解制动时间、区间、制动原因，掌握停点、开点、晚点情况，及时向客调、段调度室报告，按规定拍发电报。

技能拓展

心肺复苏术

心肺复苏

1．心肺复苏术的概念

心肺复苏术是指当呼吸停止、心搏骤停时，使用胸外心脏按压及人工呼吸来进行急救的一种技术。实施心肺复苏术的黄金时间为心搏、呼吸骤停后的4分钟内。

2．心搏骤停判断

专业人员判断：意识突然丧失，脉搏立即消失，停止呼吸或仅仅出现喘息声。

非专业人员判断：意识突然丧失，停止呼吸或仅仅出现喘息声。

3．单人心肺复苏术的操作步骤

实施心肺复苏术有两个前提：一是确保现场环境安全，眼睛环顾四周，看上下左右有无水灾、火灾、雷电、房屋倒塌、煤气泄漏等；二是做好自我防护，如患者有呕吐物或排泄物，救护人员要戴好手套等。在确保这两个前提条件满足后开始实施心肺复苏，具体步骤如下。

（1）判断意识

判断意识必须在 10 秒内完成。首先轻轻拍患者两肩，然后在患者两侧耳朵呼喊：“先生（女士……），你怎么啦？能听到吗？”注意要轻拍重喊，切勿摇头、拍脸、随意晃动伤病员身体。

（2）拨打 120 急救电话

如果患者有意识，拨打 120 急救电话，原地观察患者情况，等待救援人员到达。如果患者无意识，立即找人帮忙拨打 120 急救电话，有条件的话取除颤仪，找人帮忙时首先要表明自己是救护人员的身份；其次一定要明确指定人员拨打 120 求救，并嘱咐他打完电话后告诉自己；再次，指定一名人员帮忙取来除颤仪。最后，询问现场有没有会救护的人员，请他帮忙一起实施救护。

拨打 120 急救电话必须用语精练、准确、清楚，内容要点如下：电话号码与姓名；确切地点，尽可能指出附近的显著标志；患者目前的情况，如昏倒、无意识、无呼吸、大出血等；严重程度、患者数量、事故性质。打完电话后不要着急挂机，等 120 挂机后再挂机。

（3）摆放体位

实施救护之前，先让患者仰卧在硬平面上，如果患者不是仰卧位，翻转时要注意保护患者的脊柱，特别是颈部。体位正确后，救护人员跪在患者右侧，双膝与肩同宽。左膝关节与患者肩部平齐，然后分别解开患者衣服拉链、衣领、领带、文胸。

患者处于俯卧位时的翻转方法：首先，施救者跪在患者的一侧翻转患者，使其面向施救者所在的对侧（保护患者脸部）。其次，在翻转患者时，保护患者的肩部，将患者的双上肢向头部方向伸直，将其两小腿交叉（患者远离施救者一侧的小腿放在另一侧小腿上）。在翻转时需要注意保护患者的头和颈椎，施救者左手手掌张开，五指分开，放在患者的颈部和头部后面，在翻转过程中尽量不要弯曲和旋扭患者的颈椎，同轴翻转。最后，施救者用右手手掌放在患者对侧腋下，手臂弯曲，用力把患者翻转过来。体位翻转见图 2-1。

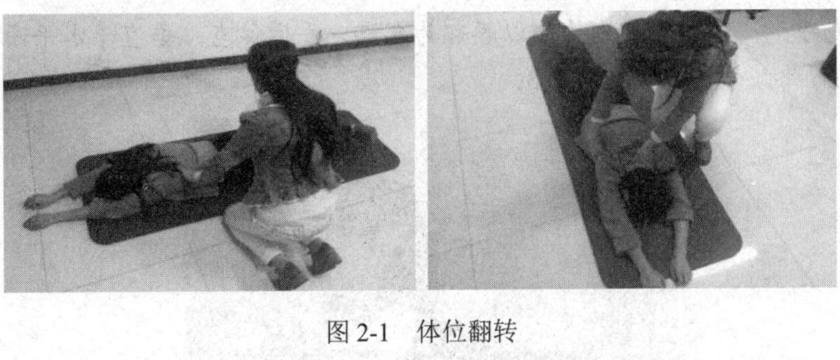

图 2-1 体位翻转

（4）判断呼吸

判断呼吸的方法如下。

一看：抢救者耳朵贴近患者口鼻处，头部侧向患者胸腹部，眼睛观察胸、腹起伏情况。

呼吸停止者，胸、腹部无起伏活动。

二听：抢救者在患者口鼻处听呼吸道有无气流响声。

三感觉：抢救者以自己面部接触患者口鼻，感觉有无气体排出。

注意：判断呼吸不超过10秒，计时方法是四字数数法，即边观察，边数1001，1002，1003，……，1007，数到1007即可。如果是专业人员，还可以判断患者的脉搏。

（5）胸外心脏按压

1）按压位置。按压位置是胸部中央，胸骨以下1/2处。有两种找点方法：滑行法和快捷法。

① 滑行法：右手的食指和中指沿患者的靠近抢救者一侧的肋弓下缘，向上滑行到两侧肋弓的汇合点（即胸骨下切迹）。将中指定位于下切迹处，食指与中指并拢。左手的掌根紧靠在右手食指旁，左手所处的位置就是按压位置，见图2-2（a）。

② 快捷法：当胸一掌根，中指对乳头，见图2-2（b）。

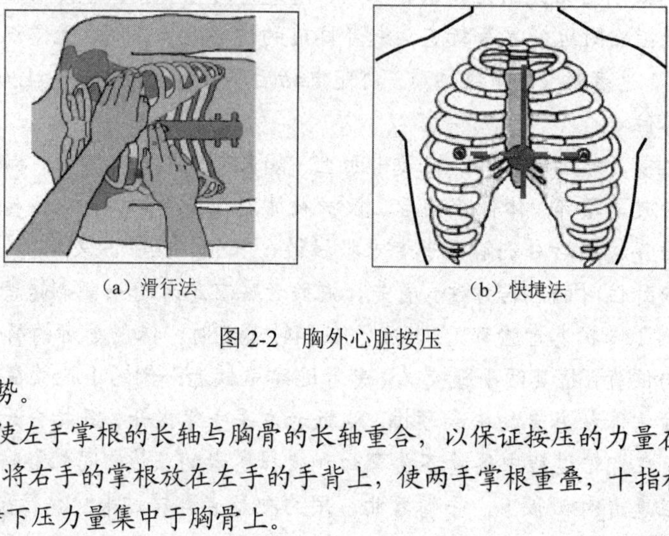

（a）滑行法　　（b）快捷法

图2-2　胸外心脏按压

2）按压姿势。

① 手掌：使左手掌根的长轴与胸骨的长轴重合，以保证按压的力量在胸骨上，避免造成肋骨骨折。将右手的掌根放在左手的手背上，使两手掌根重叠，十指相扣，手指翘起离开胸壁，保持下压力量集中于胸骨上。

② 腰与手臂：通过腰部发力，以腰部为支点，手臂伸直，垂直于水平面，按压过程中手臂不能弯曲。手臂姿势见图2-3。

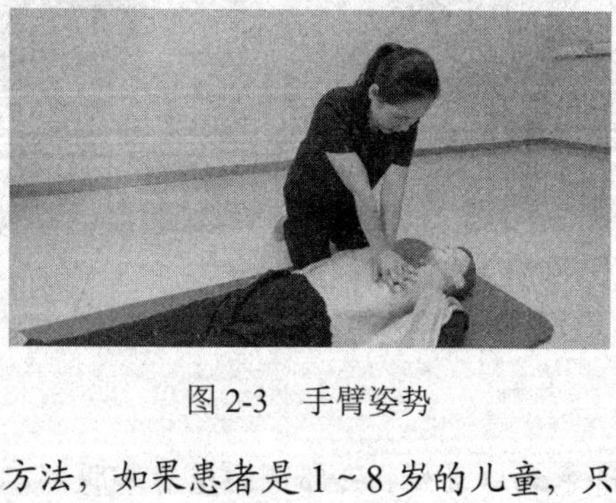

图2-3　手臂姿势

以上是对成人的按压方法，如果患者是1～8岁的儿童，只用一只手按压；如果患者是婴儿，只用两根手指按压即可。

3）按压方法。

按压频率为100～120次/分，需注意的是，压下去并弹回来为一次按压，弹回时掌根不能离开胸部。在按压时，应边按压边数数01，02，03，……，30。按压深度为5～6厘米。按压与吹气的比例为30∶2，即每按压30次，就吹气2次，以此循环。

（6）开放气道

心搏骤停后，咽部肌张力下降，舌头后坠，造成气道梗阻，此时应尽快开放气道，方法如下。

1）压额提颏[①]法：如患者无颈椎损伤，可首选此法。站立或跪在患者身体一侧，用一手小鱼际[②]放在患者前额向下压迫；同时，另一只手食指、中指并拢，放在颏部的骨性部分向上提起，使得颏部及下颌向上抬起、头部后仰，气道即可开放。

2）双手拉颌法：如已发生或怀疑颈椎损伤，选用此法可避免加重颈椎损伤，但不便于口对口吹气。站立或跪在患者头顶端，肘关节支撑在患者仰卧的平面上，两手分别放在患者头部两侧，分别用两手食指、中指固定住患者两侧下颌角，小鱼际固定住两侧颞[③]部，拉起两侧下颌角，使头部后仰，气道即可开放。

3）压额托颌法：站立或跪在患者身体一侧，用一手小鱼际放在患者前额向下压迫；同时，另一只手大拇指与食指、中指分别放在两侧下颌角处向上托起，使头部后仰，气道即可开放。在实际操作中，此法优于其他方法，不仅效果可靠，而且省力，不会造成或加重颈椎损伤，便于做口对口吹气。

针对成人，无论选用何种开放气道的方法，均应使耳垂与下颌角的连线和患者仰卧的平面垂直，气道方可开放。如果是儿童，夹角成60°即可。如果是婴儿，夹角成30°即可。在心肺复苏的全过程中，应使气道始终处于开放状态。

如果发现口腔内有异物，应使患者偏头45°，然后掏出异物。需注意的是，伸手掏异物时，手指应从嘴角伸入，不能从嘴部中间伸入，以免把异物塞进去。

（7）人工呼吸

人呼出的气体中约含有氧气16%，可以满足患者的需要。人工呼吸有口对口和口对鼻两种方式。如口腔严重损伤，可采用口对鼻方式吹气。

确定患者无呼吸后，立即深吸气后用自己的嘴严密包绕病人的嘴，同时用食指、大拇指紧捏患者双侧鼻翼，缓慢向患者肺内吹气两次。

每次吹气量为500～600毫升每口，每次吹气持续1秒以上，吹气时见到患者胸部出现起伏即可，避免过度吹气，以免引起肺泡破裂或胃扩张。如果只进行人工通气，通气频率应为10～12次/分。

注意：吹气过程中，应始终观察患者胸部有无起伏运动。吹气时如无胸部起伏或感觉

---

① 颏（kē），脸的最下部分，在两腮和嘴的下面。通称“下巴”“下巴颏儿”。

② 小鱼际，手掌内、外侧缘由一组肌群构成稍隆起的部位，大拇指一侧称“大鱼际”，小拇指一侧称“小鱼际”。

③ 颞（niè），头颅两侧靠近耳朵的部分。

阻力增加，应考虑气道未完全开放或气道内仍然存在异物阻塞。

（8）再判断

以30次按压、开放气道、吹气两口为一个周期，2分钟内完成五个周期，然后换人，换人需在5~10秒内完成。操作过程中要再次判断患者的呼吸和心跳，根据患者的呼吸和心跳情况采取不同的措施。

如果患者仍然无呼吸、无心跳，则反复操作心肺复苏，直到自动体外除颤仪取来或医生到达。如果患者无呼吸但有心跳，则不再进行胸外按压，只进行人工呼吸，每分钟吹气10口。如果患者有呼吸但无心跳，则不再进行人工呼吸，只进行胸外按压，每分钟100~120次。如果患者有呼吸和心跳但无意识，只需要帮患者穿好衣服，使患者置于侧卧位，以免患者突然发生呕吐造成窒息。

4. 心肺复苏术成功的指标

心肺复苏术成功的指标如下：①眼球活动，手脚抽搐，开始呻吟；②双侧瞳孔缩小；③面色转为红润；④自主呼吸逐渐恢复；⑤触摸到规律的颈动脉搏动。

5. 终止心肺复苏术的情况

终止心肺复苏术的情况如下：①患者恢复自主呼吸和心跳；②专业医务人员接替抢救；③救护人员筋疲力尽不能继续进行心肺复苏；④医务人员确定被救者死亡。

案例分析

案例1：未及时拨打120造成的旅客意外伤害事故

事件概况：××××年×月×日，凌晨3时10分，×次列车长凭客运记录移交一名重病旅客，29岁，持车票是×至×。值班员接下旅客后，多次让其到医院看病，但旅客坚持不去；到早晨5时左右，值班员看到旅客痛得满头大汗，拨打了120急救电话；早晨6时左右急救车将旅客接走；早晨7时30分医院打来电话，表明旅客已死亡。

分析：工作中存在的失误点如下。

1）未严格执行规章，未及时拨打120急救电话延误了救治时机。

2）值班员责任心较差，缺乏危机意识。

3）证据收集不及时。

要坚持的做法如下。

1）值班员接下客运记录后要立即拨打120急救电话，增强敏感意识，不能任旅客选择。

2）经医务人员出诊后，旅客仍坚持不去医院时，值班员要竭力说服旅客并派工作人员将旅客送往医院或留下旅客不愿到医院的相关字据。

3）记录具体的时间，做好旁证材料的收集。

案例2：不能擅自对旅客做出死亡判定

事件概况：××××年×月×日，×次列车长凭客运记录移交一名旅客，客运记录写的是“旅客无呼吸”，其实旅客早已死亡。值班员接下记录，派人员将旅客抬到指定的地方。

分析：

1）值班员的处置措施如下。

值班员应立即联系 120 与车站派出所，因为值班员没有权利证明旅客死亡，应由医院或车站派出所出具死亡证明，以便向旅客家属交代。

2）列车长也知道旅客已死亡，但不直接写死亡的原因如下。

① 没有医生开具的死亡证明，任何人没有权力证明旅客死亡。

② 列车长通过列车广播未找到医生，无法判定旅客死亡，但要移交旅客并注明旅客的症状，所以只能写无呼吸。

③ 只有医院的医生或派出所才能开具死亡证明。

切记：对于列车移交急病旅客，要给予积极救助，不得做出病亡判定。不能判明是否死亡的旅客，站、车不得随意自行认定旅客死亡，应及时送医院抢救和鉴定。

案例 3：对第三人伤害事故的处理

事件概况：××××年×月×日，×次列车开车后，车站工作人员清理站台时发现有三名女旅客（李某、王某、绍某）持 A 站至 B 站车票三张，票号（A001、A002、A003），与一名男旅客徐某，持 A 站至 C 站车票，票号（B0374）在站台上拉扯，值班员上前了解情况，男旅客自诉上车后在摆放行李皮箱时，不慎掉下，砸伤三名女旅客，她们及时找列车长处理，但没得到解决，所以将带皮箱的男旅客拉下车给她们看病。

分析：列车长没有与值班员办理交接，此时车站的处置措施如下。

1）值班员了解情况后及时与客运段联系，客运段通知列车长派人前方站下车，补齐所有材料，返回 A 站处理。

2）派客运人员与第三方责任人一同，及时将旅客送至就近医院治疗。

3）整理相关资料，并将受伤旅客的车票和列车移交的客运记录、第三人伤害调解书、旅客旁证材料一同交客运科。

4）帮助旅客徐某办理去 C 站的车票签证。

2.1.2 站、车发生旅客食物中毒事件

事件描述

旅客食物中毒事件在铁路运输突发事件中占有较大比例。旅客食物中毒的原因主要有两方面，一方面来自于铁路运输服务方，另一方面来自于旅客自身。首先，由于铁路站、车食品进货渠道复杂、食品加工和存储条件差、食品消毒设备不完善、就餐人数多、食品加工工作量大等原因，铁路运输行业食品卫生工作较难管理；其次，大部分旅客在旅行中都会携带自制食品充饥，但是食品本身具有易腐烂变质、易受污染等特点，增加了旅客食物中毒的风险。

由铁路运输服务方原因造成的食物中毒事件，通常表现为多名旅客食物中毒，且具有相同的饮食行为。发生此类事件时，站、车应立即停止销售可疑食品并努力追回已销售的可疑食品。对于旅客自身原因造成的旅客食物中毒事件，站、车应以人为本，把救治旅客作为应急处置的首要任务，同时收集好相关人证物证，避免不必要的旅客纠纷。

安全风险及预防控制

1. 安全风险

（1）来自事件发现方面的风险

旅客食物中毒的症状通常为腹泻、呕吐、头痛、发烧等，这与旅客的其他常见疾病症状相似，难以在早期发现。另外，由于旅客旅行的目的地不同，乘坐列车车次不同，发现的时间也会有所推迟。

（2）来自信息传递方面的风险

引发食物中毒的单位为了自身利益，一般不会主动汇报事故，给事故的后期处置增加了难度。

（3）来自救治方面的风险

1）铁路职工的急救技能。铁路客运工作人员都接受过急救培训，但是其急救技能与专业急救人员相比仍有很大差距，在站、车急救设备欠缺，不一定能在旅客中找到医护人员的情况下，铁路客运工作人员急救技能的不完善使中毒旅客的救治存在一定的风险。

2）来自救治路程方面的风险。铁路辖区呈条状分布，点多线长，一旦发生食物中毒事故，救护人员难以短时间内赶到。

3）来自地方卫生防疫部门方面的风险。按规定，列车上发生旅客食物中毒事件时，由列车运行前方铁路卫生防疫部门调查处理。铁路沿线站区发生食物中毒事件时，要做到及时处置，铁路方面本身难以做到，只有借助当地卫生防疫部门的力量，形成“站、车、地联动”才能做到。但处理食物中毒事故责任大、难度高，如果没有搭建一定的协作平台，地方是不会主动介入的。

4）来自站、车交接工作方面的风险。站、车交接工作是否顺利直接影响对旅客的救治。虽然铁路相关规章要求在处理此类事件时“以站保车”，列车向车站移交中毒旅客时车站不得拒绝，但是为了自身利益，各部门之间仍存在相互推诿的现象。

（4）来自证据收集方面的风险

发生旅客食物中毒时，及时判断旅客出现的食物中毒症状是否由站、车供应食物所引起，对分清事故责任很重要。这要求现场处置人员及时、准确地采集样品，收集好相关证据材料。如果现场处置人员对事件处置流程不熟悉，缺乏警惕意识，就会留下漏洞，造成旅客纠纷。

2. 预防控制

1）统一进货渠道，规范食品加工、存储、消毒要求，强化食品监督和经营网点的管理，最大限度地消除食品安全隐患，杜绝食物中毒事件的发生。

2）完善站、车急救设备设施，加强员工急救技能培训。

3）制订科学、合理、切实可行的旅客食物中毒应急处置方案，定期开展旅客食物中毒突发事件应急处置综合演练，加强考核。

4）完善食物中毒报告制度，定期对旅客食物中毒事件进行抽查，对欺瞒不报、蒙混过关的单位加大惩罚力度。

5）站、车与铁路沿线地方卫生防疫部门搭建协作平台，加强“站、车、地联动”，共同协作处置旅客食物中毒事件。

应急处置

1. 车站发生旅客食物中毒事件的应急处置

1）及时报告。旅客发生食物中毒现象后，当班客运员应立即报告值班员，并做好相关记录，记录的内容包括旅客姓名、性别、年龄、地点、中毒时间、主要症状、中毒人数、餐饮名称等。值班员要立即汇报综控室、车间值班干部，并通知卫生所人员和疾控中心负责人；车间值班干部要立即向车站值班领导汇报。

2）组织抢救。综控室通知医务室人员到现场实施救治，及时拨打120急救电话，联系地方救护中心做好移交患病旅客的各项准备工作及抢救工作。

3）保护现场。值班员应第一时间到达现场，立即组织客运员封存可疑食物、呕吐物样品，保留造成食物中毒或可能造成食物中毒的餐料、工具、设备，同时保护好现场，等待公安部门到场处理。

4）调查取证。当班人员应积极配合公安部门对现场的调查取证工作，收集不少于两份同行人或见证人的证言和有关证据，并保护好证据材料；收集证人证言时，应当记录证人姓名、性别、年龄、地址、联系方式、有效身份证件信息等相关内容；证言、证据须准确、真实，并能够证明事故发生的过程和原因。

5）防止事态扩大。车站应立即停止可能导致旅客中毒的食物销售，保护好现场，并采取措施追回已售出的可疑食物，防止事态扩大。

6）防疫消毒。当班人员要积极配合卫生防疫部门做好卫生防疫消毒工作。

2. 车站对于列车移交的食物中毒旅客的应急处置

1）站台客运员接到食物中毒事件的报告时，应立即汇报值班员和综控室；综控室立即向车间值班干部汇报，并通知医务室人员和疾控中心负责人；车间值班干部要立即汇报车站值班领导。

2）值班员及时与列车长办理交接，站台值班员对旅客食物中毒发病情况的报告进行详细登记，登记内容包括车次、发病时间、地点、发病人数、进食人数、食物名称、旅客到站、所在车厢、患者简况及主要症状。

3）值班员通知列车长，保护好现场，对于剩余的可疑食品要保管好，对于中毒旅客的排泄物和呕吐物不要急于销毁或倒掉；厨房的炊事工具、盛入食品的容器应保留，以利于及时查明中毒原因。

4）对于列车移交的中毒旅客，站台值班员要与列车长办理相关交接手续，及时通知综控室联系医务室人员救护，并拨打 120 急救电话，请其速到车站予以送院抢救。

3. 动车组列车上发生旅客食物中毒事件的应急处置

1）报告。列车发生疑似旅客食物中毒时，列车长应立即赶赴现场，及时了解疑似中毒旅客的主要症状及饮食情况，掌握疑似中毒旅客人数、发病时间等情况，并将初步情况向驾驶员、客调和段调度室汇报，报告内容要简明、扼要，包括日期、车次、运行区段、发病时间、地点、患者主要症状、发病人数（包括危重人数及死亡人数）、可能引起中毒的食物等，要求车站组织采取措施。

2）救助。列车长通过广播寻找医生帮助抢救治疗，控制病情，采取催吐、导泻等方法和应急救治措施，进行初步救治。遇有中毒旅客必须临时停车送医院抢救时，列车长向驾驶员、客调和段调度室报告，请求停车急救。列车到站后，列车长按章与车站办理交接，列车乘务组人员不下车参与处理。

3）留取证物。在抢救安置中毒旅客的同时，乘务组人员要做好解释工作，稳定旅客情绪，防止造成混乱。列车长、乘警（专职安全员）应及时保留、封存造成食物中毒或可能致食物中毒的食物及其原料、器具，并将中毒旅客的呕吐样品一并留存，交由卫生防疫人员进一步调查。

4）防止事态扩大。如不能排除食物中毒是列车供应食物所致，要停止列车食物供应活动，立即采取措施追回已售出的可疑食物或通知旅客禁止继续食用，防止事态扩大。若能确认导致食物中毒的食物是因配餐或某站出售的食物造成的，应及时报告铁路局客调、段调度室。

5）调查取证。列车长、乘警（专职安全员）应及时收集证据材料，了解旅客发病症状、进食史，并做成记录，形成第一手资料。对中毒旅客的基本情况做好登记，以便协助卫生防疫等部门最终调查确定诊断。列车长应及时将记录和有关材料移交车站，以便车站尽快做好善后处置。

6）如发生三人以上具有疑似食物中毒症状时，除按上述要求处置外，列车长还应立即向前方停车站通报（通信不畅时由驾驶员向前方站通报），并向铁路局客调、段调度室汇报；怀疑投毒导致食物中毒时，还应同时向铁路公安机关报告。

技能拓展

食物中毒的急救

1. 食物中毒的概念

食物中毒是指食用被细菌性毒物或化学性毒物污染的食物，或误食有毒的食物，引起急性中毒的疾病。按照中毒的原因，食物中毒可分为细菌性食物中毒、真菌毒素中毒、动物性食物中毒、植物性食物中毒、化学性食物中毒。

2. 判断食物中毒的方法

虽然不同原因引起的食物中毒症状各有其特征,但食物中毒有共同的症状:剧烈呕吐、腹泻，中上腹部疼痛。食物中毒者常会因为上吐下泻而出现脱水症状，如口干、眼窝下陷、皮肤弹性消失、肢体冰凉、脉搏细弱、血压降低等，甚至休克。

3. 食物中毒的应对

1）立即停止食用可疑食品，喝大量洁净水以稀释毒素。

2）用筷子或手指下压舌根进行催吐，并及时就医。

注意：昏迷的中毒者不能催吐，因为呕吐物可能堵塞中毒者的气道造成窒息。

3）用干净塑料袋留好呕吐物和排泄物，带去医院检查，以利于医生诊断。

4）中毒者出现抽搐、痉挛症状时，马上将其移至通风良好的地方，并取来筷子，用手帕缠好塞入中毒者口中，以防止咬破舌头。

5）症状无缓解迹象，腹痛腹泻加重，甚至出现明显失水，四肢寒冷，面色苍白，大汗，意识模糊，说胡话或抽搐，以至休克，应立即送医院救治。

6）了解与中毒者一同进餐者有无异常，并告知医生一同进餐者。

7）及时向当地疾病预防控制机构或卫生监督机构报告。

案例分析

案例 1：旅客高铁上疑似食物中毒，列车人员及时安抚救助

事件概况：2017 年 7 月 23 日，D6025 次列车上发生一起疑似食物中毒事件。该趟列车自济南站开车后，乘务员巡视车厢发现 6 号车厢 3F 座旅客面色苍白、头冒虚汗、表情痛苦，经询问得知该旅客身体不适，上车之前刚吃完午饭。乘务员怀疑其食物中毒，随即向列车长汇报。列车长立即赶到现场对旅客进行询问、安抚，随后立刻广播寻找医务人员，同时利用班组药箱对旅客进行救治，并协调周围旅客更换座席，让该旅客躺下休息。在工作人员的全力照顾下，该旅客稍感舒适，并对列车长表示感谢，对班组工作表示肯定。

（资料来源：王晓易. 乘客高铁上疑似食物中毒 列车人员及时安抚救助[EB/OL].（2017-07-24）[2017-12-19].http://news.163.com/17/0724/15/CQ4B24E100018AOP.html.）

分析：

1）此次事件主要责任在中毒旅客自身。旅客缺乏食品安全常识，食用不安全食品后中毒。

2）列车人员的处理得当，积极对旅客进行救助。需要强调的是，列车人员应及时收集旅客的呕吐物，并收集相关证据，编制好客运记录。

3）有待改进的地方：此次事件，列车班组的应急处置得当，但前期防控措施有待加强，站、车应充分发挥视频、网络、广播等媒体的宣传作用，向旅客普及食品安全知识，使旅客懂得如何防控食物中毒。

案例 2：旅客食物中毒陷昏迷，为救人列车提前 50 分钟进站

事件概况：2013 年 8 月 11 日 16 时许，K8706 次列车从漳平站开出不久，加 1 号车厢的一名旅客急匆匆地拦住列车长求助，称其母亲徐某突然出现腹痛症状，已快昏迷。列车长立即赶到加 1 号车厢，发现徐某躺在铺位上，面色苍白、嘴唇发青。经过询问得知，徐某前日来厦门旅游，返程前曾食用大量海鲜；中午在厦门站上车后出现腹痛症状，到下午 4 点已浑身无力接近昏迷。在医院工作的旅客陈大夫听到列车广播后赶来救助，他判断病人疑似食物中毒，须尽快送医急救。

此时，列车还需运行 3 小时才到下一站永安站。由于情况危急，列车长拨通了南昌铁路局调度所电话，请求调度部门允许 K8706 次列车快速行驶，提前到达永安站。数分钟后，调度所下达指示：为 K8706 次列车开辟“直达车道”，沿途各趟列车一律让行，全力压缩列车中途行车时间。最终，K8706 次列车提前 50 分钟到达永安车站，确保病人得到了及时救治。

（资料来源：蔡颖辉. 旅客食物中毒陷昏迷 为救人列车提前 50 分钟进站[EB/OL].（2013-08-13）[2017-12-19]. http://www.chinanews.com/sh/2013/08-13/5153954.shtml.）

分析：

1）本次事故为一起因大量食用海鲜引起的食物中毒事件，食用海鲜容易导致人体过敏而引发食物中毒，旅客缺乏基本的食品安全常识。

2）列车提前 50 分钟进站反映出，在突发事件中，应以旅客的生命安全为重，所有单位都应不遗余力地救助中毒旅客。

2.1.3　站、车突发重大疫情

事件描述

重大疫情突发事件包括如下内容：①肺鼠疫、肺炭疽和霍乱暴发；②动物间鼠疫、布氏菌病和炭疽等流行；③乙类、丙类传染病暴发或多例死亡；④发生罕见或已消灭的传染病；⑤发生新发传染病的疑似病例；⑥可能造成严重影响公众健康和社会稳定的传染病疫情，以及上级卫生行政部门临时规定的疫情。

由于流行性感冒、传染性非典型肺炎、鼠疫、感染性腹泻、霍乱、肺结核发生率较高，属于铁路站、车需要重点控制传染病；高致病性禽流感、急性出血性结膜炎、细菌性痢疾、甲型/戊型病毒性肝炎也是人们易感染的几大主要传染病。

安全风险及预防控制

1．安全风险

1）铁路运输具有流动性强、运输网络庞大、人员密集、旅客成分复杂的特点。若某一地区发生疫情且未得到严格控制，很可能通过铁路网传播到全国各地，造成大范围的蔓延和严重的后果。

2）我国各地区在自然环境、经济状况、卫生条件等方面存在差异，使各地区疾病谱、人群免疫水平有所不同。病原体从一个物种传染到另一个物种时往往会导致一种新的传染病的流行，在疫病流行季节，大量旅客形成的人群流动，不仅促发疾病流行，而且存在着利于病原微生物及其生态宿主和媒介昆虫向异地转移，并可能诱发其变异而出现某一疾病突发性流行的风险。

2. 预防控制

1）加强铁路与地方防疫机构的联动控制，共同协商、分工合作。

2）加强铁路客运人员的卫生防疫知识培训教育，使其掌握卫生防疫基本技能。

3）加强站、车卫生防疫硬件基础设施建设。

4）加强卫生防疫工作质量控制，对防疫用品的采购、运输、保存和接种要全程监控，杜绝因预防接种导致伤残甚至死亡的恶性事件发生。

5）制订科学合理的应急处置预案，定期开展应急演练，切实提高应急处置人员的应急能力。

6）疫情期应加强对站、车的卫生检疫，对客运工作人员的检疫及对旅客的卫生检疫。

应急处置

1. 车站突发重大疫情的应急处置

1）报告。在站内发现疑似鼠疫、霍乱等重大疫情的病例时，工作人员要立即报告值班员。值班员要在第一时间将患者情况报告车站综控室，提出处置请求（特殊类传染病按上级要求等待处置通知），同时立即向铁路疾控部门和上级主管部门报告。

2）分类隔离。值班员安排经过专业培训的人员穿着防护服，按规定做好个人防护，再按卫生主管部门的要求采取措施对患者进行分类隔离。隔离方法：采取个人防护措施后将患者或疑似患者引导到车站医务室进行隔离，根据传染种类对其周围密切接触人员采取集中管理的隔离措施，做好登记，登记内容包括姓名、性别、年龄、有效身份证件信息、联系方式、近期活动情况等。工作人员要在值班员的领导下，稳定旅客情绪，消除恐慌，防止发生意外。

3）封闭管理。封锁已经污染或可能污染的区域，疏散其他人员。对传染病或疑似患者及密切接触人员使用过的物品隔离封存，在未有效消毒前不得使用，使用过的防护用品立即封存，不得重复使用。

4）消毒处理。由铁路疾控人员对已经污染或可能污染的区域进行消毒。铁路疾控部门消毒处置完毕后，方能解除区域封锁。

5）移交。卫生防疫部门到站后，值班员应与卫生防疫部门认真交接，办理交接手续，对特殊类传染病实行“门对门”交接（即出隔离间直接上救护车）。同时，车站还应将传染病患者、疑似患者、密切接触者及其他需要跟踪观察的旅客及资料移交铁路疾控部门。

6）现场秩序。公安部门应维持好站内治安秩序，协助开展区域封锁、旅客隔离、站、车移交等工作。

7）配合工作。车、站人员积极配合现场的医疗单位和铁路疾控部门开展工作。

2. 动车组列车突发重大疫情的应急处置

1）报告。动车组列车发现疑似鼠疫、霍乱等重大疫情的病例或接到动车组列车上有疑似病例的通知时，列车长应立即向驾驶员和客运段指挥中心报告，驾驶员向列车调度员报告，列车调度员立即向值班主任报告，值班主任立即向铁路局相关部门和铁路疾控部门报告。报告内容包括日期、车次、运行地点、发病人数、患者和密切接触人员简况及主要症状、旅行目的站、患者所在车厢号等。

2）隔离控制。列车长应组织、指挥有关人员参与现场处理。接触患者的乘务员及参与现场处理人员必须做好自身防护，将患者或疑似患者进行隔离（原则上锁闭本车厢隔离门，在本车厢隔离），组织其他旅客紧急疏散到远离污染区域的其他车厢，控制患者所在车厢密切接触者的流动。封锁已经污染或可能污染的区域，禁止向外排放污物。

3）登记信息。对密切接触者进行登记，登记内容包括姓名、性别、年龄、实际居住地址、联系方式、有效身份证件信息等。

4）交站准备。列车调度员根据铁路劳卫部门和疾控部门确定的处置方案，安排动车组在指定车站停车，并通知驾驶员。列车长接到驾驶员有关在指定车站停车的通知后，做好疾控人员上车和疑似病例交站的准备工作。车站及铁路疾控部门要根据要求做好接车和紧急处置的各项准备工作。

5）交站。列车长编写客运记录，并与客调联系，列车在指定的停靠站停站后，将传染病患者、疑似患者、密切接触者及其他需要跟踪观察的旅客及名单、相关材料等移交车站和铁路疾控部门。车站应开辟绿色快速通道，明确急救车进出站路线。

6）消毒。铁路疾控部门应对列车污染或可能污染区域和车站通道进行彻底消毒。铁路疾控部门确认消毒处置完毕后，方可解除封锁。

7）配合。站、车应积极配合现场的医疗和疾控部门开展工作。

案例分析

案例：××铁路局××职工培训中心突发成人风疹

事件概况：2013 年 3 月，在××铁路局××职工培训中心进行职工岗前专业培训的学员于 18 日陆续出现发烧、身体出现红疹等症状；21 日上午，有四名学员称身上出现大片红疹，奇痒无比，请假前往医院就诊，诊断为疑似风疹待查及疑似麻疹待查。该职工培训中心立即向××铁路局疾病预防控制所报告。疾病预防控制所接到报告后立即前往该职工培训中心调查。调查基本情况如下。

1）经流行病学调查和实验室检测，确定为一起成人风疹暴发疫情。首发病例为赵某，男，21 岁，工务 1 班学员，于 3 月 18 日出现发热、咳嗽、流涕，面部、胸部、背部出现皮疹，于次日在该职工培训中心附近的诊所就诊，进行输液及对症治疗，该患者患病期间未被停课隔离。自 3 月 19 日起，该期培训学员陆续出现发热、咳嗽、流涕、眼结膜炎、全身皮疹，截至 22 日，累计发病 11 例。

2）该职工培训中心因地点偏僻，所有培训学员均在培训中心集体住宿，患者在发病期间未采取有效隔离措施，这是导致风疹疫情暴发的直接原因。

疫情发生后，××铁路局疾病预防控制所对该职工培训中心重点开展了六个方面的工作：一是对有明确症状的 11 名患者进行了 5 天隔离治疗，待症状消失后解除隔离；二是对在学校设立的两间隔离宿舍进行全面消毒，对发病班级、宿舍、教学楼走廊进行全面消毒，并要求通风换气；三是在未明确诊断前对培训中心的患者及密切接触者投放板蓝根冲剂、爱尔施消毒片进行预防控制；四是对学校老师及学员讲解风疹、麻疹的防病知识，以消除学员的恐慌；五是明确该次疫情诊断后，在第一时间对所有其他易感者应急注射疫苗，以加强易感者的免疫水平；六是要求学校自 3 月 22 日起对全体学员进行晨检，加强监测，并要求学校在此期间减少学员除教学以外的聚集性团体活动，以减少易感人群相互交叉感染。

（资料来源：孔庆华，王鹏，马婧，2014．一起铁路职工成人风疹疫情暴发的调查报告[J]．疾病监测与控制，9（8）：538-539．）

分析：

1）风疹是由风疹病毒引起的呼吸道传染病，常发生于 15 岁以下的儿童，发病特征以呼吸道症状及全身特异性皮疹为主，一般发病 3～5 天。

2）该职工培训中心工作人员及培训学员普遍对该类传染病缺乏认识，要加强铁路职工的健康知识宣传，通过各渠道加强传染病防控知识的培训。

3）要加强该类培训中心的卫生管理工作，对于人群集中的长短期培训班，要及时与卫生管理单位加强沟通，做好季节性传染病的防病工作，做到对疫情的及时发现、及时报告、及时隔离。

2.1.4 动车组车门夹旅客事件

事件描述

随着动车车辆技术的发展，现代高速动车组具备了较先进的智能诊断系统，动车组上配备的乘务员也相应地有了缩减，旅客在上下车时，并非每个车门处都有乘务员提供开关门服务，正常情况下，车门的开闭由驾驶员集中控制。在车辆设备原因、驾驶员和旅客人为原因等多种因素作用下，动车组车门夹伤旅客的事件时有发生。

安全风险及预防控制

1．安全风险

（1）来自运营组织方面的风险

高铁动车组列车编组通常有 8 辆编组和 16 辆编组两种类型，编组较长，且车门处没有视频监控，驾驶员或随车机械师无法通过视觉判断旅客的乘降情况，关门时只能依靠乘务员确认所值守车厢旅客乘降情况报给列车长，列车长再通过列调通知驾驶员或随车机械师关闭车门，而列车上又不能保证每个车门处都有乘务员值守，这样就存在一些盲区，可能导致车门夹旅客事件的发生。

（2）来自驾驶员操作方面的风险

我国动车组驾驶员乘务制度大多采用单班单驾驶员值乘方式，动车组驾驶员单岗独立作业，同一驾驶员可能值乘不同车系、不同型号、不同编组的动车组列车，操作方式不同，难以养成固定作业习惯。如果驾驶员状态欠佳，就可能存在误操作的风险，导致车门夹旅客事件的发生。

（3）来自车辆设备方面的风险

我国高铁动车组门系统多采用塞拉门，将先进的控制技术搭载入列车控制网络，实现了车门的闭环控制，列车控制网络实时、准确地监控车门打开/关闭的状态，避免列车在未进站及站台内非站台侧时打开车门。但是列车机械系统及电气系统时常发生故障，导致车门无法开（关）、开（关）门速度时快时慢、按开门按钮门开一半就关闭，开门不到位等情况发生。另外，车门的防夹功能主要靠两种方式实现：一是由敏感胶条进行检测控制，二是由电机电流进行检测控制。如果防挤压胶条被损坏、硬性变形或防挤压胶条的接线断路、胶条空囊内进水，就容易导致防夹功能失效。即使在设备未发生故障的情况下，动车组车门的防夹功能也只有在障碍物有效接触面积达 30 毫米×60 毫米以上时才能实现。实践证明，在某些情况下，障碍物有效接触面积远超过 30 毫米×60 毫米，车门的防夹功能也未实现，旅客被夹的风险仍然存在。

（4）来自旅客乘车秩序方面的风险

多数乘坐高铁的旅客时间紧张，时有旅客在车门即将关闭时抢上抢下的情况发生。旅客缺乏乘车安全意识、不遵守安全乘车秩序的行为，增加了发生车门夹旅客事件的风险。

2. 预防控制

1）增加视频监控，优化乘降组织。在车门处增加视频监控，在部分车门处安排乘务员值守，车站发车铃响完毕，乘务员和列车长应对旅客乘降情况进行确认。每名乘务员负责确认所值守车旅客乘降情况。确认乘降完毕后，通过对讲机向本组列车长报告。在确认本组车旅客上下车完毕后，后组列车长通过列调向前组列车长报“动车××次后组旅客乘降完毕”，前组列车长确认全列旅客上下完毕后，通过列调通知驾驶员或随车机械师关闭车门。驾驶员或随车机械师接到列车长通知后，再通过视频监控确认一遍旅客乘降情况，在确保安全的情况下关闭车门。

2）调整乘务制度，科学安排驾驶员值乘，使驾驶员固定值乘相同车系、相同型号、相同编组的动车组列车，以降低操作难度从而减少事故发生概率。

3）完善高速动车组列车车门防夹功能，进一步加强车门夹旅客事件的防控保障。

4）做好旅客宣传教育工作。站、车利用视频、广播、网络等途径向旅客宣传安全乘降知识，列车工作人员应在车门口做好宣传和提示，提醒旅客远离车门，不得将头、手及身体伸出车门外。要特别加强对带小孩的旅客、站台吸烟和散步旅客的安全提示，告知旅客车站铃响及时登车。

应急处置

1）发现车门夹旅客后，客运乘务员应立即通知列车长，列车长通过列调立即通知驾驶员“××车门旅客被夹”，驾驶员自动释放车门或按驾驶员要求由客运乘务员手动开门操作开启指定车门。若列车已经启动，须立即报告驾驶员紧急停车，停车后经驾驶员允许，客运乘务员方可手动关闭车门。列车长与随车机械师一同检查确认车门正常关闭完成后，列车长方可通知驾驶员“动车××次驾驶员，×号车门已关闭”。

2）被夹旅客若受伤，应在本站移交，移交后应迅速组织开车（客运记录及相应材料可后补）。若旅客伤势不重，按照旅客意愿，列车可允许旅客旅行，但需编制客运记录并由旅客签字。列车开车后，班组要广播寻找医生（车上无医生时由列车红十字救护员）进行处置；若需下车治疗，则列车应编制记录交前方停车站处理；若伤势恶化，则列车长应向客调汇报就近安排下车医治。

3）出现车门夹旅客事件，列车长应收集两份以上旅客旁证材料及事件现场有关证据材料（包括文字和图片），同时应尽快向客调、段调度室报告详细情况。

案例分析

案例1：家长看管不周，导致儿童冲出车厢被车门夹住

事件概况：2012年5月11日19时30分左右，由深圳北开往武汉的G1024次高铁在途经韶关站时，由于家长看管不周，在列车启动的一刹那，一名儿童突然冲出车厢被车门夹住手（其身体已在车外）。此时列车已经缓缓开动，车内孩子父母见状十分惊慌急忙喊“停车”，其他旅客也帮忙按紧急按钮，还有人用车窗安全锤拼命砸车厢的玻璃门。在这千钧一发之际，韶关站一名男性工作人员发现了险情，奋不顾身地冲到了车前，一把抱起被车门夹住的儿童，随着缓缓启动的高铁列车一路向前奔跑。大约过了1分钟，G1024次列车才紧急制动成功停了下来，而该名工作人员已经抱着小孩狂奔到接近站台的边缘，如果稍晚一步后果将不堪设想。

（资料来源：卜瑜. 高铁车门夹住儿童手开动 工人抱童追车百米施救[EB/OL].（2012-05-12）[2017-12-19]. http://news.sohu.com/20120512/n343006199.shtml.）

分析：

1）此次事故主要责任在于孩子父母缺乏安全意识，对孩子疏于监管。

2）站台工作人员责任意识较强，在紧要关头果断采取了正确措施，是救下儿童的关键。

3）工作中有待改进的地方：①站、车应加强对旅客的安全宣传，提醒旅客注意乘降安全，照顾好老人和小孩；②动车乘务员在组织旅客乘降时要特别关注老、幼、病、残、孕等重点旅客；③动车乘务员应在确认车门关闭好以后再离开值守车门，确保无旅客在即将关门时突然抢上、抢下；④站、车应利用视频、广播等媒体向旅客宣传车内应

急设施的使用，教会旅客在紧急情况下正确使用紧急停车按钮。

案例 2：旅客误乘导致手指被夹

事件概况：2017 年 5 月 15 日 8:49，一男性旅客持 G7080 次列车车票，在常州站 7 号站台候车时，误将在 6 号站台停靠的上海虹桥至重庆北 D2212 次列车当作 G7080 次列车，在 D2212 次列车车门即将关闭时，突然从 12 号车厢车门处扒门，造成左手手指尖被夹，随车奔跑数秒后抽出。车站工作人员第一时间上前处置，安抚并询问旅客情况，该旅客称未受伤，后继续乘坐 G7080 次列车旅行。

（资料来源：李泊静. 男子手指被列车门夹住 随列车狂奔数秒后抽出手指[EB/OL].（2017-05-16）[2017-12-19]. http://www.chinanews.com/sh/2017/05-16/8225008.shtml.）

分析：

1）旅客的安全意识较淡薄，此次事故虽然让他手指被夹，但其称未受伤，可能还没认识到自己的危险行为可能带来的严重后果，如果未吸取教训，该旅客可能日后还会有危险行为。

2）站台工作人员虽然积极进行了处置，但还有待加强的地方：①应收集好证据资料，以防旅客日后反悔引发纠纷；②应对旅客进行说服教育，使旅客认识到自身行为的危险性，避免其再次出现类似危险行为。

3）列车乘务员在组织旅客乘降时，应仔细检查旅客车票，认真核对车次，避免旅客误乘。

任务实施

任务要求

1）根据所分配的情境，合理设置细节，制订突发事件处理方案。

2）人员岗位分工明确，各岗位人员清楚自身职责与处理程序。

3）物资准备齐全，运用合理。

4）遵守规章制度，正确处理事件，同时做好重点旅客服务工作。

5）针对性地对事件进行原因分析，提出预防措施。

6）台账填写规范、具体，原因分析有理有据，预防措施科学可行。

任务情境

1）动车组列车上突发孕妇分娩。

2）动车组列车上发现精神异常人员。

3）车站旅客搭乘扶梯摔伤。

物资和人员

根据分配的任务情境，罗列相应的实训物资和人员。

1）物资：____。

2）人员：________________________________。

实施流程

1）给各组分配情境任务。

2）组内讨论制订处理方案。

3）情境模拟演练。

4）自评与总结。

任务台账

实训中可能用到以下台账：

1）移交烫伤旅客的客运记录。

2）移交疾病旅客的客运记录。

3）移交孕妇旅客的客运记录。

4）旅客人身伤害信息上报表。

5）旅客突发疾病电报。

6）孕妇旅客分娩电报。

7）旅客列车发生烫、砸、摔、碰等一般旅客伤害电报。

8）死亡旅客速报。

实施示例

列车上突发旅客食物中毒事件

1. 情境

××××年×月×日 15 点 17 分，×客运段、×车辆段、×公安处担当乘务的×次列车运行至×线×站至×站间时，08 号车 12A、12B、12C 三个座席的三名同行旅客，食用自带的香辣蟹、香辣虾等熟食后出现呕吐、腹泻、发烧症状。

2. 处理流程

（1）发现与报告

列车乘务员发现后及时向列车长报告："列车长，08 号车 12A、12B、12C 三个座席的三名同行旅客，突然出现呕吐、腹泻、头晕症状，请立即到场处理。"

列车长答复："收到，明白。"

（2）组织救治

1）列车长通知乘警到场："乘警，08 号车 12A、12B、12C 三个座席的三名同行旅客，突然出现呕吐、腹泻、头晕症状，请立即到场处理。"

乘警答复："收到，明白。"

2）列车长通知列车红十字救护员赶到现场进行初级救护："红十字救护员，现在 08 号车有三名旅客患病，请你立即携带急救药箱到现场进行救护。"

红十字救护员答复："收到，明白。"

3）列车长通知列车广播员利用广播寻找医务人员："广播员，现在 08 号车有三名旅客患病，请你利用广播，在旅客中寻找医务人员到 08 号车帮助救治。"

4）广播员利用广播在列车内寻找医务人员："旅客们，现在 08 号车有三名旅客患病，急需救治，如果您是医务工作者，请立即赶到 08 号车帮助救治，列车广播代表工作人员向您表示感谢！"

（3）现场救治

列车长、乘警、红十字救护员先后赶到现场，另有一名旅客中的医生赶到现场。旅客医生："列车长，我是一名医生，这是我的医师证件。"说完，医生将证件交给列车长，列车长核对后立即请求医生对三名旅客进行救护，并安排红十字救护员协助。

医生向三名身体不适的旅客了解情况："您好，请问您现在哪里不舒服？"

患病旅客答复："我们又是呕吐，又是腹泻的，还头晕，好难受，不知道怎么回事。"

医生听到患病旅客有头晕症状，摸了摸三位患者的额头有些烫，于是安排红十字救护员为患者测量体温，三名患者体温都在 38℃左右，医生断定患者发烧。考虑患者有呕吐腹泻症状，于是又询问患者："请问您中午吃的食物是什么呢？"

患者答复："我们自带的香辣蟹和香辣虾。"

医生检查后对列车长说："这几位患者初步诊断为食物中毒，你们列车不具备救治条件，需要下车送医院继续救治。"医生同列车红十字救护员一起对患者旅客采取催吐等措施进行抢救。

（4）信息上报，请求支援

1）列车长谢过医生后，立即与客调联系请求在前方有条件的车站临时停车，由车站联系 120 急救人员到车站接送三名食物中毒旅客入院救治，列车长组织做好与车站交接准备工作。

2）列车长向前方停车站、前方卫生防疫部门和本属段报告，客运段负责向铁路劳卫部门、客运部门和本地区铁路疾控部门报告，报告内容为："调度员（×），××××年×月×日 15 时 17 分，×次列车运行至×线×站至×站间时，08 号车 12A、12B、12C 三个座席的三名同行旅客，食用自带的香辣蟹、香辣虾等熟食后出现呕吐、腹泻、发烧症状，三名旅客分别持有本次列车 08 号车 12A、12B、12C 座席的有效车票。列车工作人员及时在乘车的旅客中找到一名医生对三名旅客进行诊治，初步判断旅客为食物中毒。医生当场采取催吐等措施对三名旅客进行救治，并建议尽快将旅客转送医院救治，否则存在生命危险，目前我们正在与客调联系列车在前方停车站临时停车，将三名旅客转送医院继续救治，事情进展情况陆续及时反馈，特此报告。"

上述部门答复："收到，请密切关注旅客状况，及时报告需求事项，我们全力做好保障工作。"

（5）保护现场

列车长、乘警和 08 号车列车乘务员稳定好旅客情绪，收集旅客食用的剩余可疑食物、呕吐物和排泄物样品，封锁被污染厕所，等待卫生检疫人员查验。

注意：如旅客是在列车、车站或其他场所购买的可疑食物，应立即组织追回其他已售出的可疑食物，并在低温下封存可疑食物、原材料，保留造成食物中毒或可能导致食物中毒的包装、器皿。如不能排除食物中毒是站、车供应食品所致，要立即停止站、车供应食品，并采取措施追回已经售出的食品进行封存，同时向所在铁路局客调报告，由客调通知相关车站停止出售食品。

（6）收集证据

在救治的同时，08 号车乘务员利用相机拍照，留取物证。乘警立即向现场目击旅客收集证言材料（不少于两份）。乘警收集证词、证据后将材料交给列车长。

（7）办理交接

1）客运调度员向列车长通知安排临时停车事项："列车长，×时×分×次列车在前方×站临时停车一分钟，请做好三名食物中毒旅客移交工作。"

列车长答复："收到，明白。"

2）列车到达×站后，列车长凭客运记录向×车站移交三名旅客，并把封存的样品及旅客携带品、证言证据一并与车站办理签字交接。客运记录上详细注明旅客的姓名、性别、国籍、民族、年龄、职业、住址、单位、有效身份证件信息、联系方式，所持车票发到站及票号、座卧别、所在车厢位置等详细情况。

（8）协助调查

列车工作人员配合卫生防疫部门和公安部门调查旅客发病的具体原因、所食用的食物来源等事项。调查工作结束后对现场进行彻底清理，防止病菌传播，危害身体健康。

任务自测

1．列车上发生旅客人身伤害事故，需向车站办理移交手续时，编制客运记录，连同（　　）一起移交。

A．车票、旅客随身携带品清单、证据材料

B．旅客随身携带品清单

C．旅客随身携带品清单、证据材料

D．车票、旅客随身携带品清单

2．旅客是指持有铁路有效乘车凭证的人和（　　）。

A．同行儿童　　B．同行免费乘车的儿童

C．同行身高不足 1.2 米的儿童　　D．同行身高不足 1.5 米的儿童

3．重点旅客控制，是把老、幼、病、残、孕作为重点照顾对象；把精神病患者、精神突变者、神情异常者、心情郁闷者、（　　）、寻衅滋事者等作为重点监控对象。

A．暴力倾向者　　B．贵宾

C．严重酗酒者　　D．以上均是

4．发生旅客人身伤害需支付医疗费用时，若不能区分责任或责任人不明、（　　），经站长批准，可用站进款垫付。

A．旅客拒不承担的　　　　　　　B．旅客要求车站承担的

C．旅客无力承担的　　　　　　　D．以上均是

5．旅客人身伤害事故程度分为（　　）。

A．三种　　　B．四种　　　C．五种　　　D．六种

6．发生旅客人身伤害时，（　　）是第一位的。

A．编制记录　　　　　　　B．收集证据

C．全力救治　　　　　　　D．信息上报

7．旅客列车或车站发生（　　）人以上食物中毒时，列车长、客运主任应及时通知前方停车站或所在站防疫部门，并做好现场保护工作。

A．3　　　B．5　　　C．10　　　D．30

8．2020年9月20日，BMT站接到×次列车长交下1名重病旅客，车票票号B009357，乘车区间JX至HEB，该旅客在列车上心脏病发作休克，列车长找医生医治未见好转，列车长编制客运记录交BMT站转送医院抢救。该旅客身份不明，另有提包1个、纸箱1个。BMT站接到病人后应如何办理？休克病人在送医院途中死亡，应如何处理？

9．2012年5月4日，SZ至SYB的×次列车，TS站开车后5号车厢（广播车）一名旅客突发哮喘病，请问应如何处理？

10．旅客意外伤害处置实作。其实作评分标准见表2-1。

表2-1　旅客意外伤害处置实作评分标准

考核内容	配分	扣分
拨打120急救电话说明旅客受伤部位、年龄、地点，到现场进行救治	8	
报告车站（车间）值班干部	5	
通知值班公安	5	
收集旅客的基本信息	10	
联系其家属	5	
通过车站视频监控或向其他旅客了解旅客伤害情况	7	
收集旁证材料	10	
安排客运员引导医护人员到具体位置	5	
协助医护人员医治旅客	5	
安排客运员一同协助将受伤旅客送至医院	5	
妥善保管旅客行李物品	10	
编制客运记录	15	
为旅客办理退票或改签手续	10	
耗时：　　　分钟	得分	
考评员签字：		

任务 2.2 综治安全事件安全管理与应急处置

知识准备

2.2.1　站、车突发治安事件

事件描述

截至 2023 年 12 月 30 日，我国高速铁路运营里程突破了 4.5 万千米，总里程已能围绕地球赤道一周。早在 2017 年 9 月 21 日，“复兴号”动车组就在京沪高铁实现了 350 千米/时的运行速度，回归世界最高轮轨运行速度。目前，我国已掌握工程线路、列车控制、动车组、高速转向架、电路控制、无线通信等高铁核心技术，实现了核心技术国有化，拥有完全的自主知识产权，靠实力说话的中国高铁向世界证明了其领跑地位。

作为世界领跑者，高铁治安秩序的持续稳定，对国家的政治、经济、文化及国防建设与发展起着至关重要的作用。但是，也正是由于高铁备受青睐，繁重的运输任务造成车站及列车人员密集，财物集中，高铁车站及动车组列车不可避免地会突发一些治安事件，造成这些治安事件的主要原因如下。

1）运营里程剧增。2015 年年底，我国高铁运营里程为 1.9 万千米，2016 年年底增长到 2.2 万千米，2023 年年底突破 4.5 万千米，按照规划，到 2035 年，我国高铁运营总里程将达到 7 万千米左右。高铁运营里程的剧增，导致高铁治安管理工作量大幅增加。与此同时，高铁速度快、信息化程度高，其治安事件的危害后果将成倍放大，这给高铁治安管理带来了更大的挑战。

2）客流剧增，旅客成分复杂。2016 年至 2019 年，铁路旅客年发送量从 24.96 亿人次增加到 35.79 亿人次，其中很大一部分运输任务由高铁完成。客流的增加造成车站与列车的拥挤，这是导致高铁个体治安事件的重要原因。另外，较以往不同，高铁旅客成分也有所变化，除职工、教师、学生、商人、旅游人员、参加培训和开会的人员外，来我国旅游和定居的外国人，探亲访友的我国港、澳、台同胞及海外华侨人数也在逐年增多。旅客成分的复杂化使站、车治安问题也复杂化。

3）旅客财物诱惑。旅客携带的大量现金、高档商品和其他贵重稀有物品，客观上给违法犯罪分子带来诱惑，加之站、车人员拥挤，部分旅客警惕性不高，给了违法犯罪分子以可乘之机，造成一定的治安隐患。

4）车站及周边环境复杂。车站附近各种新兴商铺和娱乐场所，站前站内商摊增多，站前广场、候车室和进出站口处流动商贩和招徕顾客的出租车司机、旅店人员增多。上述情况给车站及周边营造了更为复杂的环境，是影响车站治安秩序的重要原因。

5）闲散人员滞留。乞讨露营人员、精神病患者、辍学流失的学生等“闲散人员”在车站滞留，给高铁治安造成一定的隐患。

6）警力缺乏，部门利益浓重。虽然高铁运营里程在迅猛增长，但是铁路公安机关的警力却没有与之同步发展，警力严重匮乏，特别是高铁治安管控的专业力量尤为缺乏。铁路车站、列车、线路三个单位的警务活动独立分工，部门利益观念浓重，存在相互推诿问题，贻误时机，影响治安管理效果。

7）恐怖主义风险。高铁速度快，电子依赖程度高，人员密集，发生事故时影响大，是暴力极端分子袭击的重点目标。

安全风险及预防控制

1. 安全风险

高铁治安问题类型多样、复杂，当前高铁治安主要存在以下风险。

1）犯罪类突发事件。例如，火灾、抢劫、盗窃、诈骗、走私、贩毒等犯罪活动；列车上劫持人质的暴力事件；拆盗、割盗、掀盗、破坏铁路设施，击打列车肇事、拦截列车肇事等危及行车安全的刑事犯罪活动；敌对势力、恐怖暴力分子的破坏活动。

2）违法乱纪类突发事件。例如，旅客携带“三品”，即易燃品，易爆品，腐蚀、有毒、放射性化学品上车，旅客在动车组列车上吸烟，旅客随意触动列车紧停装置和开门装置等。

3）冲击铁路群体性治安事件。例如，某些群众、团体或组织为了获取利益，聚众到铁路车站要求赔偿，实施违法乱纪的行为；又如，一些人民内部矛盾引起部分群众不满，聚众到铁路车站闹事。

4）旅客与商贩、旅客与旅客之间的争吵、斗殴。例如，商贩的强卖、敲诈勒索等引起的斗殴，车站拥挤造成旅客之间磕碰、斗殴等。

5）事故事件。事故事件是指由于个别铁路运输系统内治安管理人员（如车务、机务、工务、电务、车辆、安监、客运、货运等部门的安全管理管理人员和基层工作人员）业务不熟练及工作失职酿成的治安事故。

2. 预防控制

（1）提高治安防范意识

端正员工思想认识，提高治安防范意识，增强其做好高铁治安综合治理工作的紧迫感。在高铁治安综合治理工作中，部分人员存在一些认识偏差。一是部门之间缺乏合作精神。例如，站、车之间各为己利，相互推诿，对对方工作不支持、不配合，将治安问题置于两不管境地。二是应付上级，敷衍了事。当出现治安问题时，由于上级部门要求的时间紧迫，而一时又缺乏线索时，敷衍查处，随意编造“精神病患者肇事”来应付调查，缺乏对治安治理的正确认识和应有的态度。三是隐瞒查处。治安事件发生后，只要没有明显后果就不上报，以免给自己制造麻烦。这三种思想认识偏差是高铁治安治理工作的重大隐患，必须彻底消除。

（2）建立健全高铁治安综合治理机制

1）建立健全安全岗位责任机制。按照“谁主管，谁负责”的原则，统筹考虑职、责、权、利的结合，从单位领导到基层工作人员，逐级分解，层层落实，明确各岗位安全责任和分工。

2）建立健全治安保障机制，落实治安治理资金和技术支持。

3）建立健全治安教育机制，做好不同层级、不同形式、定期与不定期的治安教育工作。

4）建立防范机制，构建防范网络。

5）建立站、车治安综合防控体系，构建车站阵地防护网和列车动态防护网。

① 用好物防手段。对车站加装硬隔离、防冲撞等设施，形成物防屏障。

② 用好技防手段。一方面，在车站、列车重点部位加装视频监控，将车站客服中科智能客服系统、安检视频监控系统、售票室自动报警系统、站前广场视频监控系统及列车视频监控系统进行整合，力争实现对车站和列车的全覆盖和实时监控；另一方面，加大技防资金投入，提高技防控制水平。

③ 用好人防手段。铁路各单位、各工种之间相互配合，按照岗位工作规范，落实“勤巡视、勤检查、勤宣传、勤清理、勤联系”的要求，加强重点区段、重点时间和重点旅客的巡视，及时采取有效措施，防范治安事件的发生。

（3）深入开展高铁治安综合治理工作，将治理措施落到实处

1）加大查处力度，依法查处危害高铁治安的人员及行为。严厉打击刑事犯罪活动，震慑犯罪分子，遏制站、车治安事件的发生。

2）根据不同时期、不同单位、不同地区确立治安管制重点。第一，高铁治安与整个社会大环境有着密切联系，不同时期有着不同的社会背景，与之对应的治安管理工作也应有其特点。例如，可能会有一些犯罪分子伺机进行走私、贩毒等违法犯罪活动，沿线高铁治安管理工作应将此项管理内容列为重点。第二，车务部门、机务部门、工务部门、电务部门、车辆部门各单位性质不同，其治安管理工作也应有不同的侧重点。例如，车站是高铁系统的入口，要严抓“三品”查堵工作，将“三品”隐患拦截在系统外。第三，不同省、自治区、直辖市的人文地理环境各异，存在的治安问题也大相径庭，其管理工作重点也应有所区别。

3）成立群众性治安联防组织，实行公安、车站、列车和联防队相结合的治安联防体制，制定各车站和列车的治安管理办法，搞好站、车治安联防。

4）改进旅客安全宣传，深化高铁治安教育。一方面，继续沿用广播、电视、电影、微博、微信公众平台、幻灯片、标语、牌报、图片、实物等媒介，结合事故案例，向旅客进行治安知识宣传教育；另一方面，开展形式多样的治安宣传教育活动，如在站、车开展受旅客欢迎的有奖竞答、跟岗体验活动等。

应急处置

1. 站、车突发治安事件的应急处置

1）在车站有关场所发生突发性治安事件时，车站现场人员必须保持沉着、冷静，立即向车站公安机关和站领导报告。无驻站公安的车站，向地方公安机关报告，同时向上一级铁路公安机关报告。车站领导接到报告后，要立即赶往现场，配合公安部门维持好秩序。

2）在列车上发生突发性治安事件时，车厢乘务员要采取积极果断措施，努力控制事态发展，邻近车厢乘务员要立即向列车长、乘警长报告。列车长、乘警长接到报告后，要立即赶往现场，采取紧急处理措施，维护好车内秩序，防止事态扩大，并做好调查取证工作。

3）在治安事件中受到伤害的旅客，站、车工作人员应积极采取措施抢救。列车上可通过列车广播，寻找旅客中的医务工作人员协助治疗。

4）发生重大治安事件，由公安机关按照突发事件处置预案进行处置。客运部门可使用电报或其他方式向客运主管部门报告。

2. 动车组列车上突发治安事件的应急处置

1）现场控制。在列车上发生治安事件时，列车长、乘警（专职安全员）及时到达现场，沉着冷静地采取有效措施，制止事态发展、了解情况。

2）积极救助。乘务员应立即采取措施对受伤旅客施救，并通过列车广播，寻找旅客中的医务工作人员协助治疗。

3）迅速上报。列车长了解情况后及时向客调、前方站派出所、段调度室报告。报告内容包括时间、地点、车次、车厢、事件简况、涉事人数、是否有伤情等。

4）收集证据。收集不少于三份当事人和旅客旁证材料，并妥善保管证据和材料，有条件的应拍摄照片或视频留存。

5）客运记录与电报。因治安事件造成旅客人身伤害时，列车长应编制客运记录（乘警或专职安全员应在记录上签字），连同旅客车票、随身携带品清单一起移交车站，同时拍发电报。

6）需下车的处理。旅客伤害较重，必须停车送医院抢救时，列车长应按旅客疾病中途临时要点停车方案办理。

案例分析

案例：旅客酒后打架斗殴

事件概况：××××年×月×日，昆明站第三候车室，一名蒋姓男子和五名旅客酒后打架。五名旅客中的一人将蒋某头部打伤，蒋某拔刀将五名旅客中的一人胳膊刺伤。事后五名旅客中的四人要求办理改签或退票。

分析：处理方法如下。

1）在站内、列车上寻衅滋事，扰乱公共秩序的人，站、车均可以拒绝其上车或责令其下车，对被站、车拒绝上车或责令下车的旅客，应在车票背面做相应记载，作为到站不予办理退票或改签凭证。

2）车站值班员应协助公安处理。

2.2.2　旅途性精神病伤害事件

事件描述

近年来，铁路站、车精神病患者伤人案件逐渐增多，其中绝大多数案件由旅途性精神病患者引发。

旅途性精神病是指由于长途旅行的特殊境遇，旅客受空间、环境和其他相关因素的影响，在精神和躯体的持续应激下引发的“一时精神模糊”性精神障碍疾病。其致病原因主要是过分疲劳或体力衰竭，可能与神经素质较脆弱有关，在精神病学中属于“衰竭性精神障碍”。

旅途性精神病的主要特点：①发病急，持续时间短；②有严重的意识障碍，往往伴有病理性错觉、幻觉、关系妄想、被害妄想；③行为上有惊恐反应，易产生伤人、毁物等冲动行为。

旅途性精神病伤害事件是指由旅途性精神病患者引发的，对患者自身及他人造成的伤害和凶杀、对铁路设备设施及旅客行李物品的损害，以及对铁路运输秩序的扰乱事件。

旅途性精神病伤害事件的规律如下。

1）旅途性精神病发病者以青壮年男性居多，文化程度较低，多为初次长途旅行者，引发旅客伤害事件的旅途性精神病患者多为单独旅行者。

2）旅途性精神病伤害事件多发于春运、暑运和节假日等客运高峰期及寒冷季节，且多发生在夜间，以凌晨居多。

3）从运行线路和列车环境看，西行长途列车多发此类案件，且以拥挤、封闭的快速列车居多。

4）从发病过程看，旅途性精神病患者发病初始大多是精神恍惚、抑郁多疑、自言自语，继而发展为幻觉妄想、狂躁不安、兴奋躁动、打人毁物。

5）从侵害对象看，旅途性精神病患者侵害的对象、目标具有不确定性，如与列车毫无利害关系的旅客、乘务员、乘警，以及车厢玻璃、列车内电器等设备。

6）从手段看，有用头部撞击车厢玻璃、服毒、割腕、跳车等自杀行为，或用酒瓶、水果刀等凶器袭击旅客、乘务员和乘警，实施行为具有突发性。

7）从危害后果看，旅途性精神病伤害事件不仅造成患者自身身体和经济损失，而且对其他旅客和乘务员的生命安全构成威胁，同时扰乱车厢内秩序，影响铁路运输秩序，后果严重。

安全风险及预防控制

1. 安全风险

1）人身安全方面的风险：旅途性精神病患者具有自残和暴力伤害等冲动行为，不仅造成患者自身身体和经济损失，而且对其他旅客和乘务员的生命安全构成威胁。

2）经济损失方面的风险：首先，旅途性精神病患者的毁物行为会给铁路部门带来经济损失；其次，因精神病患者无刑事责任能力，旅途性精神病患者伤人或杀人时，受害者的赔偿多由铁路部门承担，造成巨大经济损失。

3）社会反响方面的风险：旅途性精神病治安事件严重扰乱铁路运输秩序，影响旅客对铁路运输的满意度，社会反响较大，其间接经济损失无法估算。

2. 预防控制

（1）加强培训教育

对站、车客运人员进行旅途性精神病常识培训，使其熟悉旅途性精神病发病的特点、症状，掌握基本救助方法和心理疏导方法，对有发病征兆的旅客起到预控作用，避免事态扩大。

（2）建立防控机制

首先，控制精神异常旅客乘车，降低事件发生概率；其次，形成旅客、客运工作人员和站、车警力三者联动的防控力量，建立旅客提供信息、客运工作人员进行前期疏导、警力负责控制的防控机制。

（3）制订应急预案，定期开展演练

铁路部门应重视旅途性精神病伤害事件，将其纳入重点突发事件进行管理，分系统、分层次、分岗位制订应急处置预案，明确处置流程、职责分工和处置措施，定期开展应急处置演练，切实提高应急处置人员的处置能力。

（4）做好旅客宣传

充分发挥广播、电视、网络、海报等媒体的作用，开展生动有趣的宣传活动，持续性地向社会宣传旅途性精神病知识，使旅客了解旅途性精神疾病发作的特点和防范措施，争取旅客的支持与配合，将事件控制在萌芽状态。

另外，应改善站、车环境，关注旅客需要，提供优质服务，从源头上消除旅途性精神病治安事件风险。

应急处置

1. 车站发生精神病治安事件或发现精神异常旅客的应急处置

（1）精神异常旅客无随行人的处理

1）报告。车站客运、售票人员应加强对候车室、票厅等旅客活动场所的巡视，发现有行为（精神）异常的旅客，应及时向客运值班员报告，客运值班员应及时通知车站派出所、值班站长、车间主任、车站值班干部，并会同派出所的警察到现场办理交接。

2）隔离。若旅客情绪急躁、有暴力倾向，应及时采取措施，用约束带将其控制，安排在较为安静、干扰小的地方隔离，通知车站公安人员加强巡视，避免精神病患者本人发生意外或给其他旅客造成伤害。

3）收集证据。收集不少于两份同行人或其他旅客的证言和其他有关证据。

4）旅客车票的处理。对始发旅客车票复印留存后，办理退票，核收退票费。

5）编制客运记录。客运记录记明旅客所持车票的票种、票号、发到站、车次、有效期及检票情况，清点旅客随身携带品、现金（含退票所得），编制清单。

6）送往救助站。由值班站长与车站派出所协调，请求警车支援，与车站派出所警察共同送往市救助站，并在客运记录上注明护送人员姓名及送往时间。将旅客随身携带品及清单一同送往救助站，签字交接。

（2）精神异常旅客有随行人的处理

1）车站应征求同行人的意见，由同行人在客运记录上签署处理意见，根据同行人的意见处理，车站应积极协助同行人办理联系医院等相关事宜。若同行人无能力处理，则比照无随行人的精神异常旅客处理。

2）乘车时，车站要事先与列车长取得联系。无护送人陪同的精神病患者（包括列车移交的精神病患者）严禁乘车。

（3）车站对列车上移交行为（精神）异常旅客的处理

对于列车上移交的精神异常旅客，车站应积极受理，办理移交手续时，应有列车编制的客运记录一份、旅客车票及随身携带品清单，原则上还应有不少于两份同行人或其他旅客的证言和其他有关证据。其他事项同车站发现行为（精神）异常旅客的处理一致。

2. 动车组列车上发生精神病治安事件或发现精神异常旅客的应急处置

1）乘务员发现精神异常旅客乘车，应立即报告列车长、乘警（专职安全员），由乘警（专职安全员）采取必要的控制措施（可动员青壮年男性旅客协助）。列车长、乘务员要互相告知，加强观察，并有策略地提醒周围旅客做好自我防范，移走周围的金属物品和玻璃制品。

2）有同行人的要向其交代有关安全注意事项，乘务员协助看护，同时了解患者的姓名、年龄、地址、单位、有效身份证件信息、车票等情况。

3）对于无同行人的突发性精神异常旅客，列车长、乘务员要在第一时间赶到现场，由专人负责看护，妥善保管其随身携带的行李物品。对有暴力行为的精神异常旅客要立即向客调汇报，请求就近交站处理。

4）如发生伤情，列车长、乘务员要及时救治受伤的旅客或精神病旅客，做好周围旅客的安抚工作，并收集两份及以上的有效旁证材料。受伤旅客需交站治疗时，列车长应编制客运记录交站处理；若因伤情需中途站下车处理，由列车长请求客调协助组织。

5）处理完毕后，列车长要将事件发生的时间、运行区间、车厢、处理经过及旅客受伤害程度及时向客调、段调度室汇报。

案例分析

案例 1：旅途性精神病患者产生幻觉，跳车摔成重伤

事件概况：××××年×月×日，由××段担当的 75 次列车运行至白沙站至平等站间 394 千米+400 米处时，3 号车旅客方某某（男，43 岁）从餐车窗口跳车，摔成重伤。

（资料来源：佚名. 旅客意外伤害案例[EB/OL].（2017-07-03）[2017-12-19]. https://wenku.baidu.com/view/8075b702b52acfc789ebc9b1.html?from=search.）

分析：

1）事故主要责任人为旅客方某某。方某某因长途旅行疲劳过度，身处拥挤和空气污浊的车厢环境，心理素质差，以致产生幻觉，于是从餐车窗口跳车致伤。

2）列车班组负有管系责任。根据方某某在列车上的异常表现，如说话语无伦次等行为，可怀疑其为旅途性精神病患者，列车乘务员应对其进行重点监护，但列车乘务员未采取任何措施，导致该旅客在餐车厨师的眼前跳车，而该餐车厨师又未及时将情况向列车长汇报，使事故没有得到及时处理，列车班组对事故负有一定责任。

案例 2：无票精神病旅客跳车身亡

××××年×月×日，由××段担当的 77 次列车运行至流场站下行 640 千米+950 米处时，旅客扬某某（男，23 岁，无票旅客）从餐车过道第三个窗口跳车身亡。

（资料来源：佚名. 旅客意外伤害案例[EB/OL].（2017-07-03）[2017-12-19]. https://wenku.baidu.com/view/8075b702b52acfc789ebc9b1.html?from=search.）

分析：

1）扬某某由于长途旅行，自身心理素质较差突发精神病，事故主要责任人为旅客扬某某。

2）班组负一定的管系责任。死者扬某某一行六人乘车，由于列车超员，天气炎热，造成扬某某昏倒在车内，随行人将其送到了餐车，列车长、乘警知情后采取了一些措施，扬某某稍有好转，随后又开始说胡话，此时列车班组应加大监护力度，采取有效措施，但班组并没有这样做，导致扬某某病情恶化后从餐车第三个窗口跳车，造成死亡事故。

2.2.3 站、车发生暴恐事件

事件描述

恐怖袭击事件伤害面广，影响大，损失惨重，引起社会关注和群众恐慌程度深，严重影响国家安全与社会稳定。恐怖分子发动袭击首选五类目标：重要政治、军事、经济目标，城市交通运输系统，城市大型建筑物，大型人员聚集活动，社会服务性企业。高铁作为国家重要的基础设施、国民经济的大动脉，具备上述所有属性，且因其具有速度快、人流多、救援难、影响大等特点更容易成为恐怖分子袭击的重点目标。

高铁之所以成为恐怖分子袭击的重点目标，除了因其影响大以外，还因高铁反恐防暴工作存在以下问题。

1. 从“三防”的角度看

（1）人防上存在不足

1）缺乏反恐意识。人防能否发挥作用，关键取决于铁路职工和铁路民警是否具有反恐意识，是否从思想上重视反恐防暴工作，而我国铁路相当一部分职工和民警对当前面临的反恐形势的严峻性估计不足，在思想认识上缺乏危机感、紧迫感和责任感，认为非边境地区和小车站发生恐怖袭击事件的概率不高，导致在工作措施和应对准备上不能适应高铁反恐斗争形势的需要。

2）警力不足、反恐专业力量欠缺。在高铁运营里程、开行列车不断增多的新形势下，警力紧张问题越发突出。按 2023 年年底高铁运营里程 4.5 万千米、每千米配备 3 名巡护力量的标准测算，仅高铁线路巡护力量就需要配备 13.5 万人，加之铁路警察还承担了线路巡逻、重点管控、隐患管理、现场督导、沿线宣传走访等警务工作，大多数民警只能长期承担超负荷工作，影响了广大公安民警的身心健康，制约了警力使用效能的充分发挥。

（2）物防、技防上存在不足

由于反恐防范理念没有纳入高铁设计理念中，《高速铁路设计规范》等物防标准出台相对滞后，致使当前大部分运营高铁在建设前没有相关的高铁安防设施标准参照执行，相关安全防护设施未能如数达标，加之高铁线路多在偏僻乡村、山地通过，受物防措施、技防水平的限制，高铁线路存在防控死角，存在诸如安检设备不达标、栅栏有效高度不足、栅栏底部净空封堵不实、视频监控缺乏夜视功能及重点行车设备、疏散通道口、电缆线及桥线接合部防护标准不高等问题，虽经多次排查整改，一些隐患问题仍然不同程度地存在。

2. 从反恐经验的角度看

高铁线路行车速度之快、密度之大、安防标准之高、防控难度之大，与既有线路不可同日而语，这就亟须借鉴经验、补充完善、提升水平，以适应高铁反恐防范工作要求。同时，我国高铁在全球处于领先地位，世界其他国家大范围兴建高铁的比较少，值得借鉴的经验比较欠缺。

3. 从安检的角度看

我国公安部、国铁集团明确提出了高铁安检工作民航化的要求，但是该工作要求因缺乏相关法规政策作为支撑，安检标准难以落实。另外，因安检设备局限性，不能识别汽油和柴油等液体物品，加之安检人员配置数量不足、高铁安检工作强度高、外包安检人员工资待遇低导致消极怠工等因素，漏检漏查问题突出。

4. 从控制涉恐人员的角度看

高铁列车速度快、运行在大中城市之间，涉恐人员乘坐高铁跨区域流动便捷，加之高铁售票即买即用，重点人员管控难度加大，为公安机关在较短时间内进行有效控制和应对带来难度。

5. 从不稳定因素的角度看

高铁项目建设涉及多方群体利益，各种纠葛不断，不稳定因素长期存在，沿线周边的利益群体上访、扬言报复社会，随时可能针对高铁制造堵路砸车、破坏高铁线路的事件，严重影响高铁的运行安全。

安全风险及预防控制

1. 安全风险

按照恐怖势力所掌握的技能和惯用手段，犯罪分子对高铁可能实施的恶性事件大致可以分为传统手段和专业技术手段两大类。

（1）传统手段

传统手段主要有以下几种。

1）以爆炸、拆卸、摆放障碍等方式破坏铁路桥梁、隧道、线路轨道或重要行车设施，妄图颠覆旅客列车，制造惨案。例如，2008 年 2 月 18 日，一名恐怖分子对兰新铁路哈密段进行踩点，企图实施定时炸弹爆炸破坏活动，被及时发现；同年 3 月 21 日，青藏铁路当雄段九枚铁轨螺钉被卸，两处铁路夹板被蓄意破坏。

2）炸车站、旅客列车，制造群死群伤事件。例如，2004 年 3 月 11 日，恐怖分子在西班牙马德里的列车上实施了爆炸袭击，暴恐分子在当天上班早高峰（7 时）引爆 10 个炸药包，致使 202 人死亡、1 500 多人受伤。

3）在旅客密集的车站候车室或旅客列车上投放放射性物质、生物化学制剂、施放毒气，或使用上述方法及投毒等方法污染饮用水源、餐供食品，制造大量旅客中毒事件。例如，1995 年东京地铁沙林事件，5 名恐怖分子在多节车厢释放沙林毒气，造成 13 人死亡、5 500 多人中毒的严重后果。

4）在火车站或列车上劫持人质。例如，1977 年荷兰火车人质事件，13 名武装恐怖分子拦截了一列火车，劫持了车上的 200 名人质。

（2）专业技术手段

专业技术手段即熟练掌握铁路行车常识，具有一定专业技术知识，对铁路设施使用技术方法进行破坏的手段。专业技术手段主要有以下几种。

1）破坏铁路线路设施中的关键部位、部件和自动控制系统的响应设备等，制造列车颠覆事故。

2）对调度楼、枢纽供电站等要害部位实施爆炸、破坏，造成铁路网局部瘫痪。

3）入侵行车控制网络，通过操纵行车控制系统，对列车调度、通行信号产生干扰，制造列车相撞、脱轨等恶性案件。

2. 预防控制

（1）把握重点，落实防控

1）重点时间段：春运、暑运、五一劳动节、十一国庆节、元旦、春节及其他有全国性重要会议或活动时期。

2）列车重点反恐部位：列车的热水炉、餐车、餐车储藏间、行李车、卫生间、盥洗室、垃圾桶、驾驶室。

3）车站重点反恐部位：综控室、售票厅、候车室、贵宾候车室、站台、厕所、行李房。

4）重点车次：进京、进沪、进穗、进疆、进藏各次动车组（高铁）列车。

（2）加强基础工作建设

1）根据应急处置工作需要，在站、车要害处所（如车站门卫、安检口、综控室、列车驾驶室、餐车、行李房等重点防范场所）配备防暴棍、防暴叉等防暴用品。需要注意的是，防暴用品仅限于工作人员面对暴力犯罪时自卫和保护旅客时使用。站、车应对防暴器械制定保管制度。

2）加强进站、登车安全检查工作，确保所有人员和携带行李物品100%安检，杜绝易燃、易爆、管制刀具等各种危险品进站上车。

3）劳动人事科、财务科、办公室、安全路风监察科要做好反恐防范措施支持、项目审批、经费和人力保障、基础建设等相关工作，奖励职工群众举报反恐线索。

4）加强宣传教育，提高职工群众反恐防范意识和技能，并积极参与反恐斗争。

（3）加强培训和演练

1）站、车要将该应急预案内容和相关救援知识纳入职工培训工作计划，采取月度、季度、定期与不定期等不同形式进行考核，提高职工的应急处置能力。

2）对新任职、新提职和新改职人员进行脱产专题培训，并以关键工种、关键岗位作业人员为重点，组织反恐应急处置办法的学习考试，成绩合格者方可上岗。

3）定期组织开展演练，使作业人员全面掌握应急技能，切实提高职工实战能力。

（4）加强考核

1）对于反恐防范工作成绩突出的单位和个人，按有关规定予以表彰奖励。对因参与应急处置工作而致病、致残、牺牲的，按国家有关规定给予补助抚恤。

2）发生恐怖袭击事件后，对拖延、隐瞒、谎报、失控等失职、渎职造成处置不力的人员，按有关规定严肃问责考核；构成违法犯罪的，依法追究法律责任。

应急处置

1. 车站范围发生暴恐事件的应急处置

（1）报告

车站发生恐怖袭击事件时，车站现场各岗位第一发现人（目击人），要及时将信息向本班组值班站长或值班员报告。第一发现人附近有公安民警时应就近向民警报警。值班站长或值班员要第一时间向车站派出所报警，或拨打 110 向公安机关报警。第一发现人也可使用岗位上的电话报警，并向车站应急处置中心进行报告；车站应急领导小组接到报告后，应进一步了解情况后迅速向铁路公安局指挥中心报警，并向铁路局应急办报告。报告内容包括暴恐事件发生的时间、地点、概况，已造成的影响和采取的措施、效果及下步工作部署，报告单位、报告人、联系方式等。

（2）启动应急预案

车站应立即启动应急预案，派出所、各科室、车间按职责分工和领导小组指示开展应急处置。指定专人在车站应急处置中心值守接听电话，确保通信畅通。

（3）现场处置

1）警力保证。由公安部门调动足够警力迅速赶赴现场。

2）现场指挥。在铁路局领导尚未到达现场前，由车站派出所值班领导会同车站值班领导，做好现场组织指挥。

3）疏散旅客。车站现场客运人员根据情况迅速组织旅客向安全区域（应为避开来袭方向的相反方向或连接室外的其他方向）疏散，当班班组的男性护站队员要使用配置在各处的防暴器械保护旅客疏散，情况危急时尽力阻止旅客携带大件行李逃生。

旅客疏散后，关闭暴恐分子可能进入的所有进出站通道，避免恐怖分子或犯罪嫌疑人进入车站和车站其他区域进行行凶作案。车站工作人员通过广播宣传教育，并动员其他旅客尽快离开，不要围观聚集。

必要时，应急指挥领导小组应指示运转人员及时向调度通报，将列车扣停临站或呼停列车，避免旅客到达危险区域。

4）抢救伤员。各场所工作人员应开展巡查，有人员伤亡时，及时拨打 120 急救电话。对于危重伤员要优先抢救。各班组可组织参加过红十字培训的人员对伤员进行包扎等应急处置。

5）有效打击。由铁路和地方公安对恐怖分子和其他违法犯罪嫌疑人采取强制措施，实施有效、迅速地打击。

6）设置警戒。由铁路或地方公安设立警戒线，对现场进行警戒，维护好现场秩序。

7）后续处置。车站应在铁路局相关部门的指导下向旅客公告有关信息，做好宣传解释工作，取得旅客谅解。按规定办理旅客退票、改签手续和行李、包裹运输工作。对折返和停运的旅客列车，沿途停车站要增配人力，准备资金，快速为旅客办理退票、改签等手续。对已经检票的伤亡旅客，在上级应急领导小组的指导下，按照相关规定做好善后处置工作。

公安部门解除危险后，各岗位要对现场进行全面排查，收集旅客遗失物品，确认没有遗留的伤亡人员，并以车间为单位对当班工作人员分别进行清点，确认是否有人员伤亡，并将结果报车站应急领导小组。

8）协助取证。在处置过程中，注意保护好现场，不得擅自移动现场任何物品，对痕迹和物证要采取有效措施妥善保护；积极配合公安机关了解情况，提供线索，协助调查。同时，要认真清点疏散旅客和伤员人数，收集伤害程度、车票、财物，旅客姓名、性别、年龄、单位、地址、有效身份证件信息，并做好详细记录。

9）妥善宣传。事发后，车站所有人员要自觉遵守铁路局相关规定，不得擅自随意散播信息，必须按照上级指示，妥善对外发布信息和新闻报道。

10）由处置应急领导小组办公室牵头组织，对恐怖袭击事件处置各个环节全面总结经验，完善预案。

车站暴恐袭击事件现场应急处置一览表见表2-2。

表2-2 车站暴恐袭击事件现场应急处置一览表

岗位	应急措施
自动扶梯岗	关闭自动扶梯，疏导旅客进入站前广场。在撤离过程中一旦发现有旅客被挤倒，应立即采取防护措施并报告值班员组织救援
票厅导购人员	掌握撤离现场的路线，迅速打开售票大厅所有出口，尽快引导购票旅客有序离开票厅进入站前广场。在撤离过程中一旦发现有旅客被挤倒，应立即采取防护措施并报告值班员组织救援
软席、贵宾候车室客运员	掌握撤离现场的路线，迅速打开软席、贵宾候车室所有出、入口，尽快引导软席候车室和贵宾候车室的人员离开并进入安全地带。在撤离过程中一旦发现有旅客被挤倒，应立即采取防护措施并报告值班员组织救援。完成疏散任务后防止其他人员进入
候车室客运员	掌握撤离现场的路线，迅速打开候车厅所有出、入口，尽快组织旅客有序从各通道撤离危险区域。在撤离过程中一旦发现有旅客被挤倒，应立即采取防护措施并报告值班员组织救援。完成疏散任务后防止其他人员进入
值班站长	1）组织客运员、红帽队进入候车室扶老携幼。 2）及时和铁路派出所取得联系，请求出动警力维护秩序，疏通外围通道，确保旅客疏散通道畅通无阻。 3）安排客运人员在疏散线路的楼梯口、转角处等关键部位进行引导，发现有旅客拥堵的情况，及时通知公安、客运人员到现场疏散，防止旅客挤伤、踩伤。 4）确认旅客全部撤离后，组织工作人员全体撤离现场
各区域客运值班员	1）指挥负责作业区域客运人员迅速组织旅客撤离。根据情况安排客运人员到楼梯口等关键地点进行引导。 2）加强与值班站长的联系，协调作业人员合理分工。 3）加强对负责区域的巡察，发现问题及时处理。 4）发现旅客受伤时，及时拨打120急救电话
综控员	立即打开所有闸机，并利用广播向售票厅、候车厅里旅客宣传，稳定旅客情绪，引导旅客在工作人员带领下有秩序地快速向指定方向离开事发现场，不要在附近围观
引导监控员	在现场应急总指挥的统一安排下，做好与运转车间等部门的联系协调
门卫	根据值班站长的通知及时打开大门，引导旅客有序疏散
消防监控员	根据值班站长的通知及时打开消防通道大门

续表

岗位	应急措施
检票客运员	打开就近站台卷帘门，组织旅客有序疏散
出站口客运员	打开所有出口，组织出站旅客出站，防止旅客滞留
站台客运员	组织到达旅客有序出站，防止旅客跳下站台或横跨线路
验证口客运员	打开所有验证口，入口变出口组织候车室旅客有序撤离。对于影响旅客快速疏散的玻璃幕墙可使用应急锤破坏后组织疏散

注：报告内容包括发生突发群体性事件的时间、地点、简要经过，报告单位，报告人姓名和联系方式。

2. 动车组列车上发生暴恐事件的应急处置

1）立即报告。列车工作人员发现（或接到旅客报告）车厢内发生暴恐事件后，应立即通过对讲机报告列车长。

2）车长指挥。列车长接到报告后要立即赶赴现场，并把信息通报乘警（专职安全员）、随车机械师和驾驶员，随即启动应急预案，要求应急处置人员立即赶往现场。

3）请求救援。列车长到达现场后，要会同乘警（专职安全员）初步判断现场形势，并立即将情况分别向客调及公安指挥中心汇报；如需停车处置，应请求就近停车及派警力支援。

4）稳控形势。稳控组（列车长、乘警或专职安全员、随车机械师）接到通知后要立即赶赴现场，并尽可能发动旅客中的军警参与，在赶赴现场的过程中可就地取材携带相关物品作为处置突发事件的工具（如安全锤、灭火器、拖把杆、防护网等可防御、攻击的物品）。到达现场后，应采取谈判的手段，并利用就地取材工具尽力与暴徒周旋，以达到控制暴徒和拖延时间的目的。

5）同步疏散。疏散组（乘务员）到达现场后负责组织旅客向车厢两端紧急疏散，做好安全宣传；旅客疏散完毕后，由乘务员在车厢两端进行隔离封控，防止旅客返回突发事件车厢，乘务员继续做好后续疏散工作。

6）停车处置。如需停车处置，列车长在接到停车命令后，应立即同驾驶员确定打开车门方向及范围，疏散组迅速将旅客向车下无线路一侧进行疏散；如疏散通道被阻断，要使用安全锤或硬状物品将车窗玻璃击碎，跳车逃生。事发车厢由稳控组严密监视、尽力周旋，限制其活动范围，待支援警力上车后交由警方处置。

技能拓展

常用反恐工具

1. 警用约束叉

（1）性能介绍

在铁路列车或地铁车站都备有若干警用约束叉（图 2-4），用以控制歹徒，保持与歹徒的安全距离。警用约束叉可伸缩，伸缩长度为 1～2 米，末端装有半圆弧形叉头，叉头可夹可锁，没有棱角，叉头没有攻击性。紧急情况下也可以将警用约束叉换头当作长棍用于攻击对方。

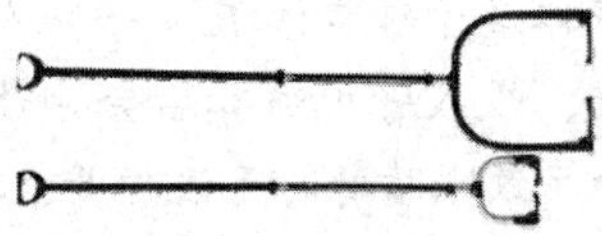

图 2-4　警用约束叉

（2）使用方法

1）警用约束叉的伸缩。警用约束叉由叉和杆两段构成，伸长后有机械锁扣会自动锁闭，按下锁扣即可收回。

2）警用约束叉的使用。警用约束叉主要用于与歹徒对峙时保持安全距离，将歹徒控制在相对固定的范围内（一般是墙角），使用前应先伸长约束叉，拨动尾部开关打开叉头。使用时一手握住把手，一手举叉，用半圆弧形叉头对歹徒的腰部、胸部进行阻挡拦截，最好是两人配合，从不同方向进攻，一人控制歹徒的腰部或脖子，另一人控制歹徒的攻击手臂。

（3）注意事项

1）使用警用约束叉时应注意自身安全，与歹徒保持安全距离，尽量将歹徒控制在角落。最好几人同时进行。

2）面对持械歹徒应注意躲闪歹徒投掷的器械。

2. 伸缩警棍

（1）性能介绍

伸缩警棍（图 2-5）属于警方的低强度武装配发，一般用于对付具有中低强度攻击意识的对象，用作压制及人员自我防护武器。

（2）使用方法

1）出棍方式。伸缩警棍日常应处于收缩携带状态，使用时的出棍方式一般有以下两种。

① 下出棍：手握棍上提，棍头向上，手臂快速向下挥甩，同时手腕下压。手臂向下挥甩及手腕下压的动作越快，锁定越牢固。

② 上出棍：手握棍，棍头向上，先将手迅速向上一抖，然后猛然向下一顿。手一抖一顿的速度越快，锁定越牢固。

图 2-5　伸缩警棍

2）击打要点。使用伸缩警棍击打会导致钝器击伤，所以为避免对歹徒的人身伤害，在使用时应严格遵循“三打、三不打”的原则，即“打手腕、脚腕、膝盖，不打头、脊椎和胸部心脏”。

（3）注意事项

1）伸缩警棍一般用于制服歹徒，为保障使用者人身安全，使用伸缩警棍时尽量避免与持械歹徒对峙。

2）若歹徒穿着过于厚重，击打效果会受到较大影响，可根据现场情况使用其他防恐工具应对。

3. 警用喷雾

（1）性能介绍

警用喷雾（图 2-6）是一种新型的警械，具有质量小、运用广、使用方便、效果好等

图 2-6　警用喷雾

特点。喷雾液体属于辣素溶液，一旦人体接触，接触的部位就会感到火辣辣的疼痛；吸入警用喷雾后会导致呼吸困难、严重打喷嚏；喷雾沾染眼睛则会导致眼睛暂时无法睁开；其使用正确可在一定时间内使歹徒无法实施有效攻击。

（2）使用方法及注意事项

1）警用喷雾使用的方法为按压式，使用时向歹徒的面部持续喷射效果最好。

2）使用警用喷雾时应位于上风处，避免风将喷雾吹向自己，造成自身伤害。

3）歹徒被喷雾喷中后会变得情绪激动，再次进行攻击，所以使用警用喷雾的同时应注意自身安全，保持安全距离。

4. 防割手套

（1）性能介绍

防割手套（图 2-7）可用于抓匕首、刺刀等利器刃部，即使刀具从手中拔出也不会割破手套，更不会伤及手部。

（2）使用方法及防护

防割手套的使用方法为直接戴在手上，并且扣好开关。

防割手套超乎寻常的防割性能和耐磨性能，使其成为高质量的手部劳保用品。一双防割手套的使用寿命相当于 500 副普通线手套。

5. 电警棍

（1）性能介绍

电警棍（图 2-8）内部由一体化高质量集成块及可充镍氢电池组成，其外部主要由压注成型的硬胶及金属材料组成，在电警棍的前部有一对或多对金属电击头，后端有电击保险开关，按下电击开关，就能产生强烈电击。

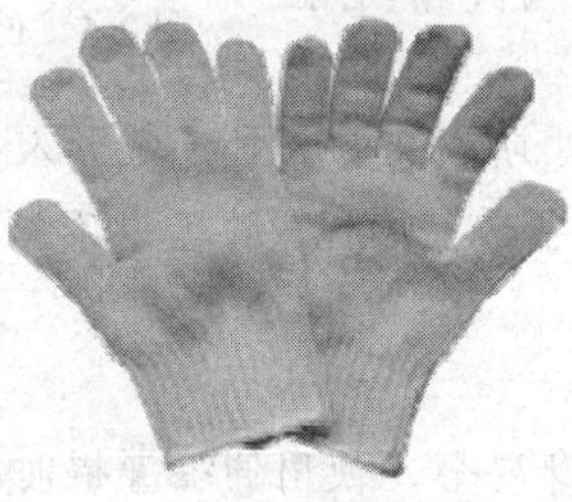
图 2-7　防割手套

图 2-8　电警棍

（2）使用方法及作用

1）电击。一般右手握住电警棍手柄，并将保险套套在手腕上，用大拇指按动手柄处电击按钮，此时会有蓝色电弧产生，将金属放电条触及人体皮肤，被击者就会产生剧烈的麻木酸痛感。

2）照明。手握电警棍，按动前部靠近放电条的红色照明开关，此时照明灯应变亮。

3）报警。手握电警棍，按动中部报警开关 S 按钮将发出连续的、由弱到强的报警声响。

6. 防暴盾

（1）性能介绍

防暴盾（图 2-9）一般是应对群体骚乱等低等级的冲突，能有效阻挡玻璃瓶等物体投击。特种警察使用的防暴盾一般还有防冲电波和防强光的功能。

（2）使用方法

防暴盾可以用于挡、撞。

1）在处置突发事件的现场，还没有用到盾牌时，可以手持盾牌，立正站好。

2）当遇到危险时，就用双手抓住盾牌，身体下蹲，目视前方，做好持盾牌戒备姿势。这样既能保护自己，又能进行攻击。

3）当有犯罪分子用匕首进行攻击时，可以用盾牌迅速上挡，将匕首挡开。

图 2-9 防暴盾

4）攻击是最好的防守，发现时机时可用盾牌盾劲撞击犯罪分子。

案例分析

案例：昆明火车站“3·1”恐怖袭击案

事件概况：2014 年 3 月 1 日，昆明火车站发生了一起暴力恐怖袭击事件，8 名着装统一的暴徒手持长刀在昆明火车站广场、售票厅等多处砍杀无辜群众，造成 31 人死亡、141 人受伤。

（资料来源：https://baike.baidu.com//item/3·1 昆明火车站暴力恐怖案/15983554?fr=aladdin，节选有改动.）

分析：

1）在事件处置中，昆明火车站立即启动应急预案，切实做好旅客疏散和救治安抚工作，昆明市公安民警英勇无畏地和恐怖分子展开了殊死搏斗，最大限度地保护了人民群众的生命财产安全。

2）此次事故反映出如下问题。

① 部分车站工作人员和民警在思想上有所懈怠，存在认识不到位的问题，即认为恐怖袭击事件发生的概率极低，以至于在事件发生时完全没有意识到这是一起恐怖袭击事件，误认为是一起旅客斗殴的治安事件，导致处置时未做好适当的自身防护。为此，无论是铁路工作人员还是公安民警，在思想上应对恐怖袭击事件高度重视，时刻做好反恐防暴准备。

② 公民对恐怖袭击事件警觉性差，防范能力低。在此次事故中，大多数旅客没有意识到这是一起恐怖袭击事件，发现暴徒的恶行后非常恐慌，缺乏防范意识和防范能力。为此，铁路、其他交通部门及政府应当加强公民反恐教育，提高公民反恐认识和应急处变的能力。

2.2.4 站、车发现危险品

事件描述

危险品界定：根据《铁路旅客危险品检查管理暂行办法》规定，旅客运输中的危险品是指容易引起爆炸、燃烧、腐蚀或有放射性的物品和枪支、管制刀具等可能危害公共安全的物品。危险品主要涉及易燃品，易爆品，腐蚀、有毒、放射性化学品。

安全风险及预防控制

1. 安全风险

旅客携带危险品进站、乘车，主要原因是缺乏危险品公众意识，抱有侥幸心理，贪图一时便捷，对铁路安全宣传置若罔闻，加之高铁安检任务繁重、安检设备可靠性有待提高等客观因素，危险品一旦进入车站和列车，会对高铁运输带来极大的安全风险。危险品带来的危害如下。

1）造成火灾、爆炸等事故灾难。危险品种类繁多、理化性质各异，旅客由于缺乏对自己所携带的危险品理化特性的认识，没有采取适当的包装，在人员聚集、空间狭小的车站或高速运行的列车中，极容易因摩擦、震动等原因引发火灾、爆炸事故。

2）造成人员伤亡。高铁站、车人员密集，一旦发生火灾、爆炸等事故，人员疏散与救援困难，极易造成群死、群伤；加之高铁动车运行速度快，引发二次事故的可能性高，会给铁路运输造成严重损失。

3）损害车站、列车、线路、信号、供电设备设施。高铁站、车及其供电系统、信号系统等大量采用电气设备，一旦危险品引发火灾、爆炸事故，将造成大面积设备损坏，经济损失惨重。

4）造成交通中断。一旦站、车发生火灾、爆炸事故，将影响相关区段和线路的列车运营，造成大量旅客滞留，引起强烈的社会反响。

5）恐怖袭击隐患。恐怖分子携带危险品混入车站或列车实施恐怖犯罪行为，将给国家和社会造成重大灾难。

6）引发环境污染，影响沿线居民生活和农业生产等。混入站、车的危险品若是腐蚀、有毒、放射性化学品，一旦泄漏不仅造成人员伤亡，污染沿线环境，还会影响沿线居民生活、生产活动，给社会和经济发展带来不利影响。

2. 预防控制

对于旅客所携带的危险品，高铁站、车除了要加强安全检查力度外，还应从宣传、教育着手，从源头上消除危险品带来的安全隐患。

1）改善危险品知识宣传手段。利用网络平台，加大危险品相关知识的宣传力度；提高宣传方式手段的趣味性或震慑力，如开发旅客感兴趣的手机 App 客户端，推送相关知识，吸引旅客的注意，起到宣传教育的作用。

2）扩大宣传范围。安全宣传不限于高铁旅客，要走进课堂、走进社区，采取灵活多样的方式进行危险品知识安全宣传，如举办讲座、开展社区论坛、小品会演、有奖知识竞答等，向学生和居民普及危险品相关知识。

3）案例重现、树立公众意识。通过事故案例刺激旅客安全意识，帮助旅客树立危险品公众意识，要更多地宣传违规携带危险品所带来的危害和安全隐患，让旅客真正产生一种敬畏之心，树立危险品公众意识，积极主动地参与到维护高铁安全的活动中。

4）加强员工培训。高铁工作人员在工作中对旅客起着指导、劝说、帮助等作用，他们的言行从方方面面影响着旅客。因此，培养具有完善的心理素质、科学的思维方式、高尚的岗位取向的工作人员对确保高铁安全和提高旅客的安全意识都有着重要的意义。

5）制订科学合理的应急预案，加强应急演练，使员工掌握各种危险品的正确应对措施，避免在应急处置时伤及员工。

应急处置

1. 站、车查获危险品的应急处置

1）站、车查获危险品时，应急处置小组成员应分工负责，在保证人身安全的同时进行应急处置。

2）站、车对查获的危险品应予没收，数量较大或所携带物品属严禁携带的危险品或违禁物品的，应将物品及携带旅客交由铁路公安部门处理。

3）对查获的有毒、放射性、易腐蚀的物品，应隐蔽放置，做到堆码整齐、稳固，与食品及活动物的距离不小于0.5米，与感光器材和人应保持不小于1米的距离。

4）对查获的危险品无法判明性质的，严禁在车上进行试验。

5）对在车门口查获的危险品，列车工作人员要坚决把旅客携带品堵在车下，并以传递方式通知列车长和乘警前往处理。

6）在列车上查出的危险品，由值乘的公安人员妥善保管并移交最近的前方停车站公安派出所处理。车站不设公安派出所的，则由列车长编制客运记录，移交车站处理。

7）对在运行途中发现的鞭炮、拉炮、摔炮、发令纸类的危险品应收缴并采取水浸等销毁措施。

8）对列车上查获的旅客携带容器破碎，易燃液体溢出时，乘务员应立即动员旅客熄灭一切火种，及时打开车窗通风，并将溢出的易燃液体清除干净，剩余的妥善处理。

2. 动车组列车上发现危险品的应急处置

1）在站台发现旅客携带危险品时，乘务员应禁止旅客上车，并立即报告列车长、乘警（专职安全员），同时由列车长通知车站进行处理。

2）发现旅客携带品可疑，或发现无人认领的物品时，乘务员应在第一时间报告列车长、乘警（专职安全员）到现场进行处理，对危险品做好登记、保管，交前方停车站（公安部门）处理，并提醒旅客不要使用明火。

3）发现属发令纸、鞭炮类的危险品时，乘务员应立即采取水浸处理后再通知列车

长、乘警（专职安全员）。

4）对于数量小、危险性低的危险品，应由乘警（专职安全员）保管，到终点站后交车站派出所处理。

5）对于数量大、危险性大和不能判明性质的危险品，列车长应立即联系驾驶员，驾驶员向客调汇报。列车长服从上级命令，妥善处理。

6）处理完毕后，列车长、乘警（专职安全员）要详细登记携带危险品旅客的姓名、身份证号、工作单位或家庭住址及危险品名、数量并向客调、段调度室汇报。

案例分析

案例：旅客携带 25 个打火机乘坐高铁

事件概况：2014 年 1 月 25 日 13 点左右，正在安检值机的安检员董保玉发现显示仪上有一排蓝色区域，董保玉感到物品比较可疑（即使是同一物品也会因放置方式不同，而显示不同的图像），凭着自己的安检经验，他慎重地请旅客到安检处置处进行开包确认。安检班长陈金勇按照董保玉提示的物品放置位置、特征进行查验，果然在旅客包的一侧查到一排打火机（共 25 个打火机），陈金勇向值班的张警长做了汇报，同时向旅客介绍了携带危险品的危害。

（资料来源：李婷婷. 携带 25 个打火机男子乘高铁被查[EB/OL].（2014-02-10）[2017-12-19]. http://news.bandao.cn/news_html/201402/20140210/news_20140210_2361560.shtml.）

分析：

1）安检人员坚持作业标准，履行岗位职责，对可疑物品一查到底的工作作风和坚决把危险品查在站外、车下的工作立场为车站安全和高铁运行安全提供了强有力的保障。

2）旅客对高铁乘坐安全知识了解甚少，不知道携带打火机不能超出 5 个的规定，高铁站、车应加强对旅客的危险品知识宣传力度。

任务实施

任务要求

1）根据所分配的情境，合理设置细节，制订突发事件处理方案。

2）人员岗位分工明确，各岗位人员清楚自身职责与处理程序。

3）物资准备齐全，运用合理。

4）遵守规章制度，正确处理事件，同时做好重点旅客服务工作。

5）针对性地对事件进行原因分析，提出预防措施。

6）台账填写规范具体，原因分析有理有据，预防措施科学可行。

任务情境

1）动车组列车车厢内发生恐怖分子劫持人质事件。

2）车站候车室发生恐怖分子暴力殴打、砍杀旅客事件。

3）恐怖分子聚众拦截列车，实施打砸抢杀恐怖袭击事件。

物资和人员

根据分配的任务情境，罗列相应的实训物资和人员。

1）物资：______________________。

2）人员：______________________。

任务流程

1）给各组分配情境任务。

2）组内讨论制订处理方案。

3）情境模拟演练。

4）自评与总结。

任务台账

实训中可能用到以下台账。

1）移交受伤旅客的客运记录。

2）移交危险品的客运记录。

3）旅客第三人伤害调解书。

实施示例

列车上暴恐分子劫持旅客进行抢劫

1. 情境

××××年×月×日×时×分，×客运段、×公安处担当乘务的×次列车，运行至×线F站至G站间×千米+×米处时，车内突然有5名暴恐人员在03号车厢持刀挟持076号二等座旅客，并威胁周围旅客交出钱财等贵重物品，旅客见状惊慌失措。

2. 处理流程

（1）发现、报告

03号车厢乘务员发现有暴恐分子抢劫时，立即使用对讲机向列车长和乘警报告，请求增援（因故不能将信息传递出去时，本务车厢乘务员要想办法引导附近的旅客或由邻近车厢乘务员将信息传递给列车长和乘警）："列车长，03号车厢有5名暴恐人员持刀挟持076号旅客，并抢夺周围旅客财物，请立即组织增援。"

注意：列车在车站停车期间发生暴力恐怖事件时，列车乘务员还需立即通知车站客运人员。

（2）组织、请求救援

1）列车长接到通知后，立即组织人员赶往现场救援。

① 通知乘警（随车机械师）到场："乘警（随车机械师），03 号车厢有 5 名暴恐人员持刀挟持 076 号旅客，并抢夺周围旅客财物，请立即赶赴现场救援，打击犯罪行为。"

乘警（随车机械师）答复："收到，明白。"

注意：如列车上配有专职安全员，还应立即通知专职安全员到现场处理。

② 通过广播组织旅客参加救援工作："旅客们，现在紧急播报，列车上有 5 名暴恐人员在 03 号车厢挟持了一名旅客，并抢夺车内旅客财物，如果您是军、警人员请迅速赶往 03 号车厢，与列车工作人员共同打击犯罪行为，谢谢大家。"

2）列车长向客调报告、请求救援："调度员，我是×次列车长××，××××年×月×日×时×分，×次列车运行至×线 F 站至 G 站间×千米+×米处时，车内有 5 名暴恐人员在 03 号车厢持刀挟持一名旅客，并抢夺车内旅客财物，目前列车组织乘警、工作人员和部分旅客志愿者已经赶往现场，因恐怖分子人数较多，乘警建议列车继续向 G 站运行，请求在 G 站停车救援处理。"

客调答复："收到，请尽量与暴恐人员拖延时间，保护好现场旅客安全。"

注意：客调会通知 G 站提前疏散旅客并做好救援与交接准备，此处强调列车乘务的实训操作演练，因此省略了客调与车站的联系及车站的安全疏散和救援准备环节。

3）列车驾驶员向行车调度员报告、请求救援："行调，我是×次列车驾驶员，现在列车内有 5 名暴恐人员在 03 号车厢持刀挟持 076 号座席旅客，并打劫周围旅客，因恐怖分子人数较多，乘警建议在 G 站停车救援处理。"

行调答复："收到，请尽量与暴恐人员拖延时间，维持运行到 G 站停车处理，保护好现场旅客安全。"

4）列车长立即向公安机关报警。列车长使用手机拨打 110 报警电话，向公安机关报警，请求出警到现场打击暴恐分子，解救人质："我是×次列车长××，××××年×月×日×时×分，×次列车运行至×线 F 站至 G 站间×千米+×米处时，车内有 5 名暴恐人员在 03 号车厢持刀挟持一名旅客，并抢夺车内旅客财物，目前列车组织乘警、工作人员和部分旅客志愿者已经赶往现场，列车继续向 G 站运行，请你们立即派警务人员到 G 站处置。"

110 指挥中心人员又详细核对了列车具体位置后答复："请尽量与暴恐人员拖延时间，保护好现场旅客安全，我们立即出警到场处理。"

（3）疏散旅客

1）列车长通知乘务员疏散旅客："02、03、04 号车厢乘务员，立即将周围旅客疏散到安全车厢，并做好疏散引导和安全防护工作。"

02、03、04 号车厢乘务员答复："收到，明白。"

2）02、03、04 号车厢乘务员组织旅客疏散："各位旅客，请立即随同列车工作人员撤往安全车厢。”

3）为了组织旅客快速撤离危险地带，列车工作人员要动员旅客放弃不方便携带的物品：“各位旅客，为了确保大家的生命安全，请您放弃不方便携带的物品，跟随我们工作人员快速疏散至安全车厢，请大家配合。”

（4）现场周旋

1）乘警、列车长、专职安全员、随车机械师等人员携带反恐防暴工具到达现场后，立即与暴恐人员进行面对面的思想接触和斗争，引导周围旅客疏散，劝说暴恐分子释放被挟持的人质，认清事件性质，主动投案自首，争取宽大处理。

2）在保证旅客和自身安全的前提下，列车乘务员携带反恐防暴工具从暴恐分子身后慢慢靠近，协助乘警与暴恐分子进行斗争。

3）这时一名暴恐人员恼羞成怒持刀在挟持的旅客脸颊部位划了一道伤口，出血较多，并威胁列车立即停车。

4）这时陆续又有 10 余名旅客中的军、警人员赶到 03 号车厢，配合乘警、列车长等将 5 名暴恐人员围堵在车厢中间，切断了暴恐人员的退路，与乘警共同开展强大的心理攻势，以心理防线为突破口对暴恐人员进行进攻，劝其放下凶器自首。

5）列车到达 G 站，车站客运人员引导公安机关警力到达现场，在强大的心理攻势下，暴恐人员见已无法脱身，终于放下凶器，释放挟持人员，向乘警自首。

（5）救治、交接

经过检查，发现被挟持旅客的脸颊部位有一道 3.5 厘米长、0.5 厘米深的伤口，出血较多，列车长通知红十字救护员对受伤旅客进行初级处置，并做好客运记录，在车站客运人员到达后，将受伤旅客移交 G 车站处理。

（6）后续处理

1）列车工作人员配合乘警封锁事故现场，协助调查取证，将犯罪分子抢劫的财物归还旅客。

2）组织乘务员引导疏散的旅客返回各自的席位，做好安抚工作，稳定旅客情绪。

3）列车长通知随车机械师检查车辆设备状态，尽快组织开车：“×次列车随车机械师，我是×次列车长，车内暴恐人员已被擒获，请检查车辆设备状态，尽快组织发车。”

4）列车驾驶员收到随车机械师车辆设备状态良好的通知，确认列车具备发车条件后，按照规定程序启动列车继续运行。

5）列车长与有关车站办理交接工作，将影响中转换乘的旅客等后续工作移交车站处理。

6）列车长向本属段和路局客运处信息续报：“调度员，我是×次列车长××，×时×分，本次列车到达 G 站，在列车工作人员的强大心理攻势及公安机关的控制之下，暴恐人员已经放下凶器，释放挟持人员，向公安机关自首。现场除被挟持旅客的脸颊部位有一道 3.5 厘米长、0.5 厘米深的伤口外，无其他人员受伤，列车已组织红十字救护员对受伤旅客进行了救护。目前已组织疏散旅客返回各自席位，现场秩序和旅客状态良好，无不良反应。列车已将受伤旅客、影响中转换乘的旅客移交 G 站处理。列车在 G 站于×时×分开车。特此报告。”

任务自测

1. 旅客携带危险品，主要涉及易燃品，易爆品，腐蚀、有毒、（　　）。

A. 宠物　　B. 管制刀具

C. 放射性化学品　　D. 以上均是

2. 铁路各单位、各工种之间相互配合，按照岗位工作规范，落实“勤巡视、勤检查、勤宣传、勤清理、勤联系”的要求，加强重点区段、重点时间和重点旅客的巡视，及时采取有效措施，防范治安事件的发生，这属于（　　）手段。

A. 物防　　B. 技防　　C. 人防　　D. 以上均不是

3. 列车发生突发性治安事件，车厢乘务员要采取积极果断措施，努力（　　），邻近车厢乘务员要立即向列车长、乘警长报告。

A. 救助旅客　　B. 收集证据

C. 控制事态发展　　D. 上报信息

4. 下列不属于旅途性精神病主要特点的是（　　）。

A. 发病急，持续时间短

B. 发病慢，持续时间长

C. 有严重的意识障碍，往往伴有病理性错觉、幻觉、关系妄想、被害妄想

D. 行为上有惊恐反应，易产生伤人、毁物等冲动行为

5. 旅途性精神病伤害事件的规律不包括（　　）。

A. 旅途性精神病发病者以青壮年男性居多，文化程度较低，多为初次长途旅行者，引发旅客伤害事件的旅途性精神病患者多为单独旅行者

B. 旅途性精神病伤害事件多发于春运、暑运和节假日等客运高峰期及寒冷季节，且多发生在夜间，以凌晨居多

C. 从运行线路和列车环境看，东行长途列车多发此类案件，且以拥挤、封闭的快速列车居多

D. 从发病过程看，旅途性精神病患者发病初始大多是精神恍惚、抑郁多疑、自言自语，继而发展为幻觉妄想、狂躁不安、兴奋躁动、打人毁物

6. 犯罪分子可能对高铁实施的恶性事件中，不属于专业技术手段的是（　　）。

A. 破坏铁路线路设施中的关键部位、部件和自动控制系统的响应设备等，制造列车颠覆事故

B. 对调度楼、枢纽供电站等要害部位实施爆炸、破坏，造成铁路网局部瘫痪

C. 入侵行车控制网络，通过操纵行车控制系统，对列车调度、通行信号产生干扰，制造列车相撞、出轨等恶性案件

D. 以爆炸、拆卸、摆放障碍等方式破坏铁路桥梁、隧道、线路轨道或重要行车设施，颠覆旅客列车，制造惨案

7. ××××年×月×日，SY 至 BJX 的×次列车 ZZ 站开车后，4 号车厢乘务员在

整理行李架时发现一名持 ZZ 至 BJX 当日当次车票的旅客随身携带的一个手提包，装有 5 挂 500 头的鞭炮。请问乘务员该如何处理？

任务 2.3 站、车发生火灾、爆炸事件时安全管理与应急处置

知识准备

旅客列车发生火灾的原因

事件描述

高铁具有设备先进、自动化程度高的特点，无论是高铁站房还是动车组列车在建造和制造过程中都广泛使用了不燃、难燃材料，且配备了先进的消防设备设施，具有较好的防火性能，但是由于设备故障、人为和自然灾害等原因，高铁站、车发生火灾的风险依然存在。高铁动车组运行速度快，站、车人员密集，一旦发生火灾，不仅会造成大量人员伤亡和设备损坏，而且可能因列车运行失控而导致二次事故、扩大灾难。

安全风险及预防控制

1. 安全风险

（1）起火方面的风险

1）电气设备原因引发火灾。高铁车站设备，沿线行车、调度、信号、通信设备，供电系统设备，变电系统设备，动车组列车车辆设备多为电气设备，这些设备如果质量不过关、违规操作或长期缺乏维护，便可能发生故障进而引发火灾。例如，电气设备绝缘损坏短路起火、用电设备超负荷、导线接头接触不良、电阻过大发热引起自燃、挥发性易燃物遇有火星或开关和熔丝产生的火花引发燃烧爆炸等。电气设备原因是高铁站、车发生火灾的主要原因。

2）人为原因引发火灾。

① 旅客及乘务员不遵守有关规定，乱扔烟蒂引发火灾。例如，2007 年 5 月 23 日，D92 次列车在鹰潭站停车时，旅客在 5 号 1 位端车门口吸烟并将烟蒂扔入空调通风口，引燃了纸制空调滤清器。

② 旅客违章携带易燃、易爆危险品进站上车，危险品因受到摩擦、挤压、破损引发火灾。

③ 车辆厂、段修时，操作不当引发火灾。

④ 人为纵火破坏等因素引发火灾，如精神（心理）异常者纵火、不法分子报复社会纵火、恐怖分子纵火袭击等。

⑤ 站、车人员违规使用电器引发火灾。

3）自然原因引发火灾。例如，地震、雷击等自然灾害引发高铁站、车火灾。

（2）救援、疏散、人员伤亡方面的风险

1）救援困难。

① 高架、桥梁、隧道地段，列车的消防救援困难。高铁多采用高架设计，加之桥梁、隧道的地理位置一般较偏远，无可靠的水源和消防车通道，动车组列车一旦在这些部位发生火灾，消防救援力量难以及时到达现场实施救援，即使消防车能够到达部分高架地段，也会因高架桥梁高度制约，难以有效施救。

② 车站建筑结构复杂，站内消防救援困难。高铁车站在纵向布置上大多有三层以上，通常顶层（高架层）为出发层，中间（地面层）为站台层，地层（地下层）为到达层，内部还可能有商业夹层，可燃物较多；部分高铁车站还与城市轨道交通车站相连，内部结构复杂，一旦发生火灾，火势可能沿内部装饰品或堆积的可燃物向四周蔓延，火势发展迅速，极易造成房屋倒塌，给扑救工作带来很大的困难。

2）人员疏散困难。

① 动车组列车在高架、桥梁、隧道发生火灾时，区间疏散困难。

② 部分高铁站可能存在地下层，地下空间能见度低，不利于疏散。

③ 发生火灾时，照明供电被中断，只有光线有限的应急照明，且火灾产生浓烟，导致能见度极低，在昏暗的环境中，人员易产生心理恐慌，以至于不能镇定地按照疏散指示逃生，甚至发生踩踏事故，疏散十分困难。

3）人员伤亡。

① 浓烟和毒气造成人员伤亡：相对密闭而狭小的空间，通风不良，不能自然排烟，且供氧不足，站内可燃物不能充分燃烧，阴燃时间长，产生大量含有有毒气体的烟气。烟气不能及时排出，在站内沉降，进入人的呼吸道，灼伤呼吸道系统且容易造成人窒息。

② 高温造成人员伤亡：站内烟气温度高同时得不到排出，加速内部空间的温度上升。隧道、车站的一些设备设施或旅客携带的物品在高温的环境下容易膨胀爆裂，导致人员伤亡。

③ 在疏散过程中，旅客相互推搡、踩踏挤压，造成人员伤亡；部分旅客在慌乱中不清楚疏散路线，在趋光性的影响下，极易从玻璃门、窗处跌落，造成人员伤亡。

铁路消防安全

2. 预防控制

1）广泛开展防火宣传，大力普及消防知识。

2）建立消防安全责任制，明确单位的消防安全责任人、消防安全管理人及各级岗位的消防安全责任。

3）禁止旅客携带易燃品进站上车。

4）制止旅客在候车区、售票厅及列车上吸烟。

5）在重要部位配置充足的消防器材，设置消防安全标志，定期检查。

6）加强电气设备的管理，不准乱接电源、乱拉电线。

7）站、车增设电视监控设施。

8）加强日常设备的维修。

9）加强消防监督。

应急处置

1. 站、车范围内发生火灾、爆炸的应急处置

（1）处置要点和流程

车站发生火灾或爆炸时，按照“立即报警、迅速聚集、疏散旅客、切断电源、迅速扑救、抢救旅客、保护现场、协助查访”的要点进行处置。

（2）处置措施

1）立即报警。发生火灾、爆炸后，要迅速报警（火警电话 119 和向班组值班员报告），并迅速向本车间值班干部报告。对于装有自动报警系统的部位，要迅速查明火灾发生的位置并按压报警按钮；对于装有防火卷帘的部位，要迅速落下防火卷帘（监控室人员监控发现火灾时要迅速查明火灾发生地点、原因，通报火灾发生的管辖班组，同时配合灭火和疏散），车间干部接到报告后要迅速报告车站值班领导，同时通知电工到现场。

2）迅速聚集。接到报警后，车站领导（干部、值班员）应迅速组织全体义务消防队员，调集必需物资，赶赴火灾现场，首先对火灾性质进行判别，找准着火源，然后选用正确的灭火器材和设备按扑救初起火灾的方法进行灭火。

3）疏散旅客。凡有旅客及人员聚集场所，要迅速组织疏散旅客和人员，并快速抢救物资，尤其是易燃、易爆危险品等物资要优先处置。值班站长要迅速指派专人迅速打开紧急安全出口，并调集人员分散到疏散路径，按车站疏散预案组织疏散，广播室开启应急广播向被疏散人员进行宣传（现场工作人员手持扬声器进行宣传），告知其逃生方位，稳定人员情绪，宣传注意事项。

① 每位工作人员必须熟知疏散预案，及时、稳妥、有序、快捷，确保人员安全疏散。

② 当遇有人员拥挤时，工作人员要立即将人员分断阻隔，防止拥挤、影响疏散进度和踩踏伤人。

③ 当火灾、爆炸事故发生后要先疏散人员，后抢救物资。

④ 火灾、爆炸事件中候车室疏散旅客时，应对旅客说：“各位旅客，由于车站现在发生了火灾隐患（意外事故），情况不严重，有关部门正在实施救援。请各位旅客不要拥挤，不要慌乱，保持镇静，听从工作人员的指挥和引导，携带好自己的行李物品，有秩序地从安全通道疏散。带小孩的旅客请照顾好您的小孩，不要在候车室里乱跑，以免发生危险。谢谢！”（反复广播）。

4）切断电源。消防监控室或现场人员确认发生火灾后，首先要切断火灾现场电源。电气化铁路附近发生火灾时，必须立即通知行车室，行车室值班员接到通知后及时将起火具体情况向列车调度员汇报，请求供电接触网断电，在得到供电段人员确认接触网断电后，才能用水灭火。

5）迅速扑救。灭火时要首先找出着火点，查明着火原因，分清着火物品，然后按照“先控制、后消灭”的原则合理利用灭火的四种基本方法（冷却、窒息、隔离、抑制法），集中一切灭火器材进行灭火。根据火势，如能及时有效扑灭和控制，应立即设法使用灭火器进行灭火。如使用消防栓，必须对站区接触网进行停电。公安消防部门到达后，工作人员要配合消防部门，协助做好灭火和救援工作。扑救时应注意：①用水或一般灭火器扑救离接触网带电部分不足 4 米的燃烧物体时，接触网必须停电。②距接触网超过 4 米的燃烧物体，可以不停电用水浇，但必须特别注意使水流不向接触网的方向喷射，并保持水流与带电部分的距离在 2 米以上。如发现火势较大、情况严重，一时不能扑灭，要争取控制火势蔓延，让消防队赶来扑救。当发生火灾、爆炸事故时，全站消防器材均可使用，任何部门都必须无条件提供。日常要加强消防车进站通道的管理，不得堵塞和侵占，保证畅通。

6）抢救旅客。当有伤员及被火围困人员时，应做到以下两点，一是抢救，二是请求救护车和医生进行救治。

7）保护现场。在抢救伤员、组织疏散的同时，注意保护现场，做好宣传，稳定旅客情绪，维持秩序，以免发生混乱。相关人员应守护车站的各个出口，保证票据、票款的安全转移，防止他人趁机进行破坏。

8）协助查访。相关工作人员要积极协助公安部门了解情况，提供线索，索取证据以利查明原因和侦查破案。

（3）售票室（厅）发生火情的应急处置

1）控制初起火情。发现人应立即采取自救用消防器材灭火，同时切断火源、电源，控制火势的蔓延。由发现人指派其他工作人员协助灭火并疏散旅客（被指派人不得拒绝，应积极配合）。

2）立即报告。发现人及时向综控室报告，由综控室向站消防控制室和车间值班干部报告发现火情部位、火情概况。值班干部向站领导汇报，及时赶往火场指挥人员疏散和火灾扑救工作。

3）请求救援。火势较大时立即拨打 119 报警电话（电话报警要点：车站名及着火点、燃烧物的种类、火势的大小、报警人的姓名、联系方式及所属部门），保持道路的畅通，并指派专人到路口接应消防车辆。

4）保护财物。将现金、票据等物品抢离火区，并指定专人保管。

5）灭火救援。积极协助公安消防部门灭火救援，先期到场车间领导干部迅速组织本车间的义务消防队用消防器材和消火栓扑救，控制火势蔓延，并用对讲机、电话、广播通知其他车间的消防队携带灭火器立即赶赴火场协助灭火。扑救火灾时，注意维持秩序，保护现场，为公安部门调查火灾事故保留证据。

6）疏散旅客，抢救伤员。立即将旅客往安全区域疏散，旅客若有伤情应立即采取现场急救措施积极抢救，最大限度减少伤亡损失，同时记录好旅客受伤人数、伤情简况、旅客姓名、车票等信息。

7）协助查访。火灾扑救后，应努力发现和注意一切可疑情况和人员，收集人证、物证，利用监控视频、照片等协助公安查明火灾、爆炸原因，提供线索，以利于侦查破案。

（4）动车组发生火灾、爆炸的应急处置

动车组列车发生初起火情的处置程序如下。

1）动车组列车运行中发生因初起火情，导致火灾报警装置报警时，驾驶员应立即确认报警部位，并通知列车长（随车机械师、乘警）进行人工确认；乘务员发现因初起火情，导致火灾监控器报警时，应立即确认报警的部位报告列车长（随车机械师、乘警），并进行人工确认。

2）乘务员接到确认指令或旅客有初起火情报告后，应立即携带灭火器前往报警车厢。在确认火情的情况下，立即组织旅客向相邻车厢疏散，并报告列车长（随车机械师、乘警）和驾驶员，同时正确使用灭火器扑灭火情。

3）若经仔细检查未发现火情，列车长、随车机械师经确认后向驾驶员报告车厢实际情况，并做好记录。

4）驾驶员接到确认初起火情不需停车处理的报告后，应立即按规定降低车速，并向列车调度报告，同时通知随车机械师启动火灾通风模式。

5）列车长（随车机械师、乘警）接到报警后，应立即携带灭火器赶到现场，判断火情，扑灭初起火情险情。

6）初起火情险情被扑灭后，列车长（随车机械师、乘警）等要对冒烟起火部位进行全面检查，确认起火点已完全熄灭不会复燃。列车长应指定乘务员加强对冒烟起火部位的监控，直至终点站。

7）驾驶员在得到列车长关于初起火情险情被扑灭的报告后，应向列车调度、前方站报告。

8）在初起火情施救处置的过程中，如有旅客受伤应立即采取急救措施，伤势较重需临时停车交站抢救时，按照 2.1.1 节的相关内容执行。

2. 发生火情不能立即扑灭或发生爆炸时的应急处置

（1）信息处置流程

1）列车上的信息报告。在确认爆炸或火情后，列车乘务组应立即启动紧急停车装置。同时，列车长（或随车机械师）立即通知驾驶员。驾驶员应立即采取停车措施并断电降弓，向列车调度员或车站值班员报告，配合列车长、随车机械师、乘警进行火灾扑救、旅客疏散等工作。有停放制动装置的由驾驶员负责实施防溜，无制动停放装置（或制动停放装置失效）的由驾驶员通知随车机械师做好防溜工作。

2）列车调度员的报告。列车调度员接到报告后应立即通知值班主任。值班主任及时到台了解情况，根据需要启用应急救援大厅，协调相关处室，组织救援工作。

3）报告内容如下。①火灾发生的年、月、日、时、分；②发生的地点（线别、区间、千米、米、机车停车位置）；③列车车次、种类、动车组型号、所属段别、牵引辆数、总重、计长，以及关系人姓名；④火灾概况及原因的初步判断；⑤人员伤亡情况及动车组损坏情况；⑥是否需要救护车、救援列车和向地方消防部门报警等。报告内容应适时补报。

（2）应急处置程序

1）最先发现或接报火灾信息的列车工作人员应立即使用灭火器或就地取材实施扑救。

2）列车长接到火灾信息后，应立即赶赴现场，并立即指挥扑救，乘警、随车机械师等列车工作人员应积极配合。同时，列车工作人员要组织事故车厢的旅客向安全车厢疏散。

3）随车机械师在接到火情报告时及时赶到着火车厢判明情况，并与驾驶员保持信息交流畅通，及时切断着火车厢负载电源，同时在不危及安全的前提下保证其他车厢应急照明。

（3）旅客疏散程序

1）发生火灾爆炸时，列车工作人员要迅速组织旅客向邻近安全车厢疏散，解救被火围困的旅客。疏散时要告知旅客不携带大件、笨重行李物品；有浓烟时用水打湿布制品掩住口鼻，弯腰快速通过。同时，列车工作人员要防止已经疏散的旅客返回着火车厢取行李。

2）起火车厢旅客全部疏散完毕后，列车长应立即通知驾驶员、随车机械师或其他列车工作人员关闭起火车厢及相邻车厢靠近起火车厢一端的客室隔门、端门，有防火隔断门的应当关闭防火隔断门。

3）着火车厢全部人员向安全车厢疏散完毕，但火势仍未得到有效控制需向地面疏散时，列车长应立即通知驾驶员。驾驶员根据列车长的请求，向列车调度员或车站值班员报告，请求向地面疏散，现场救援。

4）列车调度员接到驾驶员请求向地面疏散的报告后，必须立即扣停邻线、后续列车，及时了解信息，做好救援准备。

5）驾驶员在接到列车调度员已扣停邻线列车的口头指示后，立即通知列车长，列车长接到驾驶员通知后应立即指挥列车工作人员打开车门，根据需要安装好应急梯，组织旅客向地面安全地带疏散。

（4）疏散旅客的安全措施

1）在疏散通道被火封堵的情况下，可在列车停稳后使用安全锤砸开应急逃生窗玻璃解救被火封堵在车厢内的旅客。

2）如遇火灾危及旅客安全，又未能及时接到扣停邻线列车的命令，列车长应会同驾驶员组织列车工作人员打开运行方向左侧车门（无线路一侧），结合现场实际，确定旅客疏散方向和疏散方式，列车工作人员应做好旅客安全宣传和防护，严禁旅客跨越线路。

3）疏散旅客下车后，由列车长组织列车工作人员引导下车旅客向远离起火车厢的方向进行疏散。在此过程中，列车长要随时保持与驾驶员的联系，并注意旅客情绪的疏导，控制引导速度，防止发生摔伤、坠落等事故。

4）将旅客疏散至安全地带后，列车长组织列车工作人员清点人数，集中安置。列车长要组织列车工作人员和旅客中的医护人员积极抢救伤员，对于伤势较重的旅客要首先抢救，对于伤员要根据具体情况采取止血、简易固定、包扎等初期现场救护措施，为医院救治创造条件。

5）动车组重联时，未着火一组内的列车工作人员停车后除留足人员看守外，其余工作人员应迅速到达起火车厢协助做好疏散旅客等工作。如火势有进一步扩大危及未着火一组列车安全的趋势时（或烟雾等危及未着火一组列车旅客安全时），列车工作人员要组织未着火一组旅客共同疏散。驾驶员和随车机械师可根据火灾情况组织动车组解编。

6）乘警、列车长要采取措施，维护现场秩序，防止发生混乱，视情况设置警戒区，禁止救援人员以外的人员进入现场，不得擅自移动现场任何物品，对事故现场痕迹、物证、有关证据材料要采取有效措施妥善保护。

7）列车长要认真了解伤员人数及伤害程度，登记旅客姓名、性别、年龄、单位、地址、车票、有效身份证件信息及随身携带物品损失情况，并做成详细记录，为车站处置善后事宜提供依据。

8）乘警要及时进行调查取证，证据材料要客观、翔实，为现场勘查、认定火灾原因创造有利条件。列车工作人员要积极帮助公安人员了解情况，提供线索。

（5）扑救的组织指挥原则

1）动车组在区间发生火灾时，当上级领导和公安消防机构未到达时，由列车长组织指挥，其他人员密切配合。

2）动车组在车站发生火灾时，由车站站长组织指挥，其他人员密切配合；如无客运人员的车站，由列车长组织指挥，其他人员密切配合。

3）动车组车底在库（所）内发生火灾，扑救工作由动车运用所负责人组织指挥。

案例分析

案例：高速列车上旅客行李箱内的易爆物质引发火灾

事件概况：××××年×月×日，一列从柏林开往波恩的高速列车上发生了一起火灾事故。12 时 10 分，列车满载旅客，准点离开柏林。约 12 时 48 分，列车到达达瓦勒高地时，传来一声震耳欲聋的巨响。最后一节车厢的前部两扇车门冲天而起，爆炸引起失火。几分钟后，列车被迫在蒙特罗市车站 3 号月台停下。旅客秩序井然地从列车疏散。站台上工作人员用干粉灭火器灭火，并把三名受伤者救出车厢。12 时 56 分，该市消防队接到蒙特罗站的火灾报警之后立即出动。灭火战斗从 13 时开始。消防支队长在确认运输部门已经中断和线路上的电流已被切断的情况之后，下令把三名受伤者送往医院，并要求消防队员在救火的同时，再仔细地寻找有无其他受伤者。着火车厢散发出大量烟雾，给救火工作带来诸多困难。经过努力奋战，火在 13 时 26 分被扑灭。经查，此次爆炸是因某位旅客所携带的行李箱内的易爆物质所引起的。

（资料来源：包志宇，2003．发生在高速列车上的一次火灾[J]．北方消防（5）：47.）

分析：

1）旅客缺乏安全乘车常识，携带危险品乘车，是造成本次事故的直接原因。为此，铁路部门应加强旅客安全乘车知识的宣传。

2）由于安检设备的技术原因，铁路部门未检查到旅客所携带的危险物品。为此，铁路部门应在安检方面加大投入，引进先进技术，提高安检效率和效果，杜绝同类事件的发生。

3）在灭火救援方面，因这种高速列车的构造与普通列车不同，消防员不知道如何打开车厢门，找不到救援通道的出口，加上火灾产生的浓烟和有毒气体，使救援工作非常困难。为此，应加强消防部门与铁路部门的联系和合作，在改善车辆构造，增强车辆的防火性能和排烟性能的基础上，对消防员进行车辆构造培训，铁路部门与消防部门共同制订火灾应急救援预案，提升应急救援能力。

任务实施

任务要求

1）根据所分配的情境，合理设置细节，制订突发事件处理方案。

2）人员岗位分工明确，各岗位人员清楚自身职责与处理程序。

3）物资准备齐全，运用合理。

4）遵守规章制度，正确处理事件，同时做好重点旅客服务工作。

5）针对性地对事件进行原因分析，提出预防措施。

6）台账填写规范具体，原因分析有理有据，预防措施科学可行。

任务情境

1）动车组列车初起火情。

2）动车组列车在隧道突发火灾。

3）动车组列车在高架桥突发火灾。

4）动车组列车在车站突发火灾。

5）车站出发层初起火情。

6）车站售票大厅突发火灾。

7）车站站台突发火灾。

8）车站综控室突发火灾。

物资和人员

根据分配的任务情境，罗列相应的实训物资和人员。

1）物资：________________________________。

2）人员：________________________________。

实施流程

1）给各组分配情境任务。

2）组内讨论制订处理方案。

3）情境模拟演练。

4）自评与总结。

任务台账

实训中可能用到以下台账：

1）旅客人身伤害信息上报表。

2）死亡旅客速报。

实施示例

×站突发火灾、爆炸时的应急处置

1. 情境

××××年×月×日×时×分，×铁路局×站，出发层突发火情，发现时火势已较大。

2. 处理流程

（1）报告、报警

1）发现人员用对讲机立即向客运值班员和综控室报告，同时按下就近手动报警按钮。报告火情时，应报出火灾爆炸现场的准确地点、火灾爆炸的物质、灾情大小、受损情况。

发现人报告："综控室/值班员，二楼出发层中部发现较大火灾。"

综控室/值班员回复："收到，立即疏散周围旅客并采取措施灭火。"

2）值班员接到火灾报告立即向值班干部报告，并通知公安部门到场，火势较大时拨打火警电话119请求救援。

客运值班员拨打119："消防队，这里是×火车站，火车站二楼出发层中部发生火灾，火势较大，请求支援，我在火车站广场的消防通道处等候。"（客运值班员进行电话报警后，安排通信联络及消防通道引导人员在进站口位置等待。）

（2）切断电源

综控室立即切断电源，控制火势蔓延，同时关停垂直电梯。

（3）疏散旅客

1）综控室立即启动消防应急广播，进行"火警通告"三次，组织旅客疏散、稳定旅客情绪、控制现场秩序。

广播："各位旅客，因二楼出发层中部发生火灾，请旅客不要惊慌、拥挤，听从工作人员的指挥，从指定通道疏散到安全地点，在安全地点等候，不要随意走动，更不要返回或围观火灾现场。谢谢！”

2）值班站长指挥现场工作人员立即打开各进出口大门、检票口和安全通道，本着“先人员、后财产，先重点、后一般”的原则，迅速有效地组织旅客疏散，以防止现场混乱。

3）疏散时要防止惊慌的旅客高空坠落、拥挤踩踏、盲目乱撞。

4）安排人员在各楼扶梯口、弯道转角处等地点引导和牵护，将扶梯运行方向全部置为远离火场的方向。

注意：根据某火车站空间布置格局示意图（图 2-10），出发层发生火灾时，本层旅客向各进、出站口疏散，站台层旅客可通过到达层疏散通道疏散，也可在确保安全的情况下向站台两端疏散。站台上如有列车，应立即报告行车调度员并开车，行车调度员应迅速拦停开往本站的列车。

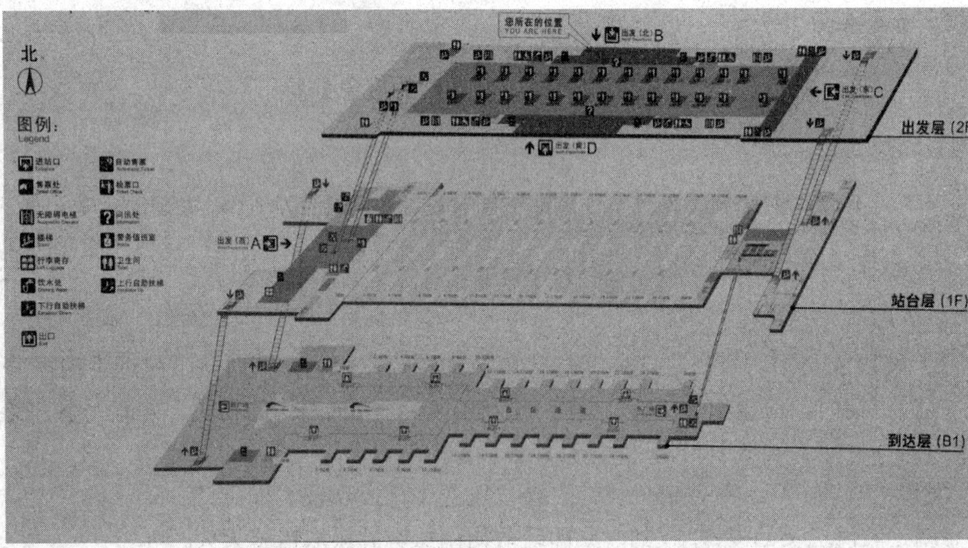

图 2-10　某火车站空间布置格局示意图

5）被浓烟围困时，保持冷静，用湿毛巾捂着口鼻俯身行走或爬行，设法脱险。

6）如果通道都被切断，拥有水源的厕所是较好的临时避难所，可将衣物弄湿封堵门窗，并利用颜色鲜艳的衣物、毛巾等从窗外发出求救信号，也可敲击物品发出各种声响求救。

（4）迅速扑救

灭火抢险组迅速判明起火原因，针对不同的火源采用不同的灭火方式、不同灭火手段和不同的消防器材迅速扑救和控制火势。如使用消防栓，必须对站区接触网进行停电。公安消防部门到达后，工作人员要配合消防部门，协助做好灭火和救援工作。

（5）现场救护

1）安全防护救护组负责组织秩序、保护现场、救助伤员、清点财物。

2）如有危重伤员，客运值班员要及时与 120 急救中心联系求助，并做好人数、姓名、地址及财物登记。

客运值班员拨打120急救电话："120急救中心，这里是×火车站，火车站二楼出发层中部发生火灾，有多名旅客受伤，请安排救护车到火车站广场帮助救护。"（值班员电话通知后，安排通信联络及引导组人员在火车站广场等待。）

（6）保护现场

1）现场设置警戒线防护，保护好一切怀疑引发火灾的可疑物品或设备，禁止与扑救无关的人员进入。

2）防止惊慌旅客重返火场，稳定旅客情绪，控制现场秩序。

（7）协助调查

努力发现和注意一切可疑情况和人员，收集人证、物证，利用监控视频、照片等协助公安查明火灾、爆炸原因，提供线索，以利侦查破案。

（8）后续处置

1）火灾扑救完毕后，解除火警通告，广播安抚旅客。

广播："各位旅客，在大家的共同努力下，二楼出发层火势已得到有效控制，请旅客放心。希望旅客在安全地点等候，工作人员将对旅客车票、携带品等情况进行登记，请旅客予以配合。谢谢！"

2）值班站长向上级汇报："站长，火灾已全部扑灭，受伤的旅客已全部送120救治。"

任务自测

1．高铁起火的原因主要有（　　）。

A．电气设备原因引发火灾　　B．人为原因引发火灾

C．自然原因引发火灾　　D．以上均是

2．高铁火灾的危害主要有（　　）。

A．高架、桥梁、隧道地段，列车的消防救援困难

B．车站建筑结构复杂，站内消防救援困难

C．人员疏散困难，浓烟、毒气和高温造成人员伤亡

D．以上均是

3．以下不属于高铁火灾预防控制措施的是（　　）。

A．广泛开展防火宣传，大力普及消防知识

B．建立消防安全责任制，明确单位的消防安全责任人、消防安全管理人及各级岗位的消防安全责任

C．制止旅客在候车区、售票厅及列车上吸烟

D．高铁座椅上设置安全插座，方便旅客充电

4．车站发生火灾或爆炸时，应急处置要点是什么？

5．客车车厢内的火灾危险主要有哪些？

6. 在什么情况下可以使用紧急制动阀？怎么使用？

7. 怎样使用灭火器？怎样检查灭火器是否有效？

8. ××××年×月×日，FZ至HF的×次列车，YT站开车后，3号车厢乘务员发现车厢配电柜冒烟，并有火苗，请问应如何处理？

任务2.4 车站突发大客流安全管理与应急处置

知识准备

事件描述

铁路旅客运输大客流事件是指由于某些因素的影响导致铁路车站在某一时间内购票、候车、停留的旅客超过了车站设计许可的客流量，并呈现持续增加的趋势的现象。春运、暑运及国家规定的法定节日期间，出现车站旅客短时间的激增，各类旅客聚集，数量繁多，尤其在春运期间民工流、学生流、探亲流、旅游流“四流合一”，造成旅客出行人次比平常出行时间的人次激增几倍，并且呈现出周期性很强的一种特殊运输现象。发生大客流时，车站的客运组织工作的各个环节都将面临考验，应能保证旅客购票、验票进站、候车、检票、乘降、出站等各个环节安全、有序地进行，避免发生拥挤踩踏、混乱失控、意外伤亡等事件。

安全风险及预防控制

1. 安全风险

（1）拥挤踩踏

车站在特殊时间内发生大客流运输的情况，便极有可能造成旅客的挤伤或踩踏。这主要是旅客在车站内过度拥挤造成的，尤其是旅客在进站口排队验证、候车大厅排队进站检票、上下自动扶梯或楼梯过程中、到达站台等候上车四个环节最容易出现此类安全隐患。在拥挤的情况下，旅客旅行随身携带相应数量的携带品，物品质量、体积不均，使旅客身体失衡，容易出现各类摔倒现象，特别是在旅客摔倒后，旅客拥挤着毫无察觉，形成大客流旅客人群一同移动，不能迅速停下，进而酿成踩踏事故。因此，旅客在人群较多的情况下出现挤伤、踩踏便成了对人身安全的威胁。

（2）意外伤害

在乘降过程中，旅客处于不同条件的地面环境中，加之旅客数量繁多，易造成旅客摔伤的情况。在立体跨线设备和站台上旅客排队进站、出站和上车的过程中，由于大客流人群聚集同时进行乘降行为，旅客有可能忽略地面的变化，导致摔倒甚至受伤。尤其车站站台与列车之间存在着缝隙，旅客一旦拥挤而上，在乘降时便会有掉入站台缝隙摔伤的风险。

（3）火灾爆炸

车站发生火灾爆炸事故的原因很多，但主要是人为因素和设备因素。旅客携带了易燃、易爆危险品上车及车站运营设备缺陷均会引发火灾爆炸事故。

如果铁路车站出现了大客流集聚的情况，一旦火灾或爆炸发生，后果是具有毁灭性与灾难性的，进而使旅客产生恐慌心理，便很有可能诱发二次事故，即出现挤伤、踩踏事件。

（4）恐怖袭击

在人流量密集的地方容易发生袭击事件。火车站的候车室及售票厅均具有空间开阔、客流易集聚的特点，具有发生恐怖袭击的客观可能性，节假日尤为突出。近几年来，火车站也频发暴恐事件，所以对旅客的安全有一定的威胁。

（5）财产损失

车站一旦发生大客流集聚情况，旅客的财产安全也会受到威胁。

1）丢。车站客流聚集，旅客因保管不善造成财物的丢失，进站、通过安检、候车、出站过程中也极易造成财物的丢失。

2）盗。一般而言，售票厅、候车厅人员较为密集，在候车与排队买票两种情形下，旅客等待时会呈现出心情焦急、注意力分散、警惕性变弱等特点，而且人员嘈杂，不法分子便可能趁机而入，或是在乘降过程中，旅客走路速度快，身体接触频繁，致使不法分子趁机实施偷盗。

2. 预防控制

（1）多种媒体并行增强旅客安全意识

车站可利用新旧媒体等多种宣传模式，如广播、宣传栏、电子显示屏、电视及在车站无线网络全覆盖的前提下，利用铁路局官方微信、微博等多种形式，宣传携带“三品”的危险性，向旅客宣传防踩踏、挤压、防火、防盗等铁路安全常识。

（2）大力引进铁路安全设施

大力引进铁路安全设施，保障旅客安全乘降。例如，建立车站安全引导标志，在事故多发地点设置颜色醒目的警示牌，在站台上安装红外监控装置，能减少旅客乘降的危险系数，定期检查、维修电子显示屏等指示设备。针对不同车站的功能合理布置查危仪、安全门及手检仪的位置及数量，努力做到零危险。定期对车站站舍的所有基础设备，如照明、安全警示标志、天桥地道等进行维护。对报警装置及消防相关安全器材进行定期维护，定期消除安全隐患。

（3）加强车站实时乘降组织

铁路车站应考虑在原有候车区域所能集聚的旅客数量的基础上，开辟突发大客流情况时旅客临时候车点，如候车厅内开设多个面积较大的快餐厅，遇到客流量激增的情况，可与快餐厅商定互利合同，将旅客引流到快餐厅，缓解候车厅候车压力；客流较大时，可预先组织旅客去往站台定点等候，并让列车开双门，同时增加站台客运工作人员的数量，维护乘降的秩序，保证旅客的安全乘降；如旅客乘扶梯上站台，应设置扶梯立岗客运员，专项负责旅客乘扶梯的安全，提示旅客正确乘扶梯的方法并控制扶梯的运行状态；重点关注列车即将停稳和启动两个关键时刻，时刻关注站台旅客动态，及时制止扒车、横越线路、侵入安全线、随车奔跑等行为。

应急处置

1. 目的及意义

制订车站突发大客流应急处置预案是为了提高铁路车站客流剧增时旅客乘降组织的应急处置能力，保证旅客生命财产安全及运输安全畅通，适用于春暑运、黄金周及小长假等运输时期客流剧增时的应对工作。

2. 车站突发大客流应急预案

1）成立应急领导小组。

组长：客运车间主任、客运车间党总支书记。

副组长：副主任（客运、行车）、车站派出所所长。

组员：值班站长、客运值班员、售票值班员、综控室值班员、安检公司值班干部、车站派出所警员。

领导小组下设应急办公室，办公室一般设在车站综控室。

2）成立工作组。根据任务分工，成立五个工作组。

① 售票组织工作组。

组长：售票值班员。

组员：当班售票员、应急备班售票员。

② 进站组织工作组。

组长：副主任（客运）。

组员：进站客运值班员、安检公司值班干部、验证口客运员、应急备班客运员。

③ 候检组织工作组。

组长：客运车间干部。

组员：候车室值班员、候车室、检票口客运员、应急备班客运员。

④ 站台组织工作组。

组长：客运车间主任。

组员：站台值班员、站台客运员、应急备班客运员。

⑤ 宣传报道工作组。

组长：客运车间党支部书记。

组员：各服务台客运员。

3. 工作职责

（1）应急领导小组工作职责

应急领导小组负责组织启动应急预案，指挥应急处置工作，迅速组织应急小组人员赶赴现场，做好疏散旅客、现场秩序维护、稳定旅客情绪等应急工作，积极安排、妥善解决旅客的旅行及变更需求，承担应急值守工作，及时掌握和报告应急处置工作信息及相关情况，传达并执行上级指示、命令。

（2）各工作组职责

1）售票组织工作组的职责：一是及时联系车站计划室，动态关注车票票额发售及互联网购票未取票情况，提前安排开足售票窗口及自动售票机，快速办理售票、退票、改签业务；二是部分应急人员、公安民警负责维持旅客进出售票厅和购票、退票、改签秩序。

2）进站组织工作组的职责：按照应急处理程序，做好信息通报，根据客流及时开足安检通道、验证口，同时做好旅客的进站宣传引导组织工作。开辟应急通道，组织距开车 20 分钟的旅客快速进站、验证、安检，并组织客运应急备班人员或保安在通道扶梯上下两端进行值守，确保进站乘梯旅客安全有序。

3）候检组织工作组的职责：组长视客流情况决定临时候车区的使用方案，安排人员负责旅客候车、检票组织工作。具体有如下两个方面：一是组织部分客运应急备班人员，到候车区疏导候车旅客、维持候车秩序和治安秩序，加强流动岗力量，确保旅客候车平稳有序；二是按需增加检票通道客运员，负责疏导旅客或加开人工检票口，以及检票口下站台扶梯口处卡控、引导，有序组织旅客进站乘车，同时避免中转换乘旅客与乘车旅客出现对流问题。检票员要保持与客服调度和站台人员的联系，随时做好放行准备，防止拥挤、踩伤、坠落和其他意外情况的发生。

4）站台组织工作组的职责：站台值班员要提前掌握列车停靠站台的时间，客运员提前组织旅客按车门位置排好队，组织旅客快速有序乘降。当候车室告急时，可提前将旅客放行至站台上，由客运人员专人盯控，组织旅客排队、候车，缓解候车室压力。列车开出后及时清理站台闲杂人员。

5）宣传报道工作组的职责：负责做好信息的发布、宣传报道和新闻媒体的接待工作。

4. 应急预案启动条件

客流达到车站规定人数时，即发生客流剧增达到应急预案的响应条件，应及时启动预案，超出应急预案的应急救援处置能力时，在启动应急预案的同时，请求铁路局应急救援指挥机构支援。

5. 报告程序

1）报告流程：车站发生客流剧增情况后，应按照应急流程（图 2-11）于 5 分钟内报告完毕。

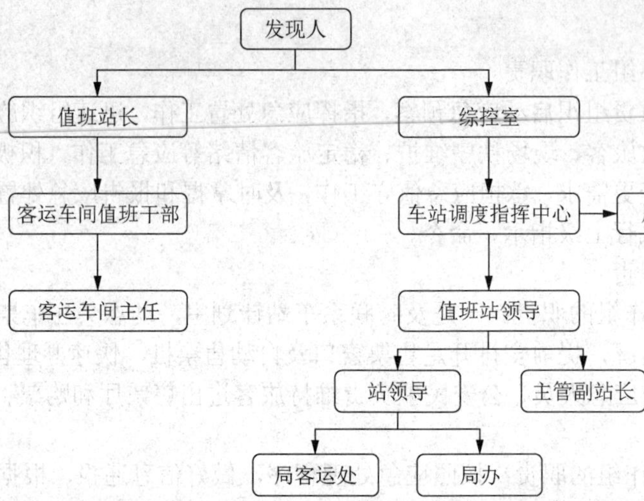

图 2-11　车站突发大客流应急流程

2）报告内容：时间、地点、位置、简要经过、报告部门、报告人、联系方式。

6. 应急处置程序

1）车站应急办公室接到报告后迅速组织车间干部和车站非当班职工组成应急小组，于 20 分钟内赶赴现场进行支援。同时，由值班领导迅速与车站派出所联系，请求支援，维持好现场秩序。

2）车站应急处置领导小组必须密切关注客流动态，及时上报信息，随时保持与铁路局、车站主管部门的联系与信息反馈，并视现场情况指挥采取有效措施做好旅客安全、服务、宣传解释、稳定旅客情绪等工作。

3）遇到春暑运、节假日运输高峰期，车站客运科要动态关注重点方向及各次列车超员票额发售情况，提前一天将重点方向列车售票情况通知客运车间，客运车间接到客流预报后需纳入班工作重点安排和落实，客运车间班组视客流变化规律主动与车站客运科联系了解票额售出情况，及时进行作业方案调整和劳力组织。

4）客运车间及时调整劳力和作业组织。一是迅速组织休班职工加开验证进站口，及时清理出一个快速验证通道，并保证通道畅通，引导距开车 20 分钟的旅客快速验证进站，并督促安检人员迅速增开安检口，在保证工作质量的情况下，加强验证、安检速度，缩短旅客排队等候时间。二是应急客运员加强候车区巡视，疏导候车旅客，维持候车秩序和治安秩序，确保旅客候车平稳有序。同时，应急客运员应组织客运应急备班人员或保安在通道扶梯上下两端进行值守，确保进站乘梯旅客安全有序。三是根据列车开行情况对客流较大的列车的检票口增加检票客运员两名：一名做好旅客检票秩序维护，疏导旅客或加开人工检票口，保持与综控室的联系，根据综控室指挥按时开始检票作业；另一名在检票口下站台扶梯口处卡控、引导，有序组织旅客进站乘车。

5）站台值班员、站台客运员要提前摸清列车停靠站台，并与检票口保持联系，提前组织旅客按车门位置排好队，组织旅客快速有序乘车。当候车室告急时，检票口客运员要及时与站台客运员联系，提前将旅客放行至站台上，由客运人员（应急客运员）专人盯控，组织旅客排队、候车，缓解候车室压力。列车开出后及时清理站台闲杂人员。

6）迅速联系派出所增加警力参与进站验证、安检、候车、检票口及站台秩序维护，疏导旅客排队进站乘车，确保秩序良好。

7）车站各级人员必须严格执行车站对新闻媒体人员的接待纪律，任何人未经授权不得接受采访。如发现有新闻媒体记者在现场录像、拍摄和要求采访，要立即通知车站党委。

8）客流组织恢复正常后，按照"谁启动、谁结束"的原则，宣布应急响应结束。

突发大客流应急备品配置见表2-3。

表2-3　突发大客流应急备品配置

备品	摆放地点	数量	管理人员
手提扬声器	客运值班室	20	客运管理干部
对讲机	客运值班室	20	客运管理干部

案例分析

案例：广州南站采取措施应对2017年春运大客流

事件概况：2017年春运时间为1月13日至2月21日，春运期间广州南站的客流到发高峰日出现在2月3日（正月初七），共到发旅客44.62万人次，刷新广州南站的历史客流到发峰值。春运期间广州南站共发送旅客712.28万人次，单日最高发送量为23.99万人次，出现在1月21日（腊月二十四）；共到达旅客762.06万人次，单日最高到达量为27.39万人次，出现在2月4日（正月初八）。截至春运最后一天，据统计，广州南站累计到发旅客1474.34万人次，日均到发旅客36.86万人次，同比增加25.07%。春运期间，广州南站地区旅客疏运平安有序，整体组织工作较为畅顺。

为了迎接人流量最大的一次春运，广州南站早在2016年12月26日，已提前进入春运状态。区政务服务中心、广州长隆酒店、广东外贸外语大学（大学城校区）及华南农业大学增设九台自动售取票机，提供包括智能机器人、脸谱识别验证等"互联网+"人工智能服务，完善导航、购票、候乘等服务。

充实运力是为了兜底保障。春运客流高峰时段，广州南站增开了多趟夜间列车，末班车发送时间延迟至次日5时02分。地铁2号线延迟至凌晨0时45分收班，并增加两列夜间专车。采用"定时班次+滚动发班"公交营运模式，在高铁空档时期定点发班，并于2月3日至16日每晚11时后增开八条公交接驳线路。组织50辆出租车驻点保障，对凌晨1时后前200台到南站接载旅客返回番禺区内的出租车，给予油料补贴；组织加班运力五台，安排三台大巴作为兜底应急运力。

（资料来源：甘韵仪. 今年春运广州南站迎来最大客流 如今交出满意答卷[EB/OL].（2017-02-22）[2017-12-19].http://news.ycwb.com/2017-02/22/content_24275035.htm.）

分析：

1）增开列车，增加运能，缓解客流增加与运能不足之间的矛盾。

2）在客流集中区域增加售取票设备，实现车站售取票客流的分流，缓解车站客流压力。

3）按照应急处置程序对站内客流进行引导、分流，做好旅客乘降组织工作，保障旅客安全。

4）做好与其他交通方式换乘时的接驳，保障旅客旅行顺利及安全。

5）在重点时段、客流量巨大的重点车站发生大客流事件，需要铁路运输企业协同其他运输方式如公交、地铁、出租车的力量，共同组织完成、有力保障旅客的顺利疏散和旅行安全。坚持安全第一、预防为主，完善公共安全体系，提高重大突发公共事件处置保障能力。

任务实施

任务要求

1）根据所分配的情境，合理设置细节，制订突发事件处理方案。

2）人员岗位分工明确，各岗位人员清楚自身职责与处理程序。

3）物资准备齐全，运用合理。

4）遵守规章制度，正确处理事件，同时做好重点旅客服务工作。

5）在小组内或小组间充分讨论，利用头脑风暴、SWOT分析法等方法对应急处置流程、客流疏散流线等问题进行针对性分析、论证，刻苦钻研、精于发现、大胆创新。

6）台账填写规范具体，原因分析有理有据，预防措施科学可行。

任务情境

分小组运用该任务相关知识进行角色扮演，有条件的可到实训室模拟演练车站发生大客流时的处置流程，落实现场处理主要环节，各小组派代表进行总结汇报，小组互评，教师点评。做到教、学、做一体化，提高学生运用理论知识解决实际问题的能力。

物资和人员

根据分配的任务情境，罗列相应的实训物资和人员。

1）物资：________________________________。

2）人员：________________________________。

任务流程

1）给各组分配情境任务。

2）组内讨论制订处理方案。

3）情境模拟演练。

4）自评与总结。

任务台账

根据实训任务实际需要，填写相关实训台账。

实施示例

突发大客流应急处置演练示例

1. 情境

××××年 10 月 1 日，某旅游城市铁路车站发生客流剧增，车站内客流已大大超过车站的承受能力，站前广场的客流量也不断增大，随着时间的推移，旅客仍源源不断地涌向车站。

2. 大客流处理流程

（1）采取分段放客的措施

分段放客即按发车时间分段组织旅客进站候车。

关键项点安排如下。

1）信息宣传组。安排 6 人负责在自动扶梯及隔离进口周围对分时段候车的车次不间断地进行广播。

2）客运车间。负责在前期备足隔离带，以备随时取用；广播员负责加强对分时段候车的车次进行广播宣传；其余人员做好隔离进口宣传、引导、进站口验票工作，以及各候车室的信息传递工作。

3）派出所、武警。设置隔离带，进行进站秩序维护。

（2）报告程序

进站口发生客流剧增，二楼平台拥堵后，应按照发现人→客运值班员（值班站长）→车间值班干部→车站应急小组→值班站领导（车站派出所值班领导）→主管副站长→站长的流程于 5 分钟内报告完毕。

（3）应急处置程序

1）车站根据进站客流采取分层缓冲、分段进站方法，两个进站高峰时段限制车次候车，10 时～12 时 30 分组织 G9610、G854、G114、G472、G9630、G160、G168、G366、1236 次列车旅客进站候车；16 时～17 时组织 G156、2056、G80、G232、G1140、G9636、G484 次列车旅客进站候车，并对乘坐其他车次的旅客做好宣传解释。

2）车站应急小组接到报告后迅速通知待命客运员不少于 8 人于 5 分钟内赶赴现场，做好分时段候车的宣传工作。

3）应急小组迅速联系派出所增加警力和武警力量不少于 10 人于 5 分钟内赶赴现场，参与自动扶梯口和进站平台秩序维护，疏导拥堵人群，并在平台设置隔离带，设立警戒标志和警戒岗，视平台人流缓解情况，分段定量让旅客进入候车室，做好疏导旅客排队进站乘车工作，确保进站秩序良好。

4）客运人员及增援人员（全部携带手提扬声器），广播员加强对分时段候车的车次进行广播。

5）客运车间负责调配劳力不少于 8 人，开放进站所有入口（均为应急入口），在自动扶梯、平台等关键部位增设人员监控引导，并做好一楼和二楼及各候车室信息传递工作，避免平台拥堵。

3. 分时段候车宣传词

（1）10 时～12 时 30 分广播

旅客朋友："十一"黄金周期间，因进站客流较大，为确保旅客进站、乘车的安全，车站 10 时～12 时 30 分组织乘坐 G9610、G854、G114、G472、G9630、G160、G168、G366、1236 次列车的旅客进站候车，乘坐其余车次的旅客请 12 时 30 分以后到站候车，谢谢合作！

（2）16 时～17 时广播

旅客朋友："十一"黄金周期间，因进站客流较大，为确保旅客进站、乘车的安全，车站 16 时～17 时组织乘坐 G156、2056、G80、G232、G1140、G9636、G484 次列车的旅客进站候车，乘坐其余车次的旅客请 17 时以后到站候车，谢谢合作！

任务自测

1. 铁路车站突发大客流时，一般从拥挤踩踏、意外伤害、火灾爆炸、恐怖袭击及（　　）等方面预判其存在的安全风险。

A. 聚众闹事　　B. 财产损失　　C. 心理因素　　D. 乘车秩序

2.（　　）时，即发生客流剧增达到应急预案的响应条件，应及时启动预案，超出应急预案的应急救援处置能力时，在启动应急预案的同时，请求铁路局应急救援指挥机构支援。

A. 自动售票机前排队人数增加　　B. 进站排队人数增加

C. 客流达到车站规定人数　　D. 候车厅内人数增加

3. 遇大客流时，客运车间调整劳力和作业组织主要措施有（　　）。

A. 加开验证进站口

B. 疏导候车旅客，维持候车秩序和治安秩序，确保旅客候车平稳有序

C. 根据列车开行情况对客流较大列车的检票口增加检票客运员

D. 以上均是

4. 遇春运、暑运、节假日运输高峰期，车站客运科要动态关注重点方向及各次列车超员票额发售情况，提前（　　）天将重点方向列车售票情况通知客运车间。

A. 1　　B. 3　　C. 5　　D. 7

5. 突发大客流一般发生在下列（　　）时期。

A．春运、暑运　B．黄金周　　C．小长假　　　D．以上都是

6．车站发生客流剧增情况后，应按照应急流程于（　　）分钟内报告完毕。

A．5　　　　B．3　　　　C．10　　　　D．8

7．春节、暑期运输的客流调查应在春节、暑期运输前（　　）个月内进行。

A．1～2　　　B．2～3　　　C．3～4　　　D．4～5

8．突发大客流应急处置演练实作。其演练实作评分标准见表2-4。

表2-4　突发大客流应急处置演练实作评分标准

考核内容	配分	扣分
按报告程序进行信息上报，且在规定时间内完成	10	
划分分时段放客的具体车次	5	
准备隔离带、手提扬声器、对讲机等相关设施设备	10	
在平台、自动扶梯、楼梯口等关键位置安排人员疏导旅客	10	
提前准备好广播宣传词	10	
按要求分时段进行广播	10	
在站台加派人员维持乘车秩序，防止旅客在列车启动或到达时侵入安全白线	15	
与售票值班员沟通客流情况	10	
妥善处理旅客组织过程中的诉求或投诉	15	
宣布应急演练结束	5	
耗时：　　分钟	得分	
考评员签字：		

任务2.5

列车晚点安全管理与应急处置

知识准备

事件描述

旅客列车晚点现象普遍存在于日常行车组织过程中，并呈常态化发展趋势。在突发事件影响下，列车晚点规模激增，形成大面积晚点。根据研究分析，列车晚点的影响因素基本可以从“人—机—环—管”四个方面概括为3大因素：设备因素、自然灾害、人为因素。一旦发生旅客列车晚点或大面积晚点，大量旅客滞留在车站和列车，旅客的安全、饮食、情绪等各种问题都需要车站和列车保证、解决及安抚，除了耽误旅客出行，给旅客的旅行带来极大不便外，还存在影响旅客人身及财产安全的风险。所以，车站和列车的各岗位要联劳协作，启动应急预案，积极应对旅客列车晚点或大面积晚点事件。

安全风险及预防控制

1. 安全风险

当发生旅客列车晚点或大面积晚点时，除了存在任务 2.4 中所描述的 5 个安全风险项点外，还存在以下安全风险项点。

（1）引发身体、心理急病

由于列车晚点或停运造成旅客长时间等待，而且旅客长时间处于人流密集、有限的空间内，心情焦躁不安。对于部分身体、心理素质较差或存在病史的旅客，极易引发或导致旅客身体和精神不适，甚至引发较为严重的身体、心理急病，危及旅客自身及其他旅客的健康及安全。

（2）引发社会治安问题

由于列车晚点或停运造成旅客长时间等待，而且旅客长时间处于人流密集、有限的空间内，心情焦躁不安，情绪激动，容易发生冲突。无论是旅客与工作人员之间，还是旅客与旅客之间，均比正常时间更容易发生言语或肢体冲突，导致社会治安事件。

2. 预防控制

（1）提高对客车正点的重视程度

在全路制定整体营销策略时，仍需把提高客车正点摆在重要位置，把提高客车正点和新产品开发、改善服务质量作为增强铁路竞争力的整体来考虑，将客车正点作为树立现代化铁路形象的目标，加强对提高客车正点的技术攻关研究，尽快提高客车正点率水平。

（2）建立国铁集团对铁路局、铁路局对站段的逐级责任考核制度

实行国铁集团资产经营责任制后将客车正点率作为各铁路局资产经营一项重要的考核指标，把客车正点和各铁路局、站段的经济效益挂钩，从而使各铁路局、站段把保证客车正点工作作为资产经营和生产经营任务的重要组成部分，不断改进工作，努力消灭和减少影响客车晚点的因素，改变目前客车晚点责任难以分清的状况。

（3）提高客车正晚点统计的权威性和真实性

实行客车正点考核必须以统计工作的权威性和真实性为基础。随着铁路运输管理信息系统（transportation management information system，TMIS）设备的使用，正确统计各铁路局客车正点率的目标将有望实现，目前应加大力量提高客车正点统计水平，定期进行客车正点统计大检查，努力解决客车正点统计工作中的虚假不实问题。可以采取以干线重点客车为试点，进行客车正点的分段追踪分析研究的办法，真正找出正晚点统计工作存在的问题，为改进统计工作提供依据。

（4）加强设备的维修与保养

加强设备维修与保养的方法如下：一是不断改进和强化对行车设备的维修保养，使设备维修保养工作尽快适应客车大幅度提速后的客观要求，尽可能降低设备故障率；二

是设备部门要和运输指挥部门密切配合，充分利用好施工维修天窗，协调组织好工务、电务、给水、供电等主要设备部门的施工计划，实现资源共享，加大天窗内的维修保养工作量；三是加强各维修工区的快速反应能力；四是进一步强化各维修工区职工的实战技能。

应急处置

1. 目的及意义

制订旅客列车大面积晚点应急处置预案是为了提高高铁旅客列车大面积晚点时车站的应急处置能力，有效控制事态发展，安全、迅速、妥善安置及疏散旅客，最大限度地减少对旅客运输的影响。此应急预案适用于因事故、自然灾害等原因导致旅客列车不能正常运行，影响旅客列车及车站秩序等突发情况。

2. 高铁车站列车大面积晚点应急预案

（1）成立应急领导工作组

1）应急领导小组。

组长：客运车间主任、党总支书记。

副组长：客运车间副主任、车站派出所所长。

组员：车间管理干部、客运值班站长、车站值班员。

领导小组下设应急办公室，办公室设在综控室，主任由副主任（行车）担任。

遇旅客列车大面积晚点时，正常工作日由主管行车或客运副主任，休息日由值班干部视旅客晚点客流情况向主任、书记汇报并请求启动应急预案。应急预案启动即按职能分工，由各应急组长组织本组人员到岗到位，所有干部坚守岗位。

2）应急工作小组。

根据任务分工，成立六个工作组。

① 行车作业组织工作组。

组长：车间副主任（行车）。

组员：车站值班员。

② 客运、售票作业组织工作组。

组长：车间副主任（客运）。

组员：客运、售票当班人员、应急救援人员。

③ 资金筹备、票据管理工作组。

组长：车间副主任（客运）。

组员：售票值班员、收入人员。

④ 应急人员调配工作组。

组长：客运车间主任。

组员：客运值班站长、客运值班员。

⑤ 宣传报道工作组。

组长：客运车间党总支书记。

组员：客运值班站长、班组宣传骨干。

⑥ 后勤保障工作组应急处置小组。

组长：车间主任。

组员：车间干部。

（2）应急领导及各应急工作小组职责

实施定岗定位处置。应急预案启动后，领导小组及工作小组成员必须深入一线现场指挥，掌握第一手资料，以防控安全风险为重点，组织协调各方关系，及时处置各种突发情况，安排好重点卡控人员及卡控位置。列车大面积晚点重点卡控人员分布见表 2-5。

表 2-5 列车大面积晚点重点卡控人员分布

人员	岗位	职责
车间主任	综控室	全面应急指挥，对行政方面应急工作进行决策
党总支书记	综控室	全面应急指挥，对旅客反映及舆情工作进行决策
车间副主任（客运）	客运作业场所	全面指挥客运、售票应急作业组织
车间副主任（行车）	行车室	行车作业组织把关
车间干部	根据分工	安排应急人员并盯控把关

1）应急领导小组职责如下。

① 负责制订、完善并组织启动应急预案，传达、执行上级指示、命令，指挥应急处置工作，迅速组织应急小组人员赶赴现场，做好疏导旅客、现场秩序维护、稳定旅客情绪等应急工作，积极安排、妥善解决旅客的旅行及变更需求，承担应急值守工作，及时掌握应急处置工作信息及相关情况，并按规定时限上报。

② 应急办公室实行 24 小时值班制度，及时收集列车晚点信息，随时将接到的旅客列车晚点情况汇报车站应急处置领导小组，根据站长指示发布应急预案启动命令，通知召集应急小组成员上岗，加强与相关单位及部门的横向联系，落实部门职责。负责及时收集现场情况，随时保持与铁路局主管部门的联系与信息反馈，迅速传达领导指示，做到“上情下达，下情上报”。

2）各应急工作小组职责如下。

① 行车作业组织工作组的职责。

a．做好列车疏运、迂回、安置等行车组织现场把关工作，认真执行晚点旅客列车抢点组织的相关规定，靠前指挥，根据情况牵头做好晚点旅客列车抢点的行车组织。

b．负责做好接发列车和调车作业的现场安全风险卡控，加强对晚点列车信息传递、作业过程及安全风险控制工作。

c．负责加强与列车调度员的联系，及时掌握并通报列车运行情况，做好与客运的信息互通工作。根据列车晚点情况合理安排到发线、库线的运用，尽可能地为晚点列车的客运组织创造条件，积极组织按图行车。

② 客运、售票作业组织工作组的职责。

a．负责牵头做好晚点旅客列车的客运、售票应急组织工作，加强与铁路局客调、客票管理所的联系及信息沟通，及时传达和发布客运公告信息，随时掌握列车运行情况，旅客候车、乘降情况，客车给水作业及窗口退票、改签情况，配合现场作业组织，加强客运安全风险卡控，指导协调、积极妥善处理客运组织中出现的问题。

b．负责做好列车晚点信息的传递、广播、旅客问询及电子引导系统维护，与行车人员及时互通信息，做好旅客候车、乘降及客车给水、吸污作业组织工作，提前预想，做好应急备班（加班）劳力安排，组织车间应急人员到岗到位。根据列车晚点情况合理安排候车区域（室）及应急通道，加强候车、乘降秩序维护及宣传解释、疏导安抚。站台值班员（客运员）做好与外局晚点列车信息互通工作，做好站、车交接，积极协调和配合列车做好突发情况的处置。同时加强晚点到达列车需转乘旅客的改签、退票宣传、引导。

c．负责根据应急办公室提供的列车晚点信息，及时做好售票晚点车次的晚点维护工作，并做好跟踪，发生晚点列车维护后仍无法过点售票时及时上报客票所，确保晚点车次车票的正常发售工作。做好列车晚点情况下售、退票及改签票务组织工作，提前预想，做好应急备班（加班）劳力安排，组织车间应急人员增开窗口，合理调整窗口功能及作业时间，优先满足晚点车次旅客改签、退票需求。做好与客运的信息互通工作，加强售票厅秩序维护及广播宣传，耐心解释、引导组织旅客有序办理。

③ 资金筹备、票据管理工作组的职责。

a．负责解决旅客退票款源的调集筹措，同时做好票据发放、零钞补足等工作。

b．应急人员调配工作组。

c．负责做好车站应急人员的调配组织，组织成立应急支援组，根据要求及现场需要，及时安排参与售票、客运岗位应急作业。

④ 应急人员调配工作组的职责：负责管理、监控现场各岗位人员作业情况，对重点岗位进行卡控，视客流情况、现场作业需要合理安排、调配人员，保证现场工作平稳有序地开展。

⑤ 宣传报道工作组的职责：负责做好对外宣传协调工作，接到上级或社会新闻媒体及其他部门的查询时，立即向车站主管领导汇报请示，并做好对社会新闻媒体的接待、宣传及解释工作。

⑥ 后勤保障工作组应急处置小组的职责。

a．负责应急用车及应急工作人员后勤保障工作，联系协调铁路和地方卫生防疫部门，加强车站卫生检验检疫、疾病防治、消毒保洁和设备检修，做好食品、餐料、饮用水等物品及应急备品的采购供应工作。

b．联系协调地方公交及出租车公司，做好旅客后续乘车需求联系工作。

3. 信息报告制度

1）信息传递报告程序：列车大面积晚点信息传递报告流程见图2-12。

2）报告内容：晚点车次信息、晚点时间、晚点原因、旅客滞留情况等，以及报告部门、报告人、联系方式。

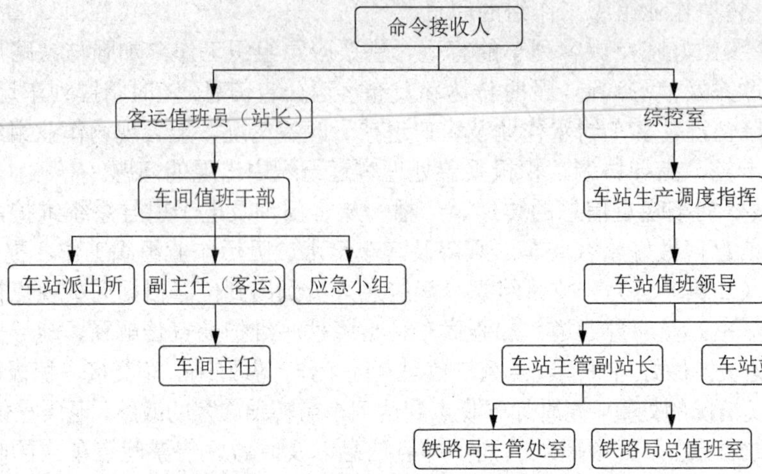

图 2-12　列车大面积晚点信息传递报告流程

4. 应急组织措施

1）客运车间派专人负责接听电话，派干部盯控进站验票口、电梯、站台等关键部位，联络公安民警，维持现场作业秩序和治安秩序。

2）严格落实实名制验票制度。

3）客运值班员及时联系晚点列车列车长，了解车上旅客情绪和重点旅客情况，以及下车旅客人数；联系客运计划室了解晚点列车上车人数。

4）客运值班站长通知售票值班员安排人员，准备足够零款，开足售票窗口，快速办理退票、改签业务。

5）综控室加强广播宣传及列车运行信息公告，代表铁路向旅客致歉（晚点 15 分钟向旅客致歉），并通报晚点原因，每次致歉广播间隔不超过 30 分钟。

6）视客流情况，由车间主任决定临时候车区的使用方案，安排专人引导晚点时间较长列车旅客在此候车。

7）派专人到站台引导旅客退票、改签。

8）动车组列车晚点 1 小时以上且逢用餐时间，联系协调免费为等候该次动车组列车的旅客提供食品。车站除做好本站晚点动车组列车旅客应急食品供应外，还应严格根据铁路局客运调度统一布置，及时通知定点供应商，为晚点动车组列车提供应急食品。

9）VIP 候车区、贵宾室、重点旅客候车区要安排专人做好重点服务组织工作。

10）值班员（值班站长）加强与综控室、行车室的联系，了解列车到达时间和停靠站台，提前组织旅客检票，按车门位置排好队，组织旅客快速有序乘降。

11）严格执行对新闻媒体的接待纪律，如发现有新闻媒体记者在现场录像、拍摄和要求采访的要立即通知车站党委。如有必要确需接受采访时，经请示车站党委同意后，严格按照车站党委拟定的统一宣传口径，由车站指定对外发言人负责做好现场接待采访工作。

12）妥善处理异常情况。

① 接到晚点旅客列车到达需要接车的通知后，站长（或其他站领导）、派出所所长（或派出所其他领导）须带领客运、公安应急小组人员到站台接车，组织旅客下车出站，并做好向旅客致歉、解释工作。必要时，向铁路局请求帮助和指导，迅速成立由车站、公安、客运段、铁路旅行服务有限公司等单位组成的站区应急处置小组，准备好专门的通道及处置场所，妥善处置列车晚点所致问题。

② 发生旅客以滞留列车的方式向铁路要求晚点或飞机延误等赔偿时，工作人员应当以说服劝解、诚恳道歉为主，耐心细致地做好解释和相关法律法规的宣传工作，稳定情绪、化解怨气，力争取得旅客的理解和配合。

③ 客运部门要加强与公安部门的配合。在说服劝解的同时，客运部门配合公安部门向旅客宣讲法律知识，告知旅客可以通过其他合法渠道和方式维护其合法权益，劝说旅客听从车站工作人员的安排到指定地点协商解决。客运车间要根据情况安排、准备好专门应急通道及处置场所，安排专人进行引导和服务。

④ 在对旅客进行宣传解释的过程中，任何部门或个人严禁使用承诺性语言。

⑤ 在宣传和说服旅客离开车厢经反复工作劝离无效时，及时通报车站派出所，请求公安人员到位宣传《关于严禁旅客滞留列车维护铁路运输秩序和安全的通告》，并组织足够的警力，对拒不下车的人员依法采取措施带离车厢。对煽动旅客滞留车厢和扰乱列车治安、破坏铁路运输秩序、用暴力手段对抗执法的个别人员，要认真调查取证，依法追究其法律责任。

⑥ 旅客列车在区间受阻时，车站综控室、行车室要积极与铁路局客调、行调联系，尽快组织受阻列车折返或通过，客运车间主任、值班干部要及时组织人员协助受阻列车长安抚旅客，维持秩序，必要时联系公交公司，尽力协调做好交通接续。对于团体旅客应积极与旅行社进行联系，协调处理，充分发挥旅行社带团作用，尽力维护好站、车秩序。

13）正确把握舆论导向。严格信息发布纪律，未经批准，任何部门和个人不得对外发布信息和稿件。

5. 公布应急通信网络

1）广播致歉。列车运行晚点超过 15 分钟时，列车长要及时与驾驶员联系，了解晚点原因和列车运行情况；车站应向铁路局调度了解情况。列车长和车站站长（客运值班员）在掌握列车晚点原因和情况后，应及时向旅客致歉，说明晚点原因及预计晚点时间。站、车广播要加大宣传频次，耐心做好旅客解释工作，每次致歉宣传间隔时间不超过 20 分钟。

2）控制售票。得到列车晚点信息后，车站要立即与铁路局客票管理所联系，合理控制相关列车剩余票额，做好旅客改签、退票的各项准备工作。

3）加强巡视。列车长要加强对车厢的巡视，掌握旅客动态，做好宣传解释工作，稳定旅客情绪，对有特殊要求的旅客，要及时向铁路局和相关站、车单位通报，解决旅客困难。

4）启用热备。因动车组列车晚点影响，造成折返交路始发晚点时间较长，且影响后续交路时，应出动热备车底。启用热备车底按热备动车组救援出动相关规定执行。

5）遇有热备车底与替换车底车型不同时，铁路局客票管理所应立即做好票额调整和控制工作。车站要加强与铁路局客票管理所的联系，及时掌握席位发售情况，制订已售车票的调整方案。

6）启用热备动车组需要调整席位时，车站应指定专人按车厢分工协助列车做好旅客席位调整工作。站段应急领导小组相关负责人应立即赶赴现场，组织指挥。发生席位等级差额时，按相关规定，由列车长编制客运记录，到站后退还票价差额。

7）车站要根据动车组车型多样、编组复杂的特点，全面预想各种车型车底相互替换情况，制订详细的动车组列车故障车底替换方案，确保热备动车组列车启用，旅客换乘组织工作有序。

8）做好应急供应。列车晚点 1 小时以上且逢用餐时间时，列车应免费为旅客提供饮食品。

9）列车晚点需向旅客免费提供饮食品时，列车长应提前统计车上旅客人数，向客运段指挥中心汇报，客运段指挥中心向铁路局客运（客服）调度报告；或由列车长直接向铁路局客运（客服）调度报告。

10）铁路局客运（客服）调度接到信息后，应安排前方停车站为列车提供应急饮食品。确定车站时，应充分考虑车站应急供应能力，并提前 40 分钟通知车站。

11）列车到达停车站后，车站工作人员在餐车与列车长办理站、车交接手续。

12）应急饮食品应以干点为主，干点不得为方便面。

案例分析

案例：重庆火车站积极应对因自然灾害导致列车晚点事件

事件概况：2016 年 12 月 27 日 8 时 17 分，重庆荣昌发生 4.8 级地震，由重庆车站开往成都方向的成渝高铁列车均受到影响。对此，重庆火车站启动应急预案，增开 20 个退票窗口，联系休班售票员迅速到岗，确保旅客在最短时间内办理全额退票手续。

地震致使成渝高铁大足南至荣昌北区间、成渝普速铁路迎祥街至永川区间有轻微震感。铁路部门启动应急预案，扣停运行在该区段的所有列车，并立即安排人员检查线路，受此影响，部分列车晚点或停运。

对此，重庆火车站方面启动应急预案，候车室不间断广播列车停运情况、增开退票窗口等信息，并采取定环节、定人员、定车次、定区段、定责任的“五定”方式进行现场安全卡控。

另外，车站合理调整了候车区域，在关键区域加派人手，以便做好旅客组织和疏导工作。永川东站、荣昌北站也积极联系大巴、出租、公交等，组织滞留旅客及时疏散。

（资料来源：王鹏，徐杨祎. 重庆荣昌 4.8 级地震 成渝高铁多趟列车晚点停运[EB/OL]. （2016-12-27）[2017-12-19]. http://news.163.com/16/1227/11/C99QP3FK000187V5.html#from=relevant.）

分析：

1）增开退票窗口，方便旅客办理退票手续。

2）增加劳力，组织休班人员加班应对应急情况。

3）保障安全，在关键环节、关键节点加强安全措施。

4）广泛宣传，利用车站广播、电视媒体等手段进行宣传，保障信息渠道畅通。

5）及时疏散，利用大巴、出租、公交等方式及时疏散车站旅客，防止滞留旅客过多，缓解车站压力，保障安全。

任务实施

任务要求

1）根据所分配的情境，合理设置细节，制订突发事件处理方案。

2）人员岗位分工明确，各岗位人员清楚自身职责与处理程序。

3）物资准备齐全，运用合理。

4）遵守规章制度，正确处理事件，同时做好重点旅客服务工作。

5）针对性地对事件原因进行分析，提出预防措施。

6）台账填写规范具体，原因分析有理有据，预防措施科学可行。

任务情境

分小组运用本任务相关知识进行角色扮演，有条件的可到实训室模拟演练车站、列车发生旅客列车大面积晚点的处置流程，落实现场处理主要环节，各小组派代表进行总结汇报，小组互评，教师点评。做到教、学、做一体化，提高学生运用理论知识解决实际问题的能力。

物资和人员

根据分配的任务情境，罗列相应的实训物资和人员。

1）物资：____________________________________。

2）人员：____________________________________。

任务流程

1）给各组分配情境任务。

2）组内讨论制订处理方案。

3）情境模拟演练。

4）自评与总结。

任务台账

根据实训任务实际需要，填写相关实训台账。

实施示例

旅客列车大面积晚点应急处置流程

1. 情境

××××年×月×日，×车站因雪害影响，导致车站旅客列车大面积晚点，×次列车滞留×车站，晚点达6小时以上。分角色按下列程序进行应急演练。

2. 演练程序及情境对话

（1）演练开始

1）指挥员在5号车厢接到指挥长通知后用对讲机呼叫：“×次列车长、×站值班员，列车大面积晚点演练项目开始。”

2）列车长在2号车厢巡视，用对讲机应答：“×次车长明白。”并用对讲机通知：“全体工作人员请注意，列车大面积晚点演练项目开始，请做好准备。”

3）列车在×站临时停车，列车长巡视车内无异常，车站客运值班员敲车门，通知列车长：“列车长，因雪害影响，×次列车晚点。”

4）列车长询问：“晚点多长时间，什么时间开车？”

5）车站值班员回复：“开车时间不能确定，目前预计晚点6小时以上，目前本站已有8趟列车滞留。”

（2）列车现场处置

1）列车长利用对讲机通知全体乘务员：“因雪害影响，列车预计晚点6小时以上，各车厢乘务员做好宣传解释，听广播统一对各车厢车内旅客人数及到站、换乘信息、重点旅客概况、水箱内的存水数量进行统计。”同时，通知检车员统计发电车燃油存量，是否需要补充燃油；通知售货员统计商品数量是否满足需要。

2）列车长向客调、客运处、段调度室报告：“我是×次列车长××，本次列车在×站接到车站晚点通知，晚点原因为雪害，预计晚点6小时。目前车内情况正常，旅客人数、换乘信息等情况正在统计，情况后报。”

3）列车长通知广播员进行晚点通告：“各位旅客，因雪害影响，列车晚点运行，预计晚点6小时以上。如果您有需要列车解决的问题和因列车晚点影响换乘其他列车的情况，请向乘务员说明。因列车晚点给您带来的不便，请您谅解。”

4）乘务员立即对本车厢旅客进行统计，将结果汇总报列车长。检车员报告：“发电车燃油充足，不需补油。”售货员报告：“需要在×站补充10箱矿泉水、10箱方便面。”列车长电话向客调、客运处、段调度室报告：“×次列车在×站接到车站晚点通知，晚点原因为雪害，预计晚点6小时。车内现有旅客××人，重点旅客12人，有7名旅客需到×站换乘××次，如晚点6小时，将接续不上。车内水量、燃油充足，目前不需要补充。需要在×站补充10箱矿泉水、10箱方便面。”

5）列车长和乘务员晚点站停期间，在车内巡视。3车旅客甲对正在3车巡视的列车长提出：“要求铁路对列车晚点给予补偿。”列车长向旅客解释：“雪害影响，属于不可抗力原因，不属于赔偿范围，希望您能理解。”4 车有旅客向乘务员提出：“要求列车尽快开车。乘务员向其解释：“为保证安全，列车必须待隐患消除后才能开车。”5 车车内一名老年旅客突然晕倒，乘务员立即用对讲机通知列车长，并向该旅客同行人了解情况，得知该旅客有心脏病史，此时列车长赶到 5 车，乘务员报告列车长，列车长进一步向同行人确认为心脏病发作后，安排 2 车乘务员（红十字救护员）拿急救药箱到 5 车，与同行人共同帮助旅客服下救心丸，旅客逐渐好转。

6）车内 7 名在×站换车旅客不断询问乘务员开车时间，乘务员耐心地向旅客解释。列车长再次巡视过程中，4 车有一名旅客到×站参加全国统一考试，因晚点不能按时参加，列车长向其动员：“您的这种情况我们非常理解，但受天气影响，我们也无能为力。您可以与当地考试部门联系一下，希望他们能帮到您。”3 车有旅客向列车长反映：“我本来到×站机场乘飞机，现在列车晚点，我赶不上飞机了怎么办？”列车长动员其与机场联系：“这种雪害天气，火车都无法正常行驶，飞机能否正常飞行？您的心情我们理解，请您与机场或航空公司方面联系一下，希望他们能帮到您。”1、2、3、4、5 车内分别有到×站换乘火车的旅客，乘务员为其详细登记换乘车次、开车时间、到站，并告知：“请在×站到站前统一到 4 号车厢下车，列车长将与车站共同处理换乘事宜。”对 1 车老年换乘旅客告知其在 1 车车门下车。

7）客调将×次列车上 7 名旅客换乘车车次、席别告知×站列车值班员。×站值班员提前做好改签准备。

8）列车长编制客运记录，将 7 名旅客的姓名、票号、换乘车次等信息注明。准备在×站与车站办理交接。

9）6 小时后，列车启动。各车乘务员检查四门。到达×站前，乘务员组织换乘旅客引导到 4 号车厢门口，4 车乘务员将其安排到门口；其中，1 车乘务员将老年换乘旅客引导到 1 车车门口，优先下车。

10）列车到达×站停车，乘务员开门立岗。各车厢组织旅客快上快下，1 车乘务员将老年换乘旅客扶下车，并告知该旅客：“请您暂时在此等候，一会列车长和车站人员会来接您。”4 车乘务员引导其余 6 名换乘旅客下车后，告知其在车门口处站台上等候。列车长停车后与×站值班员联系，交接换乘旅客，了解晚点情况，并共同到 4 车和 1 车交接 7 名换乘旅客，车站人员在客运记录上签字。

11）列车长安排 5 车乘务员与车站人员交接车站购买的 10 箱矿泉水和 10 箱方便面，货款当面结清。

12）×站开车后，列车长组织各车厢乘务员继续做好解释、服务工作。

任务自测

1．发生旅客列车晚点或大面积晚点，大量旅客滞留在车站和列车，旅客的安全、饮食、情绪等各种问题都需要车站和列车保证、解决及安抚，除了耽误旅客出行，给旅客的旅行带来极大不便外，还存在影响旅客____________的风险。

2. 突发大客流时，行车作业组织工作组的应急处置职责主要包括（　　）。

A. 做好列车疏运、迂回、安置等行车组织现场把关工作，认真执行晚点旅客列车抢点组织的相关规定，靠前指挥，根据情况牵头做好晚点旅客列车抢点的行车组织

B. 负责做好接发列车和调车作业的现场安全风险卡控，加强对晚点列车信息传递、作业过程及安全风险控制工作

C. 负责加强与列车调度员的联系，及时掌握并通报列车运行情况，做好与客运的信息互通工作。根据列车晚点情况合理安排到发线、库线的运用，尽可能地为晚点列车的客运组织创造条件，积极组织按图行车

D. 以上全是

3. 实行国铁集团资产经营责任制后将（　　）作为各铁路局资产经营一项重要的考核指标。

A. 列车开行对数　　B. 客车正点率

C. 乘车环境　　D. 旅客满意度

4. 因动车组列车晚点影响，造成折返交路始发晚点时间较长，且影响后续交路时，应出动（　　）。

A. 增开列车　B. 机动车底　C. 热备车底　D. 替班小组

5. 列车晚点（　　）以上且逢用餐时间时，列车应免费为旅客提供饮食品。

A. 1.5 小时　B. 2 小时　C. 1 小时　D. 半小时

6. 列车晚点（　　）以上，站、车应代表铁路向旅客致歉，并通报晚点原因。

A. 30 分钟　B. 15 分钟　C. 10 分钟　D. 20 分钟

7. 发生旅客以滞留列车的方式向铁路要求晚点或飞机延误等赔偿时，工作人员应当以____________、____________为主，耐心细致地做好解释和相关法律法规的宣传工作，稳定情绪、化解怨气，力争取得旅客的理解和配合。

8. 列车晚点车站应急处置演练实作。列车晚点车站应急处置演练实作评分标准见表 2-6。

表 2-6　列车晚点车站应急处置演练实作评分标准

考核内容	配分	扣分
按报告程序进行信息上报，或报告内容项点不全	10	
安排加开改签、退票窗口	10	
综控室按时、按间隔时间播放致歉广播	10	
在平台、自动扶梯、楼梯口等关键位置安排人员疏导旅客	10	
派专人引导旅客改签、退票	10	
动车组晚点 1 小时以上，提供免费饮食品	10	
值班员加强与综控室、行车室的联系	10	
安排专人做好 VIP 候车区、贵宾室、重点旅客候车区的服务工作	10	
联络公安部门加强旅客的说服劝解、秩序维持工作	10	
正确引导舆论导向，如个人不擅自接受媒体采访等	10	
耗时：　　分钟	得分	
考评员签字：		

任务 2.6 票务系统故障安全管理与应急处置

知识准备

2.6.1　客票发售和预订系统故障

事件描述

中国铁路客票和预订系统（以下简称“客票系统”）是一个跨越全国、分布式、实时的计算机网络应用系统。网络设备、主机、数据库乃至应用系统在内的计算机资源的安全管理成了一个十分重要的问题。随着中国铁路客票发售和预定系统全国联网售票的实现，客票系统的开放性逐渐增强，系统安全管理面临的考验也越来越大，一旦发生故障，会给旅客的出行带来极大不便，使车站售票、客运组织工作变得被动，给车站工作带来困难。

安全风险及预防控制

1. 安全风险

客票系统故障除了影响窗口售票、旅客出行外，还会导致设备安全受到威胁。根据故障的起因，客票系统故障分为设备故障、安全故障和应用程序故障。

（1）设备故障

设备故障是指设备失去或降低其规定功能的事件或现象，表现为设备某些零件失去原有的精度或性能，使设备不能正常运行、技术性能降低，致使设备运行中断生产或效率降低而影响生产。客票系统的设备故障主要包括主机、网络、存储设备等故障。设备故障在一般情况下均会影响系统的正常运行，可能的情况下应首先启用备用设备或备件。

（2）安全故障

安全故障包括感染病毒、口令泄密、安全屏障被攻破、安全设施失效、安全系统漏洞、网络通信受到监听和干扰等。安全故障一般会使系统数据的安全性受到外来威胁，在发生安全故障时，应首先从系统中拆除相关安全设备、切断外界连接通道、停止安全系统运行。

（3）应用程序故障

应用程序故障一般是使用不当引起的，表现为信息显示不是期望的内容，其他模块不能正常运行，或售票业务不能正常开展。由于客票系统中的数据存在同步一致、异步一致、延迟一致和统计一致等情况，因此有时网络故障、系统计算繁忙、规定延迟等正常情况也反映为应用程序故障。

2. 预防控制

（1）建立客票系统预防和预警机制

建立客票系统预防和预警机制，是指建立客票系统安全监控机制和客票系统预警机制，建立国铁集团、铁路局、车站客票监控系统。客票监控系统主要对主机系统、应用系统、通信设备及通道的运行状况及资源使用状况进行实时监控，按照专人负责的原则建立监控制度，发现异常信息立即进行预警分析，形成预警报告，并及时处理。

（2）制订科学合理、实用详细的应急预案

应急制度建设可以确保发生故障时按照提前制订的准则处置故障，根据故障种类、影响范围和故障的等级不同，应急预案分为铁路局中心网络和国铁集团网络中心中断时的应急处置方案、铁路局中心数据库异常时的应急处置方案、车站数据库异常时的应急处置方案。

（3）优化客票系统故障处理方法

针对铁路局中心网络和国铁集团网络中心中断时互联网换票的优化，主要是优化旅客购票信息从国铁集团下传到铁路局中心的方法，通过提高传输效率，减少国铁集团和铁路局购票信息的差异率来实现；由于铁路局中心数据库异常时，只能通过应急售票系统发售无座席车票，因此其应急优化方式主要是优化连接方式，实现发售存放在非故障中心的车次的车票，减少运能的浪费；当车站数据库异常时，上述方案使用较多，也较为成熟，但需要手工调整的数据较多，针对其优化方案，可以将相关业务数据备份在铁路局中心，这样铁路局中心就可以随时接管车站的售票业务。

应急处置

1. 目的及意义

制订客票系统故障应急预案是为了解决当客票系统出现故障，地区中心与车站网络中断，不能正常发售所有列车车票，无法办理电子客票正常换票、退票、改签业务时，降低故障影响，确保售票作业及客运组织工作有序开展，保证旅客正常出行。

2. 高铁车站客票系统故障应急预案

（1）成立应急领导工作组

组长：客运车间主任、车间值班领导。

副组长：主管客运副主任。

组员：车间值班干部、客运售票值班站长、信息设备主管工程师。

领导小组下设应急办公室，办公室设在综控室，主任由副主任（行车）担任。

（2）工作组职责

1）主管客运副主任或值班干部根据客票系统故障情况的特点，制订有针对性和操作性的应急处置方案，及时组织、正确实施，指导现场各岗位人员全面开展应急工作，确保售票作业及客运组织工作有序开展。由应急领导小组组长向铁路局客票所申请应急系统启动密码。

2）客运售票值班站长根据车站剩余席位查询及超员率要求，结合近期客流情况和预售规律，在 10 分钟内确定并提报当日出现故障时 4 小时内始发各次列车可售无座席票额数量供窗口发售，并视客流实际情况进行调整；及时统计窗口各次列车无座票额发售数量，并根据应急售票组织过程中窗口功能调整变化情况，做好无座票额调整及超员率卡控工作。

3）信息技术值班人员负责系统故障排查处理，保持与客票所、信息技术所、铁路网络通信部门的联系，及时通报系统状态；做好窗口工号、功能设置及数据传输工作。综控室在 10 分钟内完成对各窗口功能显示屏（或标志）的设置，指导售票员进入和退出应急程序；车站电子显示屏发布客票系统故障应急处置信息公告。

4）售票值班员在 5 分钟内组织各窗口进入应急售票程序或应急换票程序，根据可售无座席票额数量，组织开展应急售票。将应急售票情况及时通报客运售票值班站长。

5）综控室值班人员做好广播宣传，利用广播做好进站及乘车引导组织工作。

6）组织 1～2 名售票员到售票大厅向需购买当日暂不发售车次及非当日车票的旅客做好宣传解释工作。

7）客运售票值班站长组织人员加强验证口、闸机验票堵卡工作，对未购票人员进行劝解和疏导。及时联系相关列车，通报车站客票系统故障信息、售出无座席车票情况，协调列车协助做好席位的安排和调整，组织引导持无座席车票旅客有序、均衡乘车。

3. 信息报告制度

1）信息传递报告程序。客票系统故障信息报告流程见图 2-13。

2）报告内容。

① 故障发生时，售票值班员立即报告信息值班人员。

② 信息值班人员立即进行故障原因排查，迅速向售票值班员通报故障情况及预计消除故障时间，同时报告铁路局信息技术所、客票管理所，并通报车站通信工区。

③ 售票值班员立即向车间干部报告故障影响情况，同时组织售票员及票厅导购人员向购票旅客做好宣传解释工作。

④ 车间值班干部立即赶赴票房，了解故障影响情况，并报告车间值班领导。

⑤ 根据值班领导指示将故障情况及影响上报铁路局总值班室、局客运处。

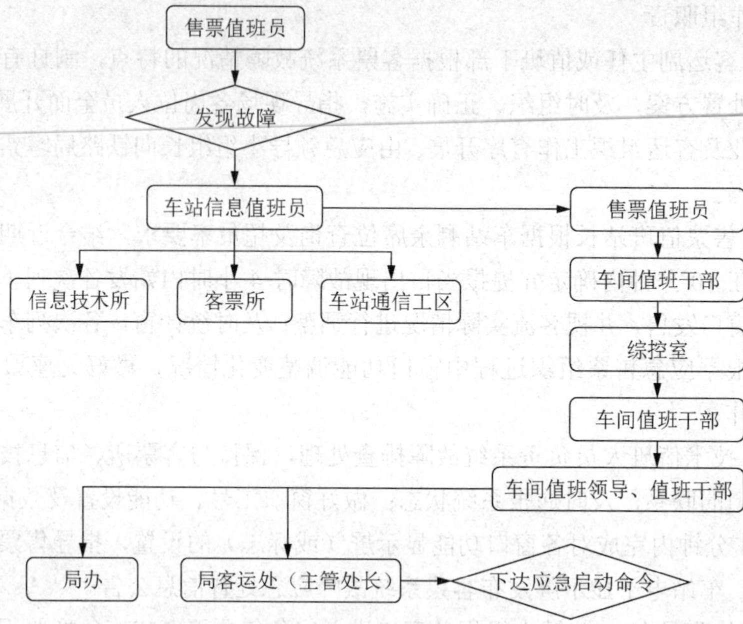

图 2-13　客票系统故障信息报告流程

4. *应急组织措施*

（1）确定应急方案

根据故障当时列车开行情况进行窗口功能划分，按当日最近 4 小时内尚未始发列车进行安排，组织过程中视客票系统及窗口实际情况进行调整。窗口功能需设置退票窗口、分车次应急售票窗口、应急电子客票换票窗口（为旅客办理应急状态下电子客票换票业务）及备用窗口（作为客票系统恢复后先行恢复作业窗口）。

（2）调整窗口功能

综控室根据窗口功能划分，按每个窗口所售车次分工调整窗口功能屏或设置标志及业务办理公告。

（3）发布信息公告

信息值班人员协助综控室根据确定的应急售票组织方案制作公告内容，迅速组织各相关处所人员做好应急处置信息公告和宣传；在各售票厅工作人员利用手提扬声器，综控室利用广播系统进行广播宣传；同时总服务台负责口头或电话解答旅客问询。

（4）维护购票秩序

票厅临时增加的宣传导购人员负责组织引导旅客按窗口功能排队购票，维持好购票秩序；做好对购票旅客的宣传解释引导工作，充分利用手持扬声器不间断宣传公告内容。

（5）应急售票作业的流程

1）售票员进入应急售票程序，应急电子客票换票窗口售票员进入电子客票应急换票程序，进入时须认真核对票号，票号调整一致后方可售票。各窗口根据客票计划组提供的指定车次可售票额数发售无座席车票或为旅客办理电子客票换票手续。办理售票业务时，须向购票旅客说明所售车票为无座席车票；办理换票业务时，须向旅客说明办理应急换票后，不可再次在网上办理退票、改签或通过自动售、取票机再次换票，否则将影响下次购票乘车。

2）复核票面，确认票面信息正确无误，发现问题及时汇报。随时检查本窗口无座票发售数量，不得超计划发售。

3）仅发售或办理本站始发各次旅客列车无座车票、退票业务，不办理始发改签、中途下车签证、异地票和通票等业务。应急情况下的作废票业务比照正常售票时办理，不办理联网售出车票的作废票处理。

4）作业过程中，视实际情况及时调整窗口功能，如按列车发车时间或无座票额分配计划，已结束售票的窗口可协助其他窗口发售指定车次车票，但须加强对各窗口无座票数量的卡控。

5）列车开车前10分钟停止售票，售票值班员迅速分车次统计无座席车票的发售数量，做好记录汇总后，将乘车人数情况（售出有座席及无座席数量）以书面通知形式通知客运值班员与列车办理交接。

6）办理退票均采用手工退票方式进行。

（6）乘车作业组织

1）客运售票值班站长要加强与列车的联系协调，将车站售票系统故障信息提前告知相关车次列车长。

2）加强验证口、闸机验票力量，严格堵卡，防止无票人员进站上车。

3）加强站台组织，站台客运员引导无座席旅客到硬座车厢位置排队上车，组织均衡，有序乘车。

（7）后续组织

1）客票系统恢复正常并运行稳定后，首先组织未参与应急窗口恢复联网售票。

2）应急窗口须对应急售票进行结账处理并将信息全部上传至客票系统后再恢复联网售票，恢复联网售票时须先核对票号，票号不一致时，需报请信息值班人员进行票号调整。

3）客票系统恢复正常后，及时对外公告、广播恢复售票信息，并更改或恢复各相关处所电子显示屏内容。

案例分析

案例：上海铁路局售票系统突发故障

事件概况：2013年7月10日下午，上海、南京、杭州、苏州、嘉兴等地的网友陆续反映当地火车站的售票系统故障，无法买票和取票。对此，铁路部门表示，此次故障是上海铁路局售票机房突发设备故障，影响到管内各站的售票系统，故障发生30分钟后被排除，随后售票逐步恢复。

故障发生后，铁路部门采取了相应措施保障旅客出行，其中无法换票的网购车票旅客可直接凭 12306 发送的手机短信进站乘车，若需要纸质车票可到站换票；无法买票又急于乘车的旅客可先上车再补票。

（资料来源：刘春霞. 上海铁路局售票系统昨日突发故障[EB/OL].（2013-07-11）[2017-12-19]. http://app.why.com.cn/epaper/qnb/html/2013-07/11/content_159477.htm?div=-1.）

分析：

1）车站启动应急售（换）票程序，按规定进行售（换）票。

2）及时修复，设备管理维修部门及时检查修复设备。

3）疏散客流，采用凭 12306 手机短信的方式进站乘车，方便旅客乘车，允许旅客先上车后补票，缓解车站旅客滞留的压力。

2.6.2 互联网售票系统故障

事件描述

每年春运期间，火车票的购买都成了人们普遍关注的问题，一票难求的现象一直困扰着人们的出行。2012 年春运，铁路部门为旅客提供了电话订票、互联网售票、车站售票窗口及铁路客票代售点、自动售票机等多种购票渠道。这一年，对拓宽火车票购票渠道，丰富自助购票手段具有里程碑意义。网络订票不但是一项便民利民的措施，还可以有效地制止“黄牛”们在春运期间大量囤积火车票，高价出售牟取暴利。但不尽如人意的是铁路部门唯一指定的售票网站，在春运期间随着网站访问人数的骤然增加，浏览、查询、销售客票及其改签、退票等业务量的激增，经常出现网络拥堵且难于登录的现象，甚至出现了付款后不出票，引发系统瘫痪的情况。

安全风险及预防控制

1. 安全风险

（1）系统响应缓慢，甚至出现瘫痪的风险

旅客运输旺季，尤其是春运期间，12306 网站频频出现速度缓慢或运行故障等问题，其原因：一是使用 12306 网站购票的人数骤然增加，必然导致在同一时间有海量的事务并发运行。二是铁路利用公安部和银行提供的外部接口进行身份验证和支付操作，所有这些业务逻辑都放在服务器端进行，必然会造成一个事务处理的时间过长。三是软件架构在可扩展性方面设计得不够完善。如果在实际运行中，没有高效的算法来处理这些海量的并发事务，必然会导致每个事务的响应时间过长，甚至由于各个事务之间资源的相互等待而发生死锁现象，这样很容易导致系统瘫痪。

（2）旅客易陷入网络骗局

随着网络购票的不断推广，越来越多的旅客选择网络购票方式。同时，这也增加了旅客陷入网络骗局的可能，如钓鱼网站就是具有代表性的一种，尤其是对于对网络不熟悉、急于购票或一票难求的旅客来说，最容易成为这类网站的受害者，轻者耽误旅客出行，给旅客出行带来不便，重者导致旅客的财产受到损失。

2. 预防控制

（1）优化铁路售票系统

铁路方面可从三方面着手对售票系统进行优化：一是从数据层方面，采用联机方式对海量事务进行分布式处理，提高系统的并发处理能力；二是对业务逻辑层进行分层分类，从而提高业务逻辑的处理效率；三是对于一些非核心的业务逻辑，可以将其放到客户端进行处理，充分利用客户端的处理能力，可以极大地降低服务器端的负担，增强服务器端的处理能力和响应速度。

（2）加大宣传力度，减少网络骗局

网络技术的发展所带来的钓鱼网站问题不可避免，但是可以加大网站的宣传力度，让人们更多地了解正确的网上购票方法和途径，提高用户的网络安全意识。再者，引导用户在浏览器上安装检测钓鱼网站的识别软件，减少用户误入钓鱼网站的风险，减少由此带来的损失。

应急处置

退票处置

1）已换成纸质车票的按铁路旅客使用银行卡购票管理办法的规定办理退票。

2）持电子客票的旅客要求在车站退票时，售票员给旅客开具铁路受理退票凭证（图2-14），该凭证一式三联，第二联经旅客签字后收回车站留存，第三联交旅客。系统恢复后，经铁路局确认应急换票存根处理完毕，方可根据受理退票凭证联机核验和补办正常退票、退款业务。车站受理退票凭证在联机正常处理后随原票上缴收入部门。

旅客可持有效身份证件和受理退票凭证于10日内到办理车站领取退票手续费凭证。

铁路受理退票凭证

凭证号：

购票证件类型：		购票证件号：
订单号：		
乘车日期：	年月日车次：	到站：
旅客签字：	车站经办人：	值班主任：
		车站：（戳/章）
		日期：年 月 日

说明：

1．此凭证仅证明旅客在车站办理过上述电子客票退票手续，一式三联，由旅客签字、车站盖章后有效。

2．应退款项按购票所用银行卡发卡银行规定的时间退回卡内。请旅客查询卡内余额。

3．退票费按铁路有关规定收取。

4．旅客可登录12306网站查询退票情况。

图2-14 铁路受理退票凭证

案例分析

案例：铁路互联网售票系统发生故障

事件概况：2014 年 1 月 4 日上午 10 时左右，12306 网站频繁出现因拥挤无法登录的情形，数次刷新都出现蓝色对话框提示“网络可能存在问题，请您重试一下!”持续半个多小时才恢复正常。

1 月 5 日上午，12306 更是全盘崩溃。早上 7 点 50 多分，记者就登录了 12306 网站，选择好车次、时间和乘车人信息后，等待出票。8 点，Z59 次列车开始出票，一点开，竟然显示“硬卧 622 张”! 而这个时段，软卧也有 46 张，硬座 125 张，无座 120 张，但到了提交环节，系统加载了很久后，提示提交失败。一直到 9 点 30 分左右，网上还是一直显示硬卧 622 张，但还是无法购买。直到下午，网站才恢复正常，此时段在前期表现较为“优异”的 12306 手机客户端也无法登录。

（资料来源：佚名. 铁路购票网站与手机客户端齐崩溃[EB/OL].（2014-01-06）[2018-1-10]. https://www.infzm.com/contents/97329?source=124&source_1=97717.）

分析：对于上述案例中的情况应采取如下应对措施。

1）增加车站售（取）票窗口，应对因网购系统故障造成的车站购（换）票客流增加。

2）及时修复，设备管理维修部门及时检查修复设备。

3）做好宣传解释工作，保障信息渠道畅通。

任务实施

任务要求

1）根据所分配的情境，合理设置细节，制订突发事件处理方案。

2）人员岗位分工明确，各岗位人员清楚自身职责与处理程序。

3）物资准备齐全，运用合理。

4）遵守规章制度，正确处理事件，同时做好重点旅客服务工作。

5）针对性地对事件进行原因分析，提出预防措施。

6）台账填写规范具体，原因分析有理有据，预防措施科学可行。

任务情境

分小组运用该任务相关知识进行角色扮演，有条件的可到实训室模拟演练铁路互联网售票系统故障的处置流程，落实现场处理主要环节，各小组派代表进行总结汇报，小组互评，教师点评。做到教、学、做一体化，提高学生运用理论知识解决实际问题的能力。

物资和人员

根据分配的任务情境，罗列相应的实训物资和人员。

1）物资：______________________________。

2）人员：______________________________。

任务流程

1）给各组分配情境任务。
2）组内讨论制订处理方案。
3）情境模拟演练。
4）自评与总结。

任务台账

根据实训任务实际需要，填写相关实训台账。

实施示例

案例：售票窗口 POS 机故障处理方法

1．情境

某售票窗口售票员发售车票时，发现 POS 机刷卡故障，此时，应如何进行处理呢？

2．三种不同情况的处理程序

（1）银行卡扣款未成功（即 POS 机未打出消费单时）

1）银行卡扣款未成功（即 POS 机未打出消费单时），返回故障信息有 POS 机状态不可用、读卡错误、交易取消（图 2-15）、密码错误、交易失败等几种。

2）单击“确定”按钮，弹出“扣款处理”对话框（图 2-16），提示“扣款失败，是否重新执行？”。此时，若单击“是”按钮，则再次向 POS 机发起扣款命令；若单击“否”按钮，则可采用现金支付或选择其他银行支付。

图 2-15　交易取消

图 2-16　“扣款处理”对话框

（2）售票程序未收到 POS 机成功响应信息时

银行卡扣款成功（POS 机凭条已打印），但售票程序未收到 POS 机成功响应信息，见图 2-17。

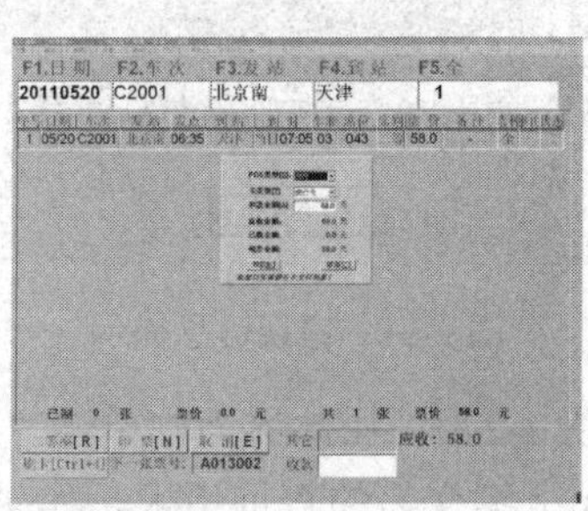

图 2-17　售票程序未收到 POS 机成功响应信息

1）POS机已打印凭条，但售票程序未收到支付信息（如超时），见图2-18。此时，程序为死机状态，需等待至响应超时，绝对不允许关闭售票程序或关机。

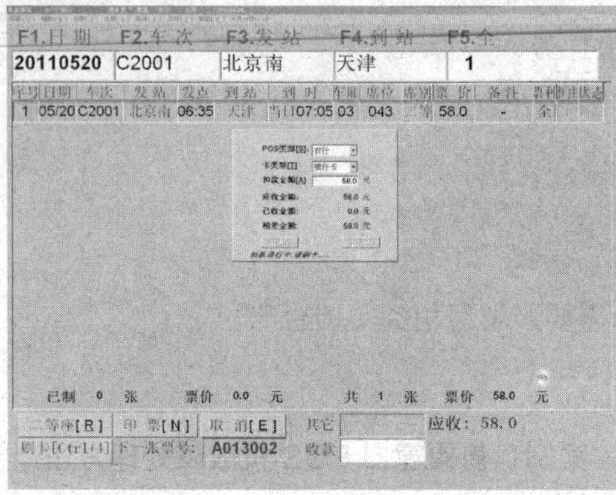

图2-18　售票程序未收到支付信息

2）过了超时时间后，程序会提示查看POS机状态，单击“确定”按钮即可，见图2-19。

3）弹出“扣款处理”对话框，提示是否重新执行，此时必须单击“否”按钮，因为已扣款成功。

4）弹出“扣款故障处理”对话框（图2-20），提示“POS扣款成功否？”。此时必须单击“是”按钮。若单击“否”按钮，则返回主菜单；若单击“取消”按钮，则直接关闭此对话框。

图2-19　查看POS机状态

图2-20　“扣款故障处理”对话框

5）单击“是”按钮后，程序会主动发起一笔查询交易，查询POS机是否扣款成功。如果查询失败会继续提示错误信息，见图2-21，单击“确定”按钮即可。

图2-21　错误信息提示

6）打开查询交易界面（图2-22），在此界面中单击“查询”按钮。

售票程序会向POS机发起上笔交易的查询请求。如果成功，则单击“确认”按钮，见图 2-23。售票程序界面提示扣款成功，见图 2-24，单击“确定”按钮，开始制票。

如果在界面一直没有反应，则要查看 POS 机和主机的串口是否连接正常。

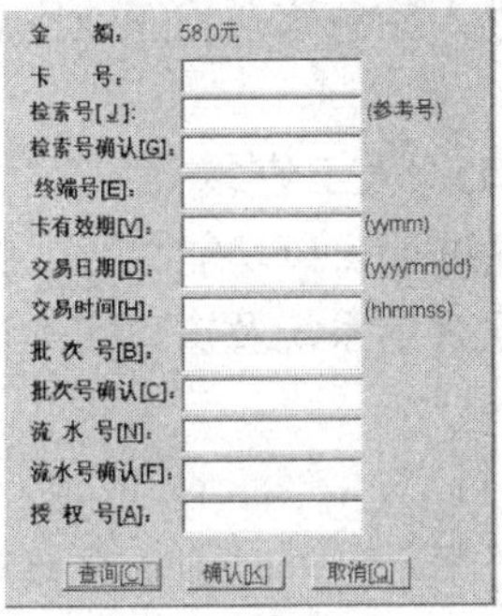

图 2-22　查询交易界面

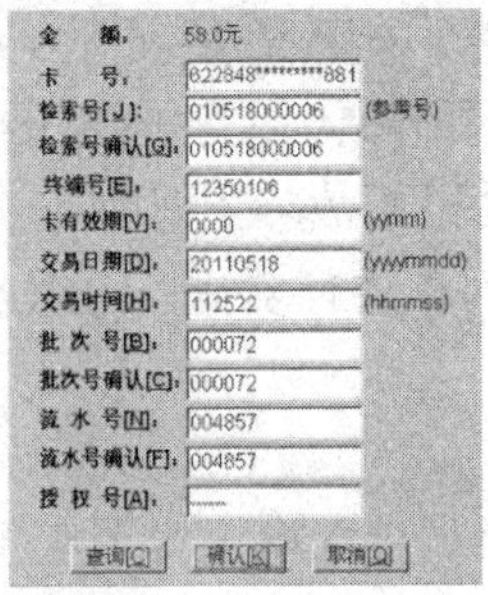

图 2-23　查询成功界面

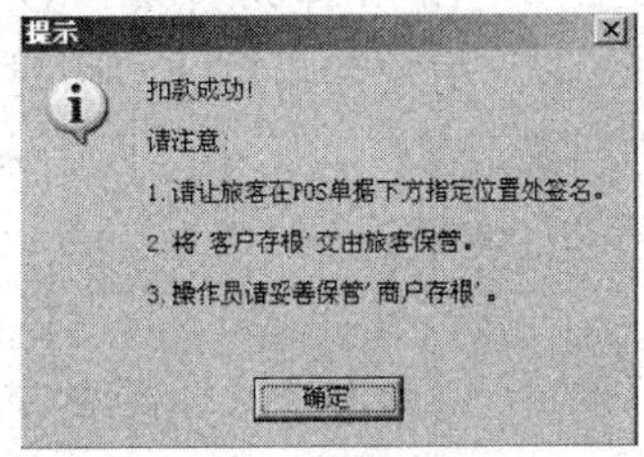

图 2-24　扣款成功提示

如果在查询交易界面单击“取消”按钮，则要处理已扣旅客银行卡的钱，但没有出票的问题，具体操作：人工在 POS 机上撤销已扣票款，重新收取现金或再次让旅客利用银行卡支付。

（3）死机或断电，但程序已收到成功命令时

售票程序收到 POS 机扣款成功的响应后，由于死机或断电造成计算机重启。此时，售票程序不会自动取消电子支付的车票（已记上存根和未记上存根），而是直接在界面中显示全部支付的车票，售票员单击“印票”按钮，继续制票即可；如果旅客不要车票，则要制出车票后作废，将票款退还旅客银行卡。

任务自测

1．根据故障的起因，客票系统故障分为________________、________________和________________。

2．客票系统安全故障不包括（　　）。

A．感染病毒

B．信息显示不是期望的内容

C．安全屏障被攻破、安全设施失效、安全系统漏洞

D．网络通信受到监听和干扰

3．客票系统故障的预防控制措施包括（　　）。

A．建立客票系统预防和预警机制

B．制订科学合理、实用详细的应急预案

C．优化客票系统故障处理方法

D．以上全是

4．客运售票值班站长根据车站剩余席位查询及超员率要求，结合近期客流情况和预售规律，在（　　）分钟内确定并提报当日出现故障时 4 小时内始发各次列车可售无

座席票额数量供窗口发售，并视客流实际情况进行调整。

A．10　B．20　C．30　D．60

5．客票系统故障时，售票值班员在 5 分钟内组织各窗口进入应急售票程序或应急换票程序，根据可售无座席票额数量，组织开展（　　）。

A．无座票售票　B．预制票售票　C．应急售票　D．人工售票

6．发生客票系统故障时，车站根据故障当时列车开行情况进行窗口功能划分，按当日最近（　　）小时内尚未始发列车进行安排，组织过程中视客票系统及窗口实际情况进行调整。

A．1　B．2　C．3　D．4

7．应急电子客票换票窗口售票员进入电子客票应急换票程序，进入时须认真核对（　　），票号调整一致后方可售票。

A．应急启动密码　B．操作员密码

C．操作员工号　D．票号

8．办理应急售票业务时，须向购票旅客说明所售车票为（　　）。

A．无座席车票

B．不能网上退票的车票

C．不能网上改签的车票

D．不能通过自动售、取票机换票的车票

9．互联网售票系统故障，持电子客票的旅客要求在车站退票时，售票员给旅客开具（　　），系统恢复后，经铁路局确认应急换票存根处理完毕，方可根据受理退票凭证联机核验和补办正常退票、退款业务。

A．互联网售票系统故障凭证　B．客运记录

C．退票手续费凭证　D．铁路受理退票凭证

10．售票窗口 POS 机故障应急处置演练实作。其演练实作评分标准见表 2-7。

表 2-7　售票窗口 POS 机故障应急处置演练实作评分标准

考核内容	配分	扣分
准确判断属于POS机刷卡故障	10	
银行卡扣款未成功时的操作	10	
向旅客解释银行卡扣款未成功，需要重新操作或采用其他形式付款	10	
POS机已打印凭条，但售票程序未收到支付信息（如超时），不能关闭售票系统或关机	15	
过了超时时间后，程序提示查看POS机状态，单击“确定”按钮	10	
弹出“扣款处理”对话框，提示是否重新执行，单击“否”按钮	10	
弹出“扣款故障处理”对话框，提示“POS扣款成功否？”，单击“是”按钮	10	
打开查询界面，查询确认该笔交易情况	15	
死机或断电，但程序已收到成功命令时，售票员单击“印票”按钮，继续制票	10	
耗时：　　分钟	得分	
考评员签字：		

任务2.7
动车组设备异常安全管理与应急处置

知识准备

2.7.1 动车组列车故障需启用热备动车组

事件描述

在南来北往高速飞驰的动车中有一趟动车：它随时准备出发却或许永远不会出发，铁路职工称其为热备车。热备车即始终处于开机状态，随时能够上线运行，车上的乘务员也完全按照出乘模式工作，随时可以开展列车服务。热备车没有固定的车次编号，只有在出动的时候，才会根据情况变换成相应的车次。热备车的任务就是当有动车在线路上出现故障时，前去接续故障动车的旅客完成剩余的旅程；或有动车终到晚点时，担当起相应始发车的乘务工作。

安全风险及预防控制

1. 安全风险

动车组列车故障会影响正常的运输秩序，其间可能导致换乘旅客产生不满情绪或造成其他安全事故的发生。

2. 预防控制

按照分级管理的原则，铁路局和站段各级应急管理机构要定期对有关人员进行有关知识的培训，将应急预案内容和相关救援知识纳入职工培训大纲，提高应急处置能力。铁路局、站段要有计划地定期组织故障演练。根据需要，各铁路局间可开展工作交流，提高铁路应急处置实战能力。

应急处置

1. 设立组织领导

车间应本着“统一指挥，分工包保，及时有效，确保畅通”的组织原则，迅速成立高铁动车组故障启用热备车应急处理领导小组，分工做好现场作业的各个环节的工作。

组长：车间主任、党总支书记。

副组长：分管站台组织的车间副主任、分管综控室的车间副主任、当班值班干部。

组员：客运值班员、客运员、日勤人员、业务室人员。

各人员的职责如下。

1）车间主任全面负责现场指挥工作，加强与上级领导、职能科室、公安派出所的信息沟通与协调，与运转、售票、上水、设备、医疗等部门加强配合。

2）党总支书记加强与党办的信息互通，掌握媒体动态，做好旅客安抚的各项准备工作。

3）分管站台组织的车间副主任负责热备车底启用的站台乘降组织工作，确保“安全、及时、无误”地将故障列车上的旅客换乘到热备车底，同时负责列车上不适旅客的救治和情绪波动旅客的安抚工作。

4）分管综控室的车间副主任负责监督综控室系统的操作、修改和信息发布，确保现场各系统的信息及时、准确，做好广播宣传词修改与播音的把关，以及候车区晚点列车旅客的宣传和安抚工作。

5）应急人员：车间召集应急突击队，由当班值班干部、客运值班员、客运员、日勤人员等不少于 12 人组成。特殊情况下可通知离家近的休班人员到站加班，增强现场力量。

2. 组织过程

车间主任或值班干部接到关于动车组故障需热备动车组救援出动的信息后，应及时了解具体情况，根据车站应急领导小组的指示，迅速启动客运应急处置方案，对列车晚点运行情况、列车交路、股道变更等情况进行梳理，快速反应，充分预想乘降组织的重点与难点，及时与应急领导小组沟通、反馈，安排好受影响列车的旅客候车与乘降组织。通过对讲机向客运值班员及各相关岗位准确发布命令，全权指挥现场处置流程，亲自到重点列车、重点岗位进行现场盯控指挥作业。

（1）综控室应急处置的注意事项

综控室人员接到车站行车室关于动车组事故需要热备动车组救援出动的通报时，立即向客运值班员、值班站长、候车室、站台和出口处客运人员通报情况。

综控室加强与车站行车室的联系，及时掌握列车运行情况，确认故障列车晚点情况、热备车底安排情况及列车交路变化情况并实时向客运各岗位人员反馈信息。

在车间干部的指挥下，向客运值班员及各相关岗位发布信息指令，下达热备换乘计划、热备车计划开车时间及作业方案调整计划，热备车底到达后，督促站台人员迅速组织，确认客运乘降组织完毕后通知行车室发车（综控室：行车室，××次动车旅客已换乘完毕。行车室：××次动车旅客已换乘完毕，行车室明白）。接到上级通知临时增加上水计划时要及时通知上水班组进行上水。

综控室应及时调整闸机检票计划，对受影响车次的检票命令进行修改，调整开检、停检时间及停靠站台信息，并通知候车室、站台客运员，及时修改车站动态显示屏，向旅客宣传列车变化情况。

在因列车故障而造成晚点时，综控室应代表站长向旅客播放致歉词，并及时向旅客广播宣传列车晚点、股道变更等信息，加大宣传频次，争取旅客谅解。旅客列车晚点通告用语标准如下。

旅客们，您好，我是××站站长，××次列车（本次列车）因设备故障，现在大约晚点××小时××分。因列车晚点给您造成不便，我谨代表铁路部门向您表示诚挚的歉意。

（2）客运值班员应急处置的注意事项

客运值班员负责现场乘降全过程的组织，应及时掌握故障车次停靠站台、已上车人数、未上车人数、热备车底进路安排、开车时间、作业时间等内容。

客运值班员根据既定的应急处置方案，及时掌握晚点列车售票情况和热备列车席位情况，落实班组人员各司其职，抽调增援力量到重点岗位引导需要改签、退票的旅客到售票大厅，不同车型换乘时，做好换票工作。客运值班员应优化候车室检票口布置，进行站台引导，与列车密切配合，引导故障车上的旅客转到热备动车组，争取正点发车或尽快开车。

站台值班员要加强与列车长、综控室的联系，及时将信息通报列车长，如旅客已经在故障列车中，在热备车底没有到达前，值班员要与列车长、公安部门配合做好旅客安抚和解释工作，保证旅客安全，对旅客提出的合理要求要及时汇报、尽量满足。热备车底到达后要迅速组织客运员，采取对应车门引导带队的方法，组织旅客有序换乘，并与列车长联系，确认车次。遇不同车型换乘时，站台值班员应与售票厅、列车长协调配合做好换票工作。旅客全部登车后要在第一时间将信息反馈给综控室。

候车室值班员接到综控室通知后，要及时了解检票计划调整情况，如遇检票时间延迟，列车可能晚点，要向旅客做好解释及致歉工作。遇列车晚点到达后折返时间较短，候车室值班员可使用人工通道加快检票速度，快速组织旅客进站上车。遇不同车型换乘时，候车室值班员应组织人员配合售票厅做好旅客换票工作。同时，加强巡视，防止媒体介入，如有发现，须及时向综控室汇报，综控室要及时向上级有关部门汇报，上级人员到达前，不得接受任何采访。

（3）客运员应急处置的注意事项

站台客运员要及时掌握列车动态信息并配合站台值班员做好旅客的乘降组织工作，及时引导下车旅客出站，做好下车换乘旅客的整队引导和安抚工作，做到耐心、和蔼、细致，严禁与旅客发生纠纷，对下车旅客中的突发情况（身体不适、情绪波动等）要及时汇报，以便车间及时掌握情况和到场处置；积极组织进站上车的旅客，并加强与综控室的联系。待故障列车的旅客全部下车后，根据车间的统一部署和故障车辆停放站台位置、故障车热备车车厢顺号的具体情况，按照“衔接有序、带队不乱、防止对流、确保安全”的原则，把旅客引导至热备车底所在站台，及时将旅客全部换乘至热备车底。待旅客全部换乘完毕后，站台值班员应及时向综控室汇报。待热备车底开车后，车间干部应向车站主管领导汇报客运换乘作业完毕。

换乘作业顺序应依据故障列车和热备车停靠站台和车厢顺号具体情况调整实施。

1）同站台同车厢顺号时：应急人员可向旅客宣传对面相同车厢号的车厢即为转乘

列车车厢，组织就近上车。

2）同站台反车厢顺号时：应急人员在旅客下车集中完毕后，按照车间统一指挥，听通知开始带队。采取顺时针方向，防止对流。到达相对应车后迅速组织上车。

3）不同站台同车厢顺号时：应急人员在旅客下车集中完毕后，按照车间统一指挥，听通知开始带队。到达相对应车厢后迅速组织上车。

4）不同站台不同车厢顺号时：应急人员在旅客下车集中完毕后，按照车间统一指挥，听通知开始带队。到达相对应车厢位置后迅速组织旅客上车。

候车室值班员、值班站长、服务台人员、客运员要加强对现场的巡视，掌握旅客动态，尽量做到不惊扰旅客。对有疑问的旅客应耐心做好解释工作，稳定旅客情绪；对有特殊要求的旅客要详细了解情况，做好沟通；对能够解决的困难要想方设法帮助解决。遇部分旅客情绪激动、行为过激时要及时汇报，联系公安部门进行帮助。

3. 善后处理

对于故障列车下车身体不适及情绪激动的旅客，车间由分管副主任带队、值班站长具体处理，并安排处置经验丰富的人员协助处理。要求做到细致缜密、周到耐心、妥善处理。

1）对于故障列车下车身体不适的旅客，要及时安排驻站医生到场检查治疗；对于需送往医院的旅客，要安排专人陪同，待健康状况符合乘车条件时再护送至车站，安排后续列车送往旅客的目的地。对于涉及出院手续，交班处理，站、车移交等情况的，要做好手续交接和旅客各种信息（车票、证件、电话、病情等）采集登记，为后续问题的处理打好基础。

2）对于故障列车下车情绪较为激动的旅客，由值班员带领人员安排到工作场所做耐心、细致的安抚工作；对于旅客提出的全价退票、改乘后续列车等合理要求应予以满足，并安排专人负责办理；对于旅客提出的饮食、饮水等要求尽量予以满足，缓解旅客的情绪；对于不合理的要求要耐心解释，不得擅自承诺，应做到有理、有利、有节。在整个处理过程中，要尽量做到有效处理，迅速缓解矛盾，避免事态扩大，不留隐患。

动车组列车故障启用热备车或换车型的客运组织流程见图 2-25，应急处置重点事项见表 2-8。

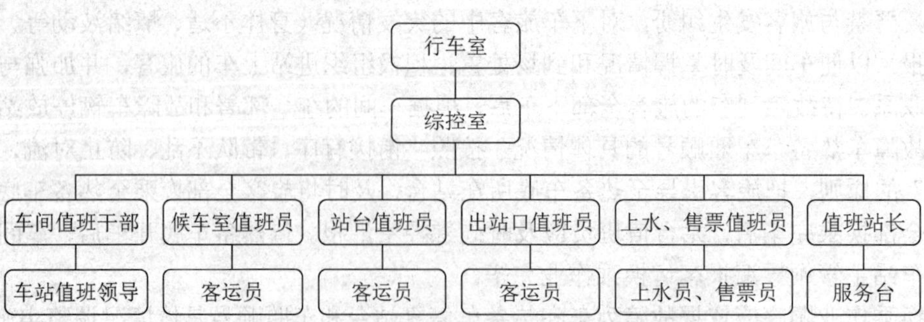

图 2-25 动车组列车故障启用热备车或换车型的客运组织流程

表 2-8　应急处置重点事项

类别	应急处置职责及要求
信息传递	1）站台组工作人员：发现动车设备故障报告后，立即向班组值班员、车间值班干部汇报。 2）车间值班干部：车间值班干部接到通知后，立即向车站值班领导汇报，并按车站要求启动应急预案，安排好人员分工，组织前期救援和应急处置。 3）综控室人员：接到行车室关于动车组故障情况的信息后，首先简要了解事件，包括事件发生的具体时间、地点、概况及造成的影响等，然后立即通知车间值班干部和值班员；对站台做好安全乘降广播宣传工作；做好与铁路局客服中心的对接，保持信息互通
指挥体系	1）车间主任全面负责现场组织，加强与上级领导、职能科室、公安派出所的信息沟通、协调，与运转、售票、设备、医疗等部门配合。 2）党总支书记负责候车室组织工作，并加强与党办的信息互通，掌握各种媒体动态，做好旅客安抚等各项准备工作。 3）分管站台组织的领导负责热备车底启用的站台乘降组织工作，确保“安全、及时、无误”地将故障列车上的旅客换乘到热备车底，同时负责列车上不适旅客的救治和情绪波动旅客的安抚工作。 4）分管综控室的领导负责候车区晚点列车的旅客宣传和安抚工作，监督综控室系统的操作、修改和发送，确保现场各系统的信息及时、准确，做好广播宣传词修改与播放把关工作。 5）综控室成员负责调度命令信息的接收、传递工作，做到准确无误。必要时在车间的安排下通知离家近的休班人员到站加班。 6）客运值班员及时掌握晚点列车售票情况和热备列车席位情况，落实班组人员各司其职，抽调增援力量到重点岗位引导需要改签、退票的旅客到售票大厅，不同车型换乘时，做好换票工作。布置候车室检票、进行站台引导，与列车密切配合，及时引导故障车上的旅客向热备车进行换乘组织，争取正点发车或尽快开车
人员备班	车间日常建立四个应急处置备班小组，由车间主任、书记、副主任分别作为四个备班组组长。由客运休班值班员任副组长。组建每天10人休班应急备班小组
综控室组织	由车间分管综控室领导把关，加强与铁路局客服中心的联系，关注现场动态变化。 1）加强与车站行车室的联系，及时掌握列车运行情况，认真确认故障列车晚点情况、热备车底安排情况及列车交路变化情况，并实时向客运各岗位人员反馈信息。 2）在车间的指挥下，向客运值班员及各相关岗位发布信息指令，下达热备车换乘计划、热备车计划开车时间及作业方案调整计划，热备车底到达后，督促站台人员迅速组织，确认客运乘降组织完毕后通知行车室发车。 3）综控室要及时调整闸机检票计划，对受影响车次的检票命令进行修改，调整开检、停检时间及停靠站台信息，并通知候车室、站台客运员，及时修改车站动态显示屏，向旅客宣传列车变化情况。 4）综控室人员在列车故障造成晚点时，应代表站长向旅客播放致歉词，并及时向旅客广播宣传列车晚点、股道变更等信息，加大宣传频次，争取旅客谅解
候车组织	由党总支书记把关，做好候车秩序管理，防止旅客过激行为发生，做好安抚工作。 1）旅客列车晚点30分钟以内的，依据调度阶段计划，向旅客通报晚点时间。旅客列车晚点超过30分钟的，应根据党办下发的铁路局新闻通报内容，如实向旅客说明晚点原因及预计晚点时间，安抚旅客。站内有停留列车的，应向列车长通报晚点情况。 2）向旅客通报时，广播每次间隔时间不超过30分钟，小区广播不间断向旅客通报，还应提供实时电子显示、广播，积极配合售票车间做好改签、退票宣传工作。 3）及时关注现场情况，做好晚点期间旅客的安抚工作，妥善处理防止矛盾激化。 4）关注候车室内动态标志的准确性，做好应急预想，充分考虑电子引导、广播设备故障情况下的应急提示和手提扬声器的配备等相关工作

续表

类别	应急处置职责及要求
乘降组织	由车间分管站台乘降作业的领导把关，指挥协调乘降各项工作。 1）站内有停留列车的，应向列车长通报晚点情况，防止旅客下车在站台滞留。 2）调配人员配合公安民警劝解因晚点拒绝上下车的旅客，做好情绪激动旅客的防护，及时通报公安干警处置，防止造成人员伤害。 3）全力组织乘降，为行车秩序的恢复做好相关组织和作业完毕的汇报应答。 4）针对动车组启用热备车应急处置，应根据车型情况，妥善安排客运员做好宣传引导工作。 5）如接上级通知临时增加上水计划时要及时通知上水班组进行上水
出站组织	1）出口处客运员提前开启人工通道及闸机，做好旅客出站准备。 2）待旅客到达时迅速引导其出站，对部分情绪激动的旅客耐心做好解释
善后处理	1）应急处置应在做好旅客组织的同时，做好巡视和防护工作，如发现需要紧急救护的人员，现场客运员及时通知综控室，由综控室负责拨打120急救电话处理。 2）业务室备足应急灯、手提扬声器、口哨等应急备品。 3）做好晚点列车的送餐送水准备。 4）对于故障列车下车身体不适的旅客，要安排专人陪同，直至健康状况稳定，符合继续乘车条件时再护送至车站，安排后续列车送往旅客的目的地。对于涉及出院手续，交班处理，站、车移交等情况的，要做好手续交接和旅客各种信息（车票、证件、电话、病情等）的采集登记，为后续事故处理打好基础。 5）对于故障列车下车情绪较为激动的旅客，由值班员带领人员安排到客运值班室做耐心、细致的安抚工作；对于旅客提出的全价退票、后续列车改乘等合理要求应予以满足，并安排专人负责办理；对于旅客提出的饮食、饮水等要求尽量予以满足，缓解旅客的情绪；对于不合理的要求要耐心解释，不得擅自承诺，应做到有理、有利、有节

案例分析

案例：高铁突发故障 贵阳客运段动车组顺利启动热备车

事件概况：2019年7月6日17时许，中国铁路成都局集团公司贵阳客运段动车二队接到段调度命令：香港西九龙开往昆明南的G312/3次复兴号列车运行途中出现设备故障，需启动热备车，车队接令后，随即安排待命的两个热备班组按规定启动应急流程，并让两名车长对CR400AF-A型“复兴号”列车与即将换乘的CRH380A型“和谐号”列车差异情况进行了简短回顾。

引导旅客换乘列车

17时44分，热备车停靠贵阳北站。列车长赵清、李娜分别携带班组乘务员各就各位，紧张有序地进行开车前的最后准备工作。18时20分，G312/3次故障列车驶进贵阳北站。18时25分，同站台旅客换乘组织工作开始。“请大家按照车厢顺号有序上车”“请您注意脚下安全”……赵清铿锵有力的普通话配合着引导手势不断重复。

“大爷，别着急，慢点儿走，请注意牵好您的小孩！”李娜伸手搀扶的老年旅客投来了不满意的眼神，这个头一回启动热备车任务的年轻列车长感到更加紧张。一旁的副队长廖宇见状赶紧迎上去：“先生，请您牵着小朋友先进入车厢，我来帮您拿行李好吗？”老人一脸的愠怒略微缓和了些。“别怕，是位香港籍旅客，记得要用‘先生、女士’这样的称呼。”廖宇叮嘱李娜注意服务用语的严谨。

旅客有免费应急餐

18 时 33 分，载满 930 名换乘旅客的 G313 次列车从贵阳北站开出。车厢里来回穿梭的乘务员持续为少量没有安顿好的旅客调换着座位，登记重点旅客席位和需求时不忘介绍列车设备设施。“8 号车往 9 号车怎么过不去？”“有没有饭吃啊？”面对旅客的不满和质疑，赵清、李娜两个班组的乘务员及添乘干部始终给予耐心解答，尽最大所能帮助旅客解决实际困难。930 份应急餐，尽量按个人口味发放，在满足了孩子、老人和孕妇的需求后，再依次为其他旅客发放。被李娜称为“大爷”的旅客主动提出少要一份应急餐，理由是让给更有需要的人。

顺利抵达昆明南站

一个小女孩把自己最喜欢的芭比贴画送给了李娜，贴着耳朵对她说：“姐姐！加油！不紧张手心就不会冒汗了！”20 时 54 分，G313 次列车比既定时刻晚点 1 小时零 7 分抵达昆明南站。望着旅客渐行渐远的背影，赵清与李娜放松地相视一笑，互拍了一下对方的手掌：“零投诉，还有旅客表扬，我们顺利通过了一场大考……”

（资料来源：佚名．高铁突发故障 贵阳客运段动车组顺利启动热备车[N]．贵州都市报，2019-07-10.）

分析：

1）动车组列车故障会影响正常的运输秩序，其间可能导致换乘旅客产生不满情绪或造成其他安全事故的发生。所以热备车始终处于开机状态，随时能够上线运行，车上的乘务员也完全按照出乘模式工作，以便随时可以开展列车服务。

2）为了提高列车故障发生时应急处理能力，按照分级管理的原则，铁路局和站段各级应急管理机构要定期对有关人员进行有关知识的培训，将应急预案内容和相关救援知识纳入职工培训大纲。铁路局、站段要有计划地定期组织故障演练。根据需要，各铁路局间可开展工作交流，提高铁路应急处理实战能力。

3）动车具有乘客量大、乘客来源广的特点，动车上可能有外国旅客，所以一旦发生动车组故障，在国内外的影响范围较大，这对我国铁路相关工作人员的应急处置能力提出了很大的需求，不但要能及时解决问题，还要在处理过程中体现中华民族友爱、善良、乐观的品质，多为旅客着想、多为旅客服务，特别是在面对外国旅客时，应尽可能展现可信、可爱、可敬的中国形象，推动中华文化更好走向世界。

2.7.2 动车组空调装置故障

事件描述

空调装置本身损坏或断电等原因可能导致空调装置产生故障，发生车厢内异味严重、温度不当等情况，影响旅客出行质量。

安全风险及预防控制

1. 安全风险

车厢内空调故障可能导致车厢内异味严重、温度过高或过低，极有可能发生旅客晕倒或因无法忍受而砸窗等危险。

2. 预防控制

定期对动车组空调进行检查和维护。

应急处置

1. 处置的基本原则

为快速处置高铁动车组空调装置故障，减少空调装置故障发生后给旅客运输造成的影响，空调装置出现故障超过 20 分钟时，列车长必须准确反映情况，认真执行命令指示，周密安排，组织实施，做到分工明确，责任到位。

2. 应急处置程序

1）动车组发生单车或部分车厢空调故障时，列车长应采取保持相邻车厢贯通通风的措施，最大限度地保持车内温度和空气流通，并做好旅客服务和安抚工作。

2）动车组发生全列空调故障时，列车长及时准确地向段派班室、车队及列车所在铁路局客调报告列车所在位置、停车股道、空调故障时间、车内旅客密度、重点旅客、存在困难及需要上级给予帮助解决的问题等情况。

3）列车长应及时向旅客通报情况并致歉，组织乘务员积极做好服务工作，帮助旅客妥善解决临时困难，稳定旅客情绪，避免激化矛盾。

4）乘务员应坚守岗位，为旅客送水降温，稳定旅客情绪，对老、幼、病、残、孕等重点旅客进行妥善安排，加强各项安全宣传，不得擅自打开车门，如发现车内有异常情况，要妥善处理，并立即向列车长汇报。

5）动车组空调装置故障超过 20 分钟不能及时排除，且应急通风功能失效或无法满足要求时，随车机械师应及时通知列车长。列车长根据车内温度及通风情况作出打开部分车门（4～8 个）通风的决定，并通知驾驶员转报列车调度员。列车长组织人员安装好防护网，随车机械师确认牢固，并安排人员值守。

需运行至前方处理时，列车限速 60 千米/时运行，通过高站台时限速 40 千米/时；打开车门通风运行时，要保证列车运行方向第一个车门开启，通风车门尽量安排在列车前部。

6）列车在区间或正线停车时，打开列车运行方向左侧车门；站内停车有多股线路时，列车长应与驾驶员和随车机械师沟通，确定打开车门的方向，有站台时打开靠站台一侧的车门。列车长应根据列车上下行运行方向和车内实际需要确定打开车门的位置和数量进行通风，并由专人看管，严禁旅客上下车。乘警应维护好车内秩序，确保旅客生命财产安全。

7）空调故障修复后，随车机械师应及时通知驾驶员和列车长并关闭打开的车门，乘务员摘除防护网，列车长再次通过广播向旅客致歉，加强车内的巡视，耐心地向旅客做好解释和安抚工作。

8）列车开车前驾驶员要确认全列车车门关闭良好，向调度请示开车命令。

案例分析

案例：南昌至上海动车出故障车厢空调停运，七名旅客晕倒

事件概况：2011 年 5 月 8 日上午 10 点左右，由南昌驶往上海虹桥的 D94 次列车因车辆通风设备故障，导致空调停止运行，列车 1～9 号车厢内的 600 多名旅客在浙江江山站被迫下车。

1. 部分车厢像“蒸桑拿”

5 月 8 日 9 时 6 分，从南昌开往上海虹桥的 D94 次列车缓缓驶出了车站。1 小时后，前段车厢内的通风设备出现故障，空调随即停止工作。

据知情者描述，列车工作人员尝试修复，但是在第一次恢复后，列车长正在向旅客解释道歉时，空调再次停止运行，并且车内的部分电灯也不能提供照明。

列车经过上饶火车站时，车内温度已经很高，旅客感觉像“蒸桑拿”一样，纷纷走出车厢透气。而列车行驶到浙江江山站时，前段车厢的几位旅客已经出现中暑现象，其余旅客也“衣服浸湿”，车辆被迫停止运行。

由于 D94 次列车为重联列车可以分解，经检查后，空调设备没有故障的后段车厢则继续正常行驶，于 16 时 5 分到达上海虹桥站，晚了 1.5 小时。

2. 7 名旅客中暑晕倒

5 月 8 日 12 时左右，高温闷热已经造成 7 名旅客中暑晕倒，被紧急送往当地医院，而其余旅客则在江山站内滞留，总数达 600 余人。

在江山火车站站台内，好心的旅客和列车乘务员用毛巾给热晕的旅客降温，铁路方面还免费发放了水、面包、方便面和糕点给滞留旅客。

3. 救援动车前往现场

事发后，上海铁路局随即派出一列救援动车组列车前往现场。同时，安排了一辆备用列车，确保从上海虹桥开往南昌的 D91 次列车的 570 名旅客正点出发。

据悉，事发 3 小时之后，救援动车到达，5 月 8 日 16 时从江山站出发，将滞留旅客送往上海虹桥火车站，途中列车工作人员还逐一询问了每位旅客的去向。

5 月 8 日 19 时 20 分，搭载 420 名滞留旅客的救援列车顺利抵达上海虹桥站。另外，200 名滞留旅客也已在中途金华和杭州站顺利下车。

（资料来源：佚名．南昌至上海动车出故障车厢空调停运．7 旅客晕倒[EB/OL]．(2011-05-09)[2017-12-19]．http://sh.sina.com.cn/news/s/2011-05-09/0813181871.html.）

分析：旅客列车空调失效时，应按规定启动相应的应急预案，列车长组织乘警、乘务员、动车组列车餐车、保洁人员做好秩序维护、宣传解释、旅客安抚和车厢巡视工作，及时处置突发情况；各单位、各部门应紧密联系、密切配合，以解决旅客通风透气工作为首要任务。

2.7.3 动车组运行中车厢内突然断电

事件描述

由于电压不稳、雷击或其他操作错误导致的动车组车厢断电的情况。

安全风险及预防控制

1. 安全风险

高铁动车组车厢内突然停电，可能会影响车厢内秩序，发生旅客受伤、旅客携带品丢失、旅客擅自打开车门下车或其他意外事故。

2. 预防控制

定期对动车车厢电源电路进行检查和维护；定期对有关人员进行相关知识的培训，将应急预案内容和相关救援知识纳入职工培训大纲，提高职工应急处置能力。

应急处置

1. 处置的基本原则

高铁动车组车厢内突然停电时，乘务员应及时打开应急电源并立即通知列车长和随车机械师迅速到现场处理。乘务员要做好车厢内旅客的解释和安抚工作。

2. 应急处置程序

1）乘务员应立即通知随车机械师检查处理，打开应急电源，严禁用明火照明，并记录停电时间。

2）乘务员应坚守岗位，加强车内巡视，向旅客做好宣传和解释工作，减少旅客走动，稳定车内秩序，严禁擅自打开车门下车，防止发生意外。

3）恢复照明后，列车长、乘警、随车机械师应对列车（或停电车厢）进行巡视，检查有无人员受伤，旅客携带品是否有丢失、损坏，车内电气设备启动后有无异常。列车长应再次对因断电带来的不便通过广播向旅客致歉，同时加强车内的巡视，耐心地向旅客做好解释和安抚工作。

4）如不能及时修复，列车长应及时通知列车所在铁路局客调及本段派班室、车队，听候命令。

案例分析

案例：雷电致五趟沪宁动车组断电，京沪线列车晚点 1 小时

事件概况：2007 年 8 月 2 日 15 时许，受突如其来的雷雨和大风影响，京沪线沪宁段外跨塘至苏州间上行线 K1376+500 米处，路边大树被雷电击中倒在接触网上，导致上行线发生短时停电，造成部分列车断电，共计五趟动车组受到影响。其中，本应该 14 时 49 分开出的 D426 次列车晚点至 16 时 34 分。在列车断电之后，车上相关制冷设备也不再工作，车厢如蒸笼一般，甚至有旅客热昏过去。在此状况下，列车工作人员采取紧急措施，打开车门散热，保证旅客的生命安全。

故障发生后，上海铁路局高度重视，迅速组织人员进行抢修，同时有关车站积极组织人员做好旅客的服务工作，为旅客送茶递水，办理改签车票，稳定旅客情绪。

经过近 1 个多小时的紧张抢修，电气化线路恢复供电，各趟列车逐步恢复正常运行。对列车晚点给旅客造成的不便，铁路部门深表歉意。

（资料来源：杨剑，鲁勋. 雷电致 5 趟沪宁动车组断电 京沪线列车晚点 1 小时[EB/OL].（2007-08-03）[2017-12-19]. http://www.ce.cn/cysc/jtys/tielu/200708/03/t20070803_12411465.shtml.）

分析：雷雨天气可能导致动车电气化设备出现故障，发生短时间停电，造成部分列车断电的情况，导致列车停运晚点，同时列车断电后，车上的相关制冷设备也不能正常工作，可能发生旅客中暑、晕倒等情况。因此高铁动车组车厢内突然停电时，乘务员应及时打开应急电源并立即通知列车长和机械师迅速到现场处理。乘务员要做好车厢内旅客的解释和安抚工作。

2.7.4　动车组运行中车门发生故障

事件描述

操作不当、门控器排线松动、车门反复开关等原因可能导致车门发生故障，发生动车组车门无法正常开关的情况。

安全风险及预防控制

1. 安全风险

动车组运行中车门发生故障，可能导致旅客无法正常上下车或越站。

2. 预防控制

定期对动车组车门进行检查和维护；定期对有关人员进行有关知识的培训，将应急预案内容和相关救援知识纳入职工培训大纲，提高职工的应急处置能力。

应急处置

1. 处置的基本原则

高铁动车组运行中发生车门故障时，应立即向列车运行所在铁路局客调及本段派班室、车队汇报，接受指示和处理建议。

2. 应急处置程序

1）列车到站，驾驶员操作门释放和开门按钮后，各车门乘务员确认车门是否“释放”打开，如未“释放”，及时使用对讲机通知列车长，列车长通知随车机械师到场监控各车厢乘务员使用手动开、关车门。

2）列车到站当发生个别车门未自动开启，且乘务员手动开门无效时，乘务员应及时使用对讲机通知列车长，并宣传引导旅客到相邻车门下车。列车长接到汇报后应立即和驾驶员联系，会同随车机械师赶到现场，由随车机械师负责处理开启车门。

3）随车机械师确认车门故障无法修复时，应将该门隔离，并通知列车长此后各停靠站均引导旅客到相邻车门上、下车。随车机械师确认车门修复后告知列车长，列车长确认旅客乘降完毕后通知驾驶员发车。

4）列车开车时，如遇有车门未自动闭合，及时使用对讲机通知列车长，列车长通知各车厢乘务员手动关闭车门。

5）列车开车时，如发生个别车门未自动闭合，且监控人员使用四角钥匙本地操作的手动模式关门无效时，监控人员应及时使用对讲机通知列车长，并看守车门，劝阻旅客不要靠近。列车长接到汇报后，立即和驾驶员联系，会同随车机械师赶到现场，由随车机械师负责处理并关闭车门。

6）因车门故障导致旅客越站时，列车长按规定与车站办理交接，无须下车处理后续事宜。

7）因车门故障导致旅客无法正常上下车时，由列车长、乘警与其他列车工作人员密切配合，认真做好旅客的宣传安抚工作，劝导旅客保持冷静，看好行李，听从站、车工作人员的指挥。

案例分析

案例：列车车门出故障开行受阻，灵宝火车站抡大锤砸“门”关门

事件概况：2016 年 7 月 21 日 10 时 53 分，K176 在灵宝火车站旅客乘降完毕后，助理值班员杨某接到信号楼发车的指令后，在站台上再次确认是否具备发车条件时，发现该列车 13 号车厢门未关闭。经观察后，确定该车门拉杆“压舌”不能回位，踏板无法放下，致使车门无法关闭。

客运值班员费某立即将不能开车的原因通过广播室告知了信号楼，信号楼立即通知该列车乘检前去处理，乘检、列车长赶到后用扳手、钳子等工具无法修理成功。情急之下，助理值班员杨某从车站找来一个大锤，与列车长、乘检商议后，决定利用大锤使拉杆“压舌”归位。杨某用大锤连续敲砸几次后，“压舌”开始松动，最后终于成功回位，

车门关闭。11 时 1 分，客车 K176 安全驶离灵宝火车站。

（资料来源：李建国. 列车车门出故障开行受阻 灵宝火车站抡大锤砸“门”关门[EB/OL].（2016-07-22）[2017-12-19]. http://www.3news.cn/News/2016/0722/153833.html.）

分析：动车组列车运行中，列车工作人员（含保洁、餐饮人员）接到旅客报告或发现车门出现故障后，应立即前往故障车门处进行看守，并采取安全防护措施（必要时可锁闭临近故障车门的车厢内端门），并报告列车长；列车长立即通知驾驶员、随车机械师，并与随车机械师赶赴现场处理，随车机械师确认、处理完毕后，告知列车长，列车长通知驾驶员车门故障已排除。随车机械师确认故障车门不能及时修复时，列车长应对原有岗位进行调整，安排工作人员（含保洁、餐饮人员）在故障车门处进行防护。列车到站前提前组织故障车厢旅客到邻近车厢下车。列车到站停车时，指定的工作人员要在故障车门处或邻近车厢车门处立岗，组织旅客乘降工作。

列车装置出现故障时，由驾驶员通知随车机械师和列车长（非驾驶员集控开门的动车组，由随车机械师通知驾驶员、列车长），随车机械师负责处理相关故障并手动开关车门，列车长负责组织工作人员引导旅客有序乘降。动车组列车发生车门故障处置完毕后，列车长要将详细情况记录在乘务手册空白页处，退乘后向所属车间进行详细汇报。

任务实施

任务要求

1）根据所分配的情境，合理设置细节，制订突发事件处理方案。
2）人员岗位分工明确，各岗位人员清楚自身职责与处理程序。
3）物资准备齐全，运用合理。
4）遵守规章制度，正确处理事件，同时做好重点旅客服务工作。
5）针对性地对事件进行原因分析，提出预防措施。
6）台账填写规范具体，原因分析有理有据，预防措施科学可行。

任务情境

情境：C2001 次列车 4 号车厢发生空调故障。
思考：
1）若有旅客不配合工作，出言顶撞乘务员，乘务员该如何处置？
2）当疏散旅客时，出现旅客争抢同一座位，该如何处置？
3）若无处疏散，旅客抱怨车厢闷热该如何处置？

物资和人员

根据分配的任务情境，罗列相应的实训物资和人员。
1）物资：____。
2）人员：____。

任务流程

1）给各组分配情境任务。

2）组内讨论制订处理方案。

3）情境模拟演练。

4）自评与总结。

任务台账

根据实训任务实际需要，填写相关实训台账。

实施示例

旅客列车发生空调机故障应急处置模拟演练

1. 情境

××××年×月×日，×次列车运行至×站至×站间时，列车4号车厢乘务员在车内作业时，发现本车厢空调机因故障停机，不能启动制冷。

2. 处理流程

（1）乘务员立即向列车长报告

1）乘务员报告："列车长，4号车厢空调机发生故障停机，现在不能启动制冷，请组织处理。"

列车长答复："收到，我和车辆乘务员立即前去处理。"

2）列车长通知车辆乘务员处理故障："车辆乘务员，4号车厢空调机因故障不能制冷，请立即处理。"

车辆乘务员答复："收到，明白。"

3）列车长通知乘警到4号车厢维护治安秩序："乘警，4号车厢空调机因故障不能制冷，请你到现场维持秩序。"

乘警答复："收到，明白。"

（2）现场处置

列车长、车辆乘务员、乘警到达4号车厢后，按照工作职责立即组织故障检修、治安维护、宣传解释及温度调节等工作。

1）车辆乘务员迅速对空调设备进行检修。

2）列车长根据现场情况及时采取措施调节客室温度，将影响降到最低，避免发生过激行为，防止引发群起事件。

① 列车长组织乘务员做好室温调节等工作："乘务员，请打开车厢两端的端门、开启客室车窗通风，宣传引导旅客不要将头、手伸出窗外，不要向车窗外抛扔垃圾，以免危及行车和人身安全。""统计车厢内旅客人数、去向和重点旅客、外宾、首长人数，做好服务工作，尽量满足旅客需求，遇有问题请及时报告。"

乘务员答复："明白。"乘务员打开车厢端门、开启客室车窗后并向旅客进行宣传解释："各位旅客，我们这节车厢的空调机发生了故障，现在工作人员正在抢修，给您带来的不便请您谅解，在此期间如果您有什么要求请向我们提出，我们会尽力帮助大家解决，也请大家配合我们的工作，谢谢。"

② 这时车内温度不断升高，出现闷热现象，乘务员引导旅客将毛巾用凉水浸湿敷在头部降温；有几名旅客找到列车长要求临时调整到邻近车厢躲避高温。组织旅客疏散时，乘务员要做好帮扶和引导工作，提示旅客带好随身携带物品，防止产生其他问题。

③ 乘务员统计车内旅客概况并向列车长汇报："列车长，4 号车厢现有旅客 48 人，其中重点旅客 5 人，已将重点旅客等×名旅客分别转移至 2 号车厢、3 号车厢临时休息，旅客无不良反应。"

列车长答复："好，请继续做好服务工作。"

3）乘警做好治安管理工作："各位旅客，现在空调机发生了故障不能正常制冷，如果您有什么问题请向我们反映，请大家配合我们维护好车内秩序，共同抵制违法行为，看管好随身携带的物品，避免拿错或者丢失，谢谢大家。"

（3）向上级部门报告

列车长向本局客运处、本属段直报信息："调度员（××），我是×次列车长××，×月×日×次列车运行到×站至×站间时，列车 4 号车厢空调机发生故障，车辆乘务员正在抢修。4 号车厢现有旅客 48 名，其中重点旅客 5 名，列车已启动应急预案进行处置，目前已将有调铺需求的×名旅客疏散到 2 号车厢、3 号车厢临时休息，现场旅客无不良反应，其他情况后续上报。"

调度员（××）答复："请你们坚守岗位，加强巡视，积极主动为旅客服务，遇有问题及时妥善处理，满足旅客需求，保证服务质量。"

列车长答复："收到，明白。"

（4）空调机故障排除恢复正常运转

经过车辆乘务员×时×分的抢修，空调机故障排除，恢复运转制冷。

1）列车长通知 4 号车厢乘务员："请将客室窗户加锁，关闭车厢两端端门，调节客室温度，保持温度适宜。"

乘务员答复："收到。"并将客室窗户加锁，关闭车厢两端端门。

2）列车长通知 2 号、3 号车厢乘务员："2 号、3 号车厢乘务员，4 号车厢空调机已经修复运转，请将疏散到你车的 4 号车厢旅客引领回到各自的席位休息。"

2 号、3 号车厢乘务员答复："收到。"走到铺位旁告知旅客："您好，4 号车厢的空调机已经修复，我帮助您回到 4 号车厢的铺位上休息。"

旅客答复道："好，辛苦您了。"并随同乘务员返回 4 号车厢自己的铺位。

3）列车长向本局客运处、本属段续报："调度员（××），我是×次列车长××，×月×日×次列车运行到×站至×站间发生的空调机故障问题，经过车辆乘务员积极抢修已经解决，空调机于当日×时×分恢复正常运转，我们已经将疏散到临车的旅客组织回到各自的铺位休息。现在车内一切正常，旅客无不良反应，特此报告。”

调度员（××）答复：“收到，请你们继续做好后续的服务工作。”

列车长答复：“收到，明白。”

说明：如果列车空调不能修复，列车长要拍发电报，通知上级部门、需要办理退票的车站及列车运行前方站，编制客运记录将旅客移交下车站办理退还空调费用的手续，不要再发售空调故障车厢的车票。

任务自测

1．为快速处置高铁动车组空调装置故障，减少空调装置故障发生后给旅客运输造成的影响，空调装置出现故障超过________分钟时，列车长必须准确反映情况，认真执行命令指示，周密安排，组织实施，做到分工明确，责任到位。

2．动车组空调装置故障超过________分钟不能及时排除，且应急通风功能失效或无法满足要求时，随车机械师应及时通知列车长。列车长根据车内温度及通风情况作出打开部分车门（4～8 个）通风的决定，并通知驾驶员转报列车调度员。列车长组织人员安装好防护网，随车机械师确认牢固，并安排人员值守。

3．列车在区间或正线停车时，打开列车运行方向________车门；站内停车有多股线路时，列车长应与驾驶员和随车机械师沟通，确定打开车门的方向，有站台时打开________的车门。

4．列车长应根据列车上下行运行方向和车内实际需要确定打开车门的________和________进行通风，并由专人看管，严禁旅客上下车。

5．列车开车前驾驶员要确认全列车车门关闭良好，向________请示开车命令。

6．高铁动车组车厢断电，乘务员应立即通知随车机械师检查处理，打开________，严禁用________照明，并记录停电时间。

7．动车组车厢断电处置实作。处置实作评分标准见表 2-9。

表 2-9　动车组车厢断电处置实作评分标准

考核内容	配分	评分细则	扣分	得分
乘务员应立即通知机械师检查处理	10	未及时通知机械师扣 10 分		
乘务员立即打开应急电源，严禁用明火照明，并记录停电时间	10	用明火照明扣 10 分；未记录停电时间扣 5 分		
乘务员加强车内巡视，向旅客做好宣传和解释，减少旅客走动，稳定车内秩序	15	漏项扣 15 分；未进行巡视扣 3 分；未做好解释工作扣 3 分		
严禁旅客擅自打开车门下车，防止发生意外	10	漏项扣 10 分		
恢复照明后，列车长、乘警、机械师应对列车（或停电车厢），进行巡视，检查有无人员受伤、旅客携带品丢失、损坏，车内电气设备启动后有无异常	15	未进行巡查扣 15 分；巡查不到位扣 10 分		

续表

考核内容	配分	评分细则	扣分	得分
列车长应再次通过广播向旅客致歉，加强车内的巡视，耐心向旅客做好解释和安抚工作	15	未进行广播通知扣 5 分；未进行巡视扣 5 分；未做解释工作扣 5 分		
如不能及时修复，列车长应及时通知列车所在局客调及本段派班室、车队，听候命令	15	未及时通知扣 15 分		
故障时间超过 20 分钟后，按照《高铁动车组空调装置故障的应急处置预案》内容处置	10	处置不当扣 10 分		
耗时：　　分钟	得分			
考评员签字：				

任务 2.8 恶劣天气下客运组织安全管理与应急处置

知识准备

事件描述

为确保日常运输工作的绝对安全和不间断地输送旅客，根据车站作业特点，在遇到暴风雨、雪、大雾等恶劣天气时，应做到人员到位、工具齐备、措施得力、处置果断，确保车站安全畅通和作业人员的安全。

安全风险及预防控制

1. 安全风险

在遇到暴风雨、雪、大雾等恶劣天气时，会影响正常旅客运输秩序，可能发生车辆晚点、旅客无法安全乘降等风险。

2. 预防控制

定期对有关人员进行有关知识的培训，将应急预案内容和相关救援知识纳入职工培训大纲，提高职工应急处置能力。

应急处置

1. 处置总则

1）本总则适用于发生恶劣天气，影响正常旅客运输秩序时的应急处置。车间各班组客运人员必须严格执行规定，保证恶劣天气各项应急处置工作顺利进行。

2）基本要求：遇恶劣天气，要坚持以确保列车运行安全及旅客人身安全为重点，以减少客车晚点、确保畅通为核心，要加强除雪组织、运输组织、站区联劳协调工作，实现列车安全畅通、旅客组织有序的目标。

3）工作原则。

① 坚持统一指挥。在应急预案确定的组织指挥机构的统一领导下，各有关班组人员按照既定的分工，各负起责任，各尽其责，保证旅客运输组织工作高效、快速、有序地进行。

② 坚持快速反应。恶劣天气出现后，有关班组负责人要迅速响应，立即组织应急救援人员赶赴现场，迅速开展工作。

③ 坚持安全第一。加强预案启动和实施过程中的安全管理，落实防护责任和卡控措施，保证应急处置期间的行车及人身安全。

2. 应急机构及职责

1）可成立两个小组，加强组织领导。

第一组：组长为车间主任、党总支书记，组员为休班客运员不少于五人。

第二组：组长为客运副主任（客运组织），组员为业务室日勤人员。

2）机构职责。应急处置领导小组负责制定、启动应急组织预案，预案启动后，要迅速组织有关人员赶赴现场，维护运输秩序，根据实际情况，随时研究处理措施，调整人力部署，立即开展相关应急处置工作，妥善处理现场和事后各种事宜。

3）领导小组下设应急处置办公室，负责协助组长做好信息收集和协调指挥等工作。

3. 应急处置设备管理

1）应急处置设备：手套、小扫把、大扫把、平头铁锹、融雪盐、防冻液、防滑垫、隔离墩、隔离带等。

2）各班组分别负责本班组应急处置设备及防滑垫、隔离墩的日常保管。

3）综控室人员接到雪情预报后，立即通知上水，保洁部门负责人及时到客运备品仓库做好应急处置备品请领工作，客运车间安排业务室人员在备品仓库办理发放登记手续。

4）各班组人员请领备品完毕后及时在关键区域用隔离绳进行封锁，各班组值班员做好宣传、防护及引导工作。

4. 应急响应

根据气象台暴风雨、雪、大雾天气预报，调度命令及当日气象实际情况，影响正常作业时，立即启动恶劣天气应急处理预案，车间应急领导小组组长发布应急命令，根据车间干部岗位分工规定及各岗点扫雪人员的安排，各岗点人员应自动到岗到位、分别作业，确保暴风雨、雪、大雾等恶劣天气时车站行车和人身的绝对安全，确保车站不间断地输送旅客。

1）综控室加强与省气象部门联系，及时、准确地掌握最新天气情况，收到恶劣天气预报后立即通知车间值班干部，并不间断地与气象部门联系。

2）值班干部接到通知后，根据天气恶劣情况合理安排备班人员，并提前与车站办公室联系协调班车。同时，综控室负责通知工程指挥部，派人员到现场加固设备，处理问题。

3）客运值班干部接到恶劣天气通知，向主管站长汇报后，上报车站办公室，由车站办公室及时通知机关各科室负责人安排除雪应急人员，并通知工程指挥部、房建、水电等相关单位负责人到场协助处理。

5. 组织方案

（1）大风应急处置方案

1）加派人员引导防护。车间组织不少于 4 名人员进行旅客宣传、防护和疏导。

2）危险区域封锁隔离。利用隔离带将出口强风区域进行封锁隔离，确保旅客人员的安全。

3）活动门窗捆锁固定。车间组织人员利用链锁将各通道玻璃门进行捆锁固定，避免撞伤旅客。

4）关键区域加强巡视。车间负责高架层、站台层各通道及交通厅等关键区域的巡视检查，发现问题要立即上报，并及时采取措施、妥善处理。

（2）风雪应急处置方案

1）加派人员引导防护。组织不少于 4 名人员进行旅客宣传、防护和疏导。

2）设置防滑隔离区域。利用隔离绳和隔离墩将出口中部进行隔离，留出口两侧铺设防滑地毯以便于旅客行走。

3）关键区域加强巡视。加强高架层、站台层各通道及关键区域的巡视检查，发现门窗摇摆、地面结冰等安全隐患要立即上报，并及时采取措施，妥善处理。

4）根据雪情及时做好除雪组织工作。

① 综控室联系气象部门，确认近期无雪情后，通知车间值班干部，将防滑设备撤去并及时清理，确保下次正常使用。

② 综控室人员认真做好除雪记录。

（3）大雾天气应急处置方案

1）业务室人员要按照车间部署，迅速赶至站台联劳，协助站台客运员做好站台旅客的安全防护。

2）具体岗位由当班站台值班员安排。

3）综控室加强与气象台密切联系，实时掌握天气变化情况，及时通知各岗位。

4）综控室通知上水人员做好安全防护。

5）综控室要根据情况迅速抽调出口处、候车室的人员至各站台联劳，保证旅客量大的站台增加 1～2 人，各岗位间控制好距离，做好互控联控，确保旅客和自身安全。

6）站台值班员加强与综控室的联系，综控室加强与行车室的联系。

7）综控室要反复加强宣传，提醒旅客站在安全白线里面注意安全。

恶劣天气应急预案流程见图 2-26，应急处置重点事项见表 2-10。

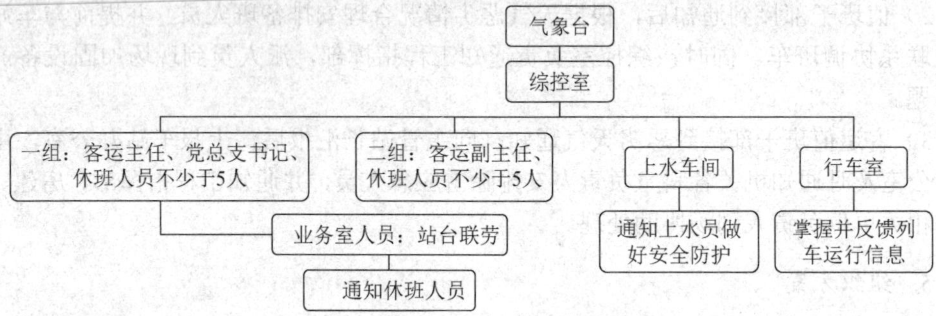

图 2-26　恶劣天气应急预案流程

表 2-10　应急处置重点事项

类别	应急处置职责及要求
时间	其中防雪期原则上规定为每年的 11 月至次年 2 月，根据地域特点和当时气象预报，适当提前、延后
专业组织	1）客运组织组：由车间主任全面负责，组织指挥当班客运人员做好旅客运输组织工作，启动恶劣天气应急预案。 2）后勤保障组：由党总支书记负责，主要车间针对恶劣天气采取措施收集信息，宣传先进典型，上报车站相关部门，做好舆论引导，同时做好加班突击人员的慰问和连续扫雪人员的餐饮供应 3）设备保障组：由分管设备副主任负责，主要负责备品请领和发放，遇雪情况下组织客运人员清扫安全关键点积雪，保障电梯、楼梯设施安全运行。 4）突击加班组：由分管业务室主任负责，主要负责组织业务室人员通知休班加班人员清扫关键岗位积雪，疏导、安抚滞留旅客
等级	一级防雪准备：气象预报有大雪或中雪持续时间较长，对运输生产可能产生影响，或车站、铁路局及当地政府有紧急部署时。 二级防雪准备：有小雪或中雪持续时间较短
启动程序及要求	遇雪情时，车间通知做好防雪准备，亦由车间通知下达。 1）一级防雪准备车间：主要领导及其他指定人员 24 小时坚守岗位，有情况时及时向车站防雪领导小组汇报。车间扫雪队伍应立即集合，下雪时立即按各自分工迅速到达现场上岗扫雪，做到边降边扫、边扫边移和不间断扫雪，防止通道积雪。 2）二级防雪准备：车间领导日夜轮流值班，密切注意雪情，准备随时升级应变。车间扫雪队伍做好扫雪准备
标准	1）站台两端、股道、通道、落客平台、门口、贵宾室广场等场所无积雪、无结冰。 2）站台两端视情况铺设草垫。 3）有降雪的楼梯、电梯下端铺设草垫。 4）出站层入口处铺设草垫。 5）草垫损坏及时更换，雪后天晴及时回收

案例分析

案例：灵宝火车站“四措施”应对强雷电、暴风雨恶劣天气

事件概况：自2016年6月进入主汛期以来，大雨频繁，给铁路运输组织带来了不利影响。为确保恶劣天气情况下的行车安全，全力确保运输安全畅通。河南省灵宝火车站全面落实安全风险管理控制措施，强化干部职工对雨天运输的安全意识，积极应对，全面控制雨天运输安全。

1）针对2016年降雨持续时间长、雨量大、部分地段伴有暴雨大风、强降雨和冰雹的天气特点，该站一方面“以雨为令”，强化领导干部盯岗值班，加强现场行车指挥。另一方面使信息渠道畅通，密切收集监视影响运输安全的天气情况信息，发现情况及时启动紧急预案。同时认真执行重点时段列车、大客流的组织工作，确保旅客安全乘降。降雨量达到一定警戒值后立即通知工务人员上岗，并做好随时准备冒雨检查和参加抢险工作。

2）及早掌握天气预报，在大雨到来前及早准备，结合人员设备、所处环境、作业特点和2015年防洪重点处所分布情况，认真分析防洪安全关键作业、关键地段和关键时段，完善了降雨信息预警、雨天行车分级盯控和室外作业联控等制度，成立了防洪抢险救援队，补充、配齐应急救援备品，完善应急抢险资源保障体系，提高防范和应对汛期安全风险的能力，做好人力储备，以及随时能出动救援的准备。

3）结合近年来雨天行车经验和有效措施，该站以客车安全为重点，认真对雨天行车安全办法进行修订完善，细化、分解雨天行车、旅客乘降、调车作业等各环节作业流程，牢固树立“拦对有功、拦错无过”的安全防范理念，严格执行“拦停听声、见令放行”的汛期行车要求，确保雨天行车安全万无一失。

4）该站领导以雨为令，在出现降大雨2小时内，迅速到行车重点岗位进行安全检查，严格盯岗盯关键位置，做到同检查、同巡视，督促职工雨中安全防护到位、作业标准不降，同时，加强前期防洪防汛问题整改效果的检查，抓好隐患问题整改，彻底解决暴露出的安全隐患，确保一旦发生险情，第一时间作出正确部署，为汛期筑牢安全堤坝。

（资料来源：李建国．灵宝火车站“四措施”应对强雷电、暴风雨恶劣天气[EB/OL].（2016-07-14）[2017-12-19].https://www.toutiao.com/i6307078714588955138/.）

分析：在遇到暴风雨、雪、大雾等恶劣天气时，会影响正常旅客运输秩序，可能发生列车晚点、旅客无法安全乘降等风险。

为确保日常运输工作的绝对安全和不间断地输送旅客，根据车站作业特点，在遇到暴风雨、雪、大雾等恶劣天气时，应做到人员到位、工具齐备、措施得力、处置果断，坚持以确保列车运行安全及旅客人身安全为重点，以减少客车晚点、确保畅通为核心，要加强除雪组织、运输组织、站区联劳协调工作，实现列车安全畅通、旅客组织有序的目标。

任务实施

任务要求

1）根据所分配的情境，合理设置细节，制订突发事件处理方案。
2）人员岗位分工明确，各岗位人员清楚自身职责与处理程序。
3）物资准备齐全，运用合理。
4）遵守规章制度，正确处理事件，同时做好重点旅客服务工作。
5）针对性地对事件进行原因分析，提出预防措施。
6）台账填写规范具体，原因分析有理有据，预防措施科学可行。

任务情境

情境：潮汕高铁站突遇风雪天气。
思考：如何完成风雪天气应急处置流程？

物资和人员

根据分配的任务情境，罗列相应的实训物资和人员。
1）物资：____。
2）人员：____。

任务流程

1）给各组分配情境任务。
2）组内讨论制订处理方案。
3）情境模拟演练。
4）自评与总结。

任务台账

根据实训任务情境的实际需要，填写相应的实训台账。

实施示例

旅客列车风雪断道应急处置模拟演练

1. 情境

××××年×月×日×次列车运行至×线路所时，因前方发生风雪断道，造成列车无法继续运行，且列车恢复运行时间不确定。

2. 处理程序

（1）立即查明情况

列车长会同乘警、驾驶员、随车机械师查明列车停止运行的具体原因。

1）列车长向驾驶员和随车机械师询问停止运行的具体原因："驾驶员/随车机械师，请问是什么原因造成列车不能运行及列车恢复运行的具体时间。"

驾驶员/随车机械师答复："因前方×线×站至×站间的×千米＋×米处发生风雪断道，造成列车无法继续运行，现在暂时没有恢复通车的具体时间。"

2）列车长立即组织客运乘务员统计车内旅客人数、重点旅客人数、中转换乘旅客人数，行包件数、质量，煤、水、油及食品储备数量，旅客需求等情况："各车厢乘务员，因前方线路发生风雪断道，致使列车不能继续运行，列车将在×线路所停留等待命令，开车时间暂不确定，请立即关闭车门，统计车内旅客人数和到站（区分重点旅客、中转换乘旅客）、行包件数和质量、煤油水及食品需求等情况，及时向我报告。"

各车厢乘务员立即进行统计，工作完成后依次向列车长报告统计结果，列车长对车内基本情况进行汇总，做到心中有数，有针对性地组织做好旅客服务工作。

（2）信息直报

列车长将现场概况及时向本铁路局客运处、所在铁路局客调和本属段报告："调度员（××），我是×次列车长××，××××年×月×日×次列车运行×线路所时，因前方线路发生风雪断道，造成列车不能继续运行，现在开车时间暂不确定。列车定员940人，车内现有旅客557人，其中在前方×站中转换乘当日×次列车×人、在×站中转换乘当日×次列车×人，有老年和幼儿重点旅客×人；行李车内装载×站发×站到行包×件。车内储备的食品、饮用水和燃油比较充足，可满足现场需要，无旅客伤亡和财物损失情况，特此报告。"

调度员（××）答复："收到，请维护好现场秩序，做好旅客服务工作，尽量满足旅客需求，保证安全。"

列车长答复："收到，明白。"

说明：遇有车辆故障、破损或人员伤亡时要将具体情况统计准确、报告清楚，讲明现场需请求救援事项；需请求120救护人员到场时，由列车长联系驾驶员向列车调度员报告，请求联系120救护人员到场救治伤员。

（3）部署工作

列车长召开"三乘"会议做好工作分工，组织列车客运乘务员加强车门管理和巡视作业，做好解释、服务工作，保证饮水、饮食供应，没有列车长统一安排，不准打开车门组织旅客下车；加强票据和进款管理，及时入柜加锁；看护好行包，防止被盗丢失；组织乘警做好列车治安管理，保证列车治安秩序良好；组织车辆乘务员做好车辆防护工作，发现问题及时处理。

（4）现场处置

1）列车长组织做好宣传解释和服务旅客工作。

① 列车长组织利用广播、车厢乘务员通过口头宣传等方式向旅客通告列车停止运行的具体原因，并做好问询解答等服务工作："旅客们，我是×次列车列车长，受风雪断道影响，前方线路中断，铁路部门正在积极组织抢修，列车现在停车等候通车，列车现在大约晚点×时×分。请您谅解。""为了确保各位旅客的人身安全，列车停留期间请

大家不要离开列车。如果您有什么需求，请与本车厢的乘务员联系，我们将尽力帮助您解决，也请大家密切配合我们的工作，让我们更好地为您服务。”

② 列车长组织乘务员做好服务工作：“各车厢乘务员，请检查车门加锁情况，不准组织旅客下车，加强车内巡视，适时调节车内温度，耐心解答旅客问询，稳定旅客情绪，维护车内秩序，照顾好重点旅客，尽量满足旅客需求，对旅客提出的问题及时妥善处置，防止发生公共舆论事件。”

各车厢乘务员答复：“收到，明白。”随后乘务员进入车内进行巡视和为旅客服务。

说明：列车乘务组人员在解答旅客咨询时，不得使用“不知道”“不清楚”等不负责任的言语或有不耐烦的表现，严禁向旅客作出超出工作范围内的各类承诺。对反应强烈的旅客要采取措施防止过激行为。非自然灾害原因造成晚点超过 30 分钟时，列车长通过广播公开道歉。

2）救治旅客。列车停留 29 分钟时，列车 4 号车厢乘务员发现 56 号席位男性旅客身体出现不适症状，双手放在胸口部位不断揉动，经询问旅客疑是心脏病发作，立即向列车长报告救治。列车长通知红十字救护员到场进行初级处置，并组织在旅客中寻找医生帮助救治。

① 列车长通知红十字救护员赶赴现场进行初级救治：“红十字救护员，×次列车 4 号车厢 56 号席位旅客突发心脏病，请你立即到场进行救治。”红十字救护员答复：“收到，我立即安排人赶赴 4 号车厢救治。”

② 列车长通知广播员寻找医生：“广播员，现在×次列车 4 号车厢 56 号席位旅客突发心脏病，请你立即广播寻找医生到场帮助救治旅客。”

广播员答复：“收到。”并立即通过广播寻找医生：“各位旅客，现在×次列车 4 号车厢 56 号席位旅客突发心脏病，如果您是医生请立即到现场帮助救治旅客，谢谢。”

③ 红十字救护员到达现场后，立即为旅客含服了心脏急救药品，这时有一名医生赶到现场帮助救治旅客，又有一名旅客送来治疗心脏病的急救药剂。通过医生的救治使旅客的病情得到了缓解，56 号旅客要求继续旅行。

说明：发生人身伤亡时，列车长立即组织红十字救护员、旅客中医务人员救治；需 120 急救人员到场救治时，列车长组织车辆乘务员通过机车乘务员向列车调度员报告，请求联系 120 急救人员到场救治，需转运时，列车工作人员密切配合医务人员做好转运工作。

3）做好饮食供应。列车停留期间，乘务组要做好饮食供应工作，不间断地向旅客供应饮用水和食品，尽量满足旅客需求，对于重点旅客要重点照顾。

说明：列车在停留期间，如食品、饮用水、燃料短缺及集便箱容积不能满足使用要求，列车长要及时与就近车站或所在铁路局客调联系，请求帮助解决具体事项。向地方政府求助时，必须征得本铁路局调度同意方可实施。

（5）线路开通列车恢复运行

1）列车长组织广播员向旅客通告：“各位旅客，前方中断的线路已经修复，列车马上就要开车了，请大家继续旅行。”

2）晚点通报："各位旅客，列车已经开车，现在晚点 56 分钟，如果列车晚点影响您中转换乘，请与本车厢乘务员联系，我们将尽力帮助您解决，由此给您带来的不便请谅解。"

3）业务处理：因线路中断造成列车晚点运行，影响旅客中转换乘时，列车长应编制客运记录，将旅客移交中转站，办理车票改签手续。

说明：如列车停运需要转运旅客，列车长要指定乘务员按车厢对旅客编号登记，向车站接运人员交接旅客和携带物品。

任务自测

1．遭遇大雪恶劣天气时，应加派人员引导防护，组织不少于________名人员进行旅客宣传、防护和疏导。

2．大雪时，设置________。利用隔离绳和隔离墩将出口中部进行隔离，留出口两侧铺设________以便于旅客行走。

3．大雪时，加强高架层、站台层各通道及关键区域的巡视检查，发现门窗摇摆、________等安全隐患要立即上报，并及时采取措施，妥善处理。

4．大风时，利用隔离带将出口强风区域进行________，确保旅客人员的安全。

5．大风时，车间组织人员利用链锁将各通道玻璃门进行________，避免撞伤旅客。

6．动车组遭遇暴风雪天气应急处置实作。处置实作评分标准见表 2-11。

表 2-11 动车组遭遇暴风雪天气应急处置实作评分标准

考核内容	配分	评分细则	扣分	得分
列车因恶劣天气在区间内被迫停车时，列车长要通过广播向旅客通报灾害事故及列车受阻情况	5	未进行广播扣 5 分		
乘务员要坚守岗位，服从列车长的指挥，加强车内巡视，向旅客做好解释、安抚和安全宣传工作，不得擅自打开车门和下车	10	未进行车内巡视扣 3 分；未做好解释工作扣 3 分；擅自打开车门扣 4 分		
列车长组织乘务员做好服务、解释、安抚、致歉和饮食供应工作	10	漏项扣 10 分		
列车长要尽快向列车所在局客调汇报灾害及列车受阻情况，报告内容：时间、车次、地点、灾害自然状况、受阻列车情况（旅客人数、去向，重点旅客、水、餐料等），有车辆破损或人员伤亡时应根据需要请求救援	15	未及时汇报扣 15 分；报告内容不完整，每漏 1 项扣 3 分		
列车长要组织乘务员做好食品的供应，严格控制餐售物价和卫生质量。餐料、饮水短缺时，要及时与列车所在局客调或就近车站、地方政府联系，尽力满足受阻旅客需求	15	未做好食品供应扣 15 分		

续表

考核内容	配分	评分细则	扣分	得分
列车受阻断电或造成晚点时，按照《高铁动车组运行中车厢内突然断电应急处置预案》及《高铁动车组晚点的应急处置预案》相关内容处理	10	每处理不当，一处扣2分		
列车受阻需转乘救援列车时，列车长应通过广播通知全体旅客带好随身携带物品，不要拥挤、推搡，听从乘务员的指引，有序快速地转移到其他动车上	15	未进行广播通知扣5分；未组织好旅客转移扣10分		
乘务员应按照《高铁动车组旅客转乘的应急处置预案》内容，做好旅客换乘前的准备工作，安排好换乘车厢顺序，积极有序地组织好旅客乘降，协助重点旅客上下车，做好防护，提醒旅客注意人身安全以免发生意外	10	未组织好旅客乘降扣4分；未协助重点旅客扣3分；未提醒旅客注意安全扣3分		
因线路中断停止运行的列车，列车长要按规定及时拍发电报，编写客运记录，并在旅客车票背面注明原因、日期、返回站，加盖列车长名章，作为旅客免费返回、办理退票、换车延长有效期间的凭证（或按照上级要求办理），保证旅客安全转运	10	未及时派发电报，编写客运记录扣7分；未在旅客车票背面注明详细情况扣3分		
耗时：　　分钟	得分			
考评员签字：				

项目3

高铁行车突发事件安全管理与应急处置

项目描述

近年来，高温热浪、暴雨洪涝等事件频发，极端天气、强降水、台风等事件给铁路运输带来了安全隐患，在国家应对重大自然灾害的战略部署中，高速铁路也扮演着重要的角色。高铁行车组织要完善重大自然灾害应急处置机制，提高行车安全效率，助力平安中国建设迈向更高水平。本项目按照非正常情况下的行车组织要求，针对恶劣天气下行车安全问题，介绍了列车运行中接到危急行车安全通知时、运行中碰撞障碍物或人、动车组因故障停车时行车组织的安全管理与应急处置。

学习目标

1. 能掌握恶劣天气甚至灾害天气行车时的处置方法。
2. 能辨别列车运行途中危及行车安全的危险源，并能及时按照技术规定要求处理。
3. 能掌握异物侵限子系统灾害报警信息时的处置方法。
4. 能掌握动车组列车停在接触网分相无电区行车作业方法。
5. 能掌握动车组非正常情况下接发列车事件处理方法。
6. 能强化安全风险的超前研判与防范意识。
7. 了解在突发事件发生时，铁路向社会展示危难之际的担当精神。

任务 3.1
恶劣天气行车安全管理与应急处置

知识准备

3.1.1 自然灾害及异物侵限监测系统风速监测子系统大风报警

事件描述

高铁自然灾害及异物侵限监测系统是铁路信息系统的重要组成部分，为高速铁路运营提供可靠的灾害预警，是高铁行车安全的重要保障系统之一。在该系统中，由风速设备现场采集设备实时采集现场风速、风向，以及异物传感器的数据并发至监控单元。灾害设备维护工作按照“统一管理、专业负责”的原则进行。由各铁路分局工务处负责灾害监测统一管理，电务、工务、供电等相关部门和站段共同做好灾害监测系统的维护和管理工作。在调度所中，灾害监测的运用主体是列车调度员，要根据日常掌握的资料和运输需求剔除风速设备的增减，发生报警信息或系统报警故障时，及时有效地采取应急处置措施。

风的界定：空气相对于地面的运动，包括方向和大小（即风向和风速）。

风速风向的界定：风速是单位时间内风移动的距离，风向是（相对于正北方向）风吹来的方向。

安全风险及预防控制

1. 安全风险

1）大风导致门窗，加固围板、棚架、广告牌等易被风吹动的搭建物，室外物品，遮盖建筑物资容易误入铁路限界，给行车带来安全隐患。

2）大风引起森林、草原火灾隐患等。

3）大风对铁路沿线设备的损坏影响行车安全。

2. 预防控制

1）铁路单位和部门根据高铁沿线设备、地质地形、气象水文等条件，确定可能发生的灾害类型，加强危险源的监控，对可能引发事故的重要信息及时报告。

2）各铁路局加强与地方水利、气象、地震、国土资源等相关部门的联系。建立应急联络机制，做好防灾工作。

3）遇到灾害性不良天气，相关铁路局要及时发布预警信息。

应急处置

1）因恶劣天气（含暴雨、大雾、大雪、冰雹、台风等）影响动车组列车正常运行，客运（客服）调度应及时通知客运管理部门及沿线车站及滞留列车，客运管理部门应了解现场情况，指挥应急处置，站、车及时公告旅客并致歉。

2）风速监测子系统提示大风报警信息时，列车调度员根据报警提示向相关列车发布限速调度命令。对来不及发布调度命令的列车，立即通知驾驶员限速运行。驾驶员接到调度命令或通知后，应立即采取措施限速运行。

3）遇到大风天气，当风速监测子系统发出禁止运行的报警信息时，列车调度员应及时关闭有关信号（车站控制时通知车站值班员关闭有关信号）并通知驾驶员停车，驾驶员接到通知后立即采取停车措施。

4）列车运行途中，遇大风，驾驶员根据情况控制车速，并告知列车调度员。列车调度员通知后续首列列车驾驶员在该地段注意运行；列车驾驶员通过该地段时，及时通知列车调度员。

5）当风速监测子系统报警提示发布限速调度命令，遇上风速不稳或同一个地段多处风速报警时，列车调度员可以合并设置，按照最低限速值发布限速调度命令，当风速监测子系统报警提示时环境风速与动车组限速要求见表3-1。

表3-1 当风速监测子系统报警提示时环境风速与动车组限速要求

环境风速 v/（米/秒）	动车组限速要求/（千米/时）
$v \leqslant 15$	正常速度行驶
$15 < v \leqslant 20$	≤300
$20 < v \leqslant 25$	≤200
$25 < v \leqslant 30$	≤120
$30 < v$	禁止驶入风区

6）当风速监测子系统限速报警解除后，列车调度员及时取消前发布调度命令，恢复正常行车。在线路中心线距站台边缘为1 750毫米的正线、到发线办理动车组列车通过时，动车组速度要求见表3-2。

表3-2 动车组速度要求

环境风速/（米/秒）	动车组速度要求/（千米/时）
≤15	≤80
>15	≤45（注意运行）

7）列车调度员发现风速监测子系统故障时，应立即通知设备管理单位，并在行车设备检查登记簿内登记；设备管理单位发现风速监测子系统故障时，应立即报告列车调度员，并在调度所行车设备检查登记簿内登记。

8）风速监测子系统故障期间，故障区段如遇天气预报7级以上大风天气，工务部门应及时向列车调度员提交天气预报信息，列车调度员按照天气预报的最大风级向相关列车发布限速调度命令。天气预报的最大风级与列车限速标准见表3-3。

表 3-3　天气预报的最大风级与列车限速标准

最大风速	动车组运行速度/（千米/时）
≤7 级	≤300
8、9、10 级	≤120
11 级及以上	禁止进入风区

案例分析

案例 1：大风天气导致多辆进京高铁晚点

事件概况：2012 年 3 月 23 日，北京遭遇入春以来最强风。受其影响，京沪高铁多辆动车延误或停运。受强冷空气影响，北京、安徽、山东、山西、河北、河南等地出现大风天气，部分地区瞬时风力达 8 级、9 级，各地气象部门相继发布大风预警信号，提请公众注意防范。其中，北京遭遇近年来最强风。城区最大阵风达到 8 级，郊区甚至观测到 9 级风。大风不仅让行人行走困难，还刮倒不少树木和临时建筑。大风不仅使北京市民出行受到影响，而且给京沪高铁带来了不小的麻烦。受大风影响，京沪高铁部分列车采取降速运行措施，记者从北京铁路局部门获悉，截至 3 月 24 日 16 时 30 分，已造成多趟动车组列车晚点，其中，进京方向有 8 趟列车。

北京市气象台 3 月 23 日发布了大风蓝色预警，当日北京铁路部门接到大风影响通知后，立即组织供电、调度等部门，加强设备检查和列车运行组织。同时，组织两组动车组备用车赶赴北京南站，确保始发高铁正点运行。

北京铁路局也在第一时间通知北京南站、廊坊站、天津西站、天津南站、沧州西站、德州东站，投入人力有序组织旅客乘车，并做好安抚解释工作。

据统计，截至 3 月 24 日 16 时 30 分，京沪高铁进京方向晚点列车共八列，其中，G110 次列车晚点 1 小时 53 分，G32 次列车晚点 1 小时 54 分，G2 次列车晚点 1 小时 51 分。

据铁路部门介绍，列车晚点还有一个原因是大风导致京沪高铁北京南至天津南间部分接触网停电、天津南站发生设备故障。铁路部门已经采取紧急应对措施，加强设备抢修和运输组织，确保运输安全，全力恢复列车运行秩序。随着风力逐步减弱，京沪高铁于 3 月 24 日 19 时 02 分恢复正常运行。

（资料来源：马常艳. 京冀鲁等 6 省市遇大风侵袭 部分高铁停运[EB/OL].（2012-03-24）[2017-12-19].
http://www.ce.cn/xwzx/gnsz/gdxw/201203/24/t20120324_23184400.shtml.）

分析：建设投入成本如此之高的高铁，经不起大风吹的原因如下。

1）高铁动力供应采用的是弹性接触网，风力过大会使摆幅过大，导致京沪高铁部分列车降速运行造成晚点。

2）一旦预警 10 级大风及以上时，高架及地面地铁线将停运。大风（甚至台风）带来的次生灾害包括暴雨引起的山体滑坡、泥石流等，另外，房屋、桥梁、山体等在台风中受到洪水长时间的冲刷、浸泡，即便当时没有发生坍塌，待台风、洪水退去后，由于上述原因容易出现房屋、桥梁坍塌等，因此如果台风很大，会影响高铁交通出行。台风来临时，刮起的大风，将路边异物吹起，挂到高铁接触网上，会造成设备故障，并且威胁着人们的生命安全。同时，台风造成的暴雨和海水倒灌很可能造成城市内涝等次生灾害，引发地面交通瘫痪、地铁停运等，影响城市正常运行甚至造成人员伤亡。

案例 2：大风天气影响南疆铁路六趟旅客列车运行

事件概况：2017 年 5 月 19 日 13 时 39 分，南疆铁路吐鲁番至珍珠泉间突遇大风天气，为确保列车运行绝对安全，在该区段运行的旅客列车停轮避风。

截至 5 月 19 日 18 时 30 分，南疆铁路共有六趟旅客列车在铁路沿线车站停运避风，包括库尔勒至成都 K454 次、阿克苏至重庆北 K544 次、阿克苏至西安 K170 次、库尔勒至乌鲁木齐南 Z6508 次、成都至库尔勒 K453 次、乌鲁木齐南至库尔勒 Z6507 次。

（资料来源：闫文陆，徐涛. 大风天气影响新疆南疆铁路 6 趟旅客列车运行[EB/OL].（2017-05-19）[2017-12-19]. http://www.chinanews.com/sh/2017/05-19/8229090.shtml.）

分析：值乘该趟列车工作人员的应对措施如下。

1）及时通知相关铁路局，做好启动大风天气应急处置预案准备。

2）列车滞留车站积极与滞留列车工作人员取得联系，确保餐料和饮用水正常供应。

3）各车厢乘务员积极做好旅客服务工作，并随时调节车厢温度以保证乘客的舒适度。

3.1.2　自然灾害及异物侵限监测系统雨量监测子系统报警

事件描述

在恶劣天气下，降雨量过大雨水冲刷影响了路基，可能导致高铁限速。夏天强对流多，大风、冰雹和雷电等恶劣天气破坏接触网，积水影响轨道等一系列客观原因都有可能导致列车晚点的现象发生，既然改变不了神秘莫测的大自然，那就需要广大旅客对列车晚点给予理解和支持，明白铁路限速背后是将广大旅客的安全放在第一位的良苦用心。当然限速需要铁路职工、广大旅客共同应对，需要心往一处想、劲往一处使，同心协力确保列车的安全。

降水量的界定：是指从天空降落到地面上的液态或固态（经融化后）水，未经蒸发、渗透和流失而在水平面上积聚的深度，一般以毫米为单位。

降雨量的界定：降雨量是指从天空降落到地面上的雨水，未经蒸发、渗透、流失而在水面上积聚的水层深度，一般以毫米为单位。

降雨强度的界定：单位时间或某一时段内的降雨量。

安全风险及预防控制

1. 安全风险

1）大范围的大暴雨或特大暴雨，往往会在短时间内导致山洪暴发、山体滑坡或城市内涝，威胁人们的生命财产安全。

2）预防/预警：四色警报。暴雨预警信号分四级，即Ⅳ级（一般）、Ⅲ级（较重）、

Ⅱ级（严重）、Ⅰ级（特别严重），依次用蓝色、黄色、橙色和红色表示。暴雨预警信号以当地气象局播报为主，铁路部门应随时保持与气象局信息畅通，实时跟踪天气变化情况。对于水域情况，铁路部门应该掌握降雨量及水位变化情况，及时做好应急预案。

3）及时确定铁路设备上游的水库、尾矿及容易发生泥石流等地段的安全，随时掌握大江大河的水文及地质灾害情况。

4）暴雨天气做好边坡溜坍、危岩落石、河岸冲刷等为重点，次生灾害危急行车安全。

2. 预防控制

1）暴雨引发的汛期期间，机车乘务出乘之前要熟悉出乘区段的防洪危险点，运行中严格执行调度命令，密切注视线路、周边环境变化及工务部门巡查人员的信号，彻底瞭望，严禁臆测行车。

2）列车调度员、车站值班员要科学调度、正确指挥行车，接到区间异常报告，要迅速查明情况，及时指示列车停车或限速运行，情况不明，严禁放行列车。

3）雨量超标会引发次生灾害，气象部门、防汛部门等应该协调合作，尽量做好防洪隐患排查工作。

应急处置

1）遇到雨量监测子系统提示雨量监测报警信息时，列车调度员根据报警时间向相关列车发布限速运行的调度命令。对来不及发布调度命令的列车，立即通知驾驶员限速运行。驾驶员接到调度命令或通知后，应立即采取措施。

2）列车通过防洪重点地段时，驾驶员要加强瞭望，并随时采取必要的安全措施。动车组列车运行中，驾驶员发现积水高于轨面时，应立即停车，根据现场情况与随车机械师共同确认行车条件或请求救援，并立即报告车站值班员，车站值班员报告列车调度员。列车调度员立即通知已进入区间的后续列车停车（避免停在隧道内），不在该区间放行列车。

3）当洪水漫到路肩时，列车应按规定限速运行；遇有落石、倒树等障碍物危及行车安全时，驾驶员应立即停车，排除障碍并确认安全无误后，方可继续运行。

4）列车遇到线路塌方、道床冲空等危及行车安全的突发情况时，驾驶员应立即采取应急性安全措施，并立即通知追踪列车、邻线列车及列车调度员（邻近车站）。配备列车防护报警装置的列车应立即使用列车防护报警装置报警。

5）降雨量与列车限速要求见表 3-4。

表 3-4 降雨量与列车限速要求

重点防洪地段 1 小时降雨量/毫米	列车限速/（千米/时）
≥45	120
≥60	45
≤20，持续 30 分钟以上	可逐步解除限速

6）列车调度员发现雨量检测子系统故障时，应立即通知设备管理单位，并在行车设备检查登记簿（表 3-5）内登记；设备管理单位发现雨量监测子系统故障时，应立即报告列车调度员，并在调度所行车设备检查登记簿内登记。雨量监测子系统故障期间由工务部门根据降雨情况，在调度所行车设备检查登记簿内登记限速或封锁。

表 3-5　行车设备检查登记簿

日期	时间	故障处所及现状	车站值班员	月日	时分	通知方式及人员
9月20日	10时25分	异物监测系统雨量监测系统故障……	刘××	9.20	10:26	电话通知
						电务：徐××
						工务：王××
9月23日	13时	…	…	…	…	…

案例分析

案例 1：高铁遇上暴风雨，安全比什么都重要

事件概况：2017 年 6 月 10 日，受大范围降雨影响，京沪高铁列车出现不同程度晚点。截至 14 时 20 分，已经有 20 多趟列车晚点，晚点时间最长的达 1 小时 40 分钟。针对新一轮降雨过程，国铁集团（当时的中国铁路总公司）已在日前发布了暴雨预警通知，部署相关铁路局严密防范，全面落实汛期各项制度措施，确保主汛期铁路运输安全。

一列呼啸而过的高铁，是那么的壮观、洒脱，乘载着数百名旅客到达不同的目的地，带给旅客出行的是安全、快捷、舒心。然而天公也有不作美的时候，京沪高铁列车受到了局部暴雨的影响，铁路部门要求“宁可错停，不可盲行”，而至南京、至镇江区间的列车在中午时段实施限速 200 千米/时的运行措施，不折不扣地执行雨量警戒办法，落实“扣停拦绕”等汛期行车安全措施，以确保铁路大动脉的安全畅通。

（资料来源：佚名. 高铁遇上暴风雨安全比什么都重要[EB/OL].（2017-06-13）[2017-12-19]. http://news.gaotie.cn/anquan/2017-06-13/403127.html.）

分析：“安全责任大于天”，为了把广大旅客的生命安全放在第一位，铁路部门果断应对降雨天气的影响，关注气象信息的同时，要求在暴雨笼罩下的路段该减速时要减速，该临时停靠就要临时停靠，杜绝冒险通过。因为列车的命运关系到成百上千个家庭的命运，没有比生命更重要的了，铁路部门把行车安全放在第一位，彰显了铁路部门对旅客生命至上的责任和服务态度。

凡事冒险就可能遇到危险，安全生产无小事，还需要铁路部门筑牢安全防线，加强防洪防汛安全力度，为广大旅客出行提供可靠的行车安全，确保广大旅客平安、顺利地到达目的地。

案例 2：2010 年“8・19”宝成线 K165 次客运列车脱轨事故

事件概况： 2010 年 8 月 19 日，K165 次客运列车（西安机务段配属 SS7D0026 号机车，成都机务段驾驶员曹某某值乘，编组 18 辆，总重 1 016 吨，计长 43.2 米）运行至成都局宝成线下行线 DY-GH 间石亭江大桥 K606+600 米左右，驾驶员发现列车突然左右异常晃动，同时发现前方运行左侧桥上有一名身穿黄色防护服的工作人员显示停车手信号，立即采取紧急制动措施，15 时 15 分机车停于 K607+33 米处，经检查发现机后第 5、6 位和第 8～17 位 12 辆脱轨。在现场的工务、公安、运转车长等相关人员会同列车乘务组人员立即组织旅客疏散，约 15 时 29 分疏散完毕。约 15 时 40 分，石亭江大桥第 5、6 号桥墩相继倒塌，第 7 号墩倾斜，停于桥上的 K165 次列车第 15、16 位车掉入江中，未造成任何人员伤亡。

事故造成宝成线下行线石亭江大桥第 5、6 号桥墩垮塌，第 7 号桥墩倾斜，第 5、6、7 孔的 16 米Ⅱ型梁落入江中，损坏线路 840 米，P50 护轨 300 米。接触网 183 号柱被洪水冲走，181 号、185 号支柱变形，185 号定位器脱落，181～187 号悬挂损坏，200 米接触线、承力索受损。机后第 15～16 位车掉入江中，第 12～16 位客车报废，第 17 位大破；第 5、6、8、9、10、11 位等 6 辆客车小破，无人员伤亡。

事故原因是连续强降雨造成石亭江水位上涨，流速加快，为 10 年来流量最大的洪水，且夹杂大量泥沙、土石，剧烈冲刷河道和桥基，造成河床急剧下切，同时上下行两桥相距较近，两桥桥墩交错设置，桥址水流流态复杂，进一步加剧了下游桥基冲刷，加之下行桥墩基础浅，抗冲刷能力不强，导致桥墩基础被淘空引起桥墩失稳、倾斜，线路变形，造成列车脱轨，继而桥墩倒塌，车辆坠江。

（资料来源：成都铁路局，2018. 成都铁路局行车典型事故案例汇编[Z]. 成都：成都铁路局.）

分析：

1）行车过程中，K165 次列车值乘驾驶员在没有接到行调命令时，遇到紧急情况冷静果断，预判风险，及时采取紧急制动，列车脱轨后没冲出桥面。遵循了“宁可错停，也不盲目行”的原则，将旅客的安全放在第一位。

2）社会出动多路抢救力量，紧急救援。事发时，当地民警、附近的施工人员、附近抢险的民兵等迅速参与救援疏散。

3）出发前乘务员专门演练过紧急疏散旅客，事故发生时，K165 次列车乘务组临危不乱，迅速组织旅客有序撤离，15 分钟内将所有旅客安全转移。当所有人员刚刚撤离完毕后，列车第 15、16 位车坠入了江中。

列车在行遇到类似的情形时，应做好如下旅客应急疏散工作。

① 首先各车厢乘务员应该及时安抚旅客，广播人员及时播报实时信息，协同做好旅客安抚工作，保证车厢内部通畅，及时往车厢端门处疏散旅客。

② 现场工务人员、公安、运转车长等相关工作人员会同列车乘务组人员组织旅客疏散至空旷区域。

③ 及时告知邻近车站做好应急预案准备的客流疏散工作，保证路面其他交通方式畅通，减少旅客的应急损失，并在邻近车站协同配合进行退票、改签等业务。

案例 3：特大暴雨造成多条铁路出现水害，中国铁路郑州局 24 小时不间断组织抢险

事件概况：2021 年 7 月 20 日 17 至 20 时，河南省气象局消息，河南省地质灾害预警预报多地达到红色预警，郑州中东部地区出现大到暴雨，局部地区大暴雨，其最大小时雨强 124.8 毫米（17—18 时）。中国铁路郑州局集团有限公司及时启动一级应急响应，管内京广、陇海、侯月、宁西普速铁路和京广、郑西、郑太高铁部分区段先后实行封锁和限速运行，部分普速铁路区段出现泥石流上道、边坡溜塌、路堤滑塌、水漫道床等水害险情。管内普速、高铁列车大面积晚点，停运、折返列车达 137 趟。

其中 K599 次列车运行至京广线郑州市南阳寨至海棠寺区间，紧急停车，水害造成该段线路路基下沉、边坡溜坍等险情，致列车第 3 位和第 4 位车辆发生倾斜。20 日 21:00，K599 次列车将旅客转移至安全车厢，运行至南阳寨车站后疏散旅客，水害现场留下 8 节空车体。当前，铁路部门正在组织大型机械抵达现场，拟采取起吊车体、修复线路等措施。郑州桥工段海棠寺线路车间，组织 120 余名干部职工，冒雨赶赴现场，采取线路充填石英砂和泥土等措施，紧急抢修线路。

（资料来源：佚名. 特大暴雨造成多条铁路出现水害 中国铁路郑州局 24 小时不间断组织抢险[EB/OL].（2021-07-21）[2021-07-21]. https://news.cctv.com/2021/07/21/ARTIiK8JuSN2z6AZmvp7UQir210721.shtml.）

分析：郑州灾情一发生，地处灾区的郑州铁路部门快速行动，作出响应，并以最快速度向民众告知。第一时间启动应急预案，紧急发布列车绕行、客车迂回、停运信息。组织抢险队伍昼夜抢险，保证线路安全。

设身处地为旅客着想，践行为人民服务的宗旨，传递铁路对数万受阻旅客和受灾民众的关爱。据报道，郑州铁路部门果断组织旅客列车绕行或停运。并制定了一系列便民举措，所有停运列车车票可在票面乘车日期起 30 天内，到全国任一火车站退票窗口免费办理退票手续。

灾害无情人有情。郑州暴雨灾害发生以来，铁路部门分分秒秒在行动。灾害后续恢复工作持续到灾情结束，各项抢修的任务依旧十分艰巨。铁路部门正是将这种责任在关键时刻全力担当，在灾害救援中反应强烈，这恰恰是我们国家、我们民族的进步。

3.1.3　自然灾害及异物侵限监测系统雪深监测子系统报警

事件描述

雪一般不会对列车造成影响，只有罕见的特大暴雪才会影响铁路正常运输。我国高铁贯穿南北，同一季节不同地域的温差能够达到 40℃，大雪天气积雪难融，出现冰冻现象，对交通很不利，寒潮暴发期会导致多列车晚点甚至停运。普通的动车组没有特别的防寒措施，温度低于一定范围就有可能出现机械故障，另外，雨雪冰冻对接触网和轨道都有安全隐患。

降雪量的界定：在气象上有严格规定，降雪量用一定的标准容器，将 12 小时或 24 小时收集到的雪，融化了之后测量出的量度。一般有小雪、中雪、大雪、暴雪四个级别。

积雪深度的界定：积雪面到地面垂直深度，以毫米为单位。

安全风险及预防控制

1. 安全风险

1）因为大雪会囤积在道岔的尖轨和辙岔部分上，在一定程度上直接影响列车过岔子，甚至会使列车走错股道造成行车事故；而且大雪会冻住道岔转辙机械，从而不能排列进路，造成铁路运输中断，所以每当下大雪的时候，车站会组织车务和电务部门进行清扫。

2）大雪会覆盖在线路上，使轨道电路不良，从而使信号显示错误或不显示，容易造成机车信号掉码中断行车，甚至会发生列车冲突。

3）在电气化铁路上，雨雪天气会让接触网结冰。暴风雪会造成电力接触网断线塌网，从而使电力机车不能运行。

4）影响驾驶员瞭望。虽然现在机车都有机车信号机和监控器，行车安全有了极大保障，但是在恶劣的天气里，很容易发生突发事故，所以暴风雪中列车是减速慢行。在东北大铁路干线上，道岔上都有自动电加热除雪装置，可以有效保障铁路运输。

2. 预防控制

大雪天气降速运行，高铁抗风雪最关键的就是要保护轨道、道岔和接触网等。钢轨上是很难积雪的，但道岔相对于轨道比较容易被冰冻住，应加大对转辙机械道岔融雪装置等的养护。

高寒地区会对车载设备（在车底暴露环境下）造成苛刻环境。降速运行能够保证电气设备的安全和有效运行，保证车辆稳定。

一旦有冰冻，进出站列车会受到一定影响，可能会导致车次延误。在寒潮大雪天，车站应配置防滑草垫、喷灯、喷枪、煤气瓶、工业盐等工具，一旦发现有下雪迹象，车站迅速启动雨雪天二级应急预案，做好车票退票、改签业务，建立扫雪保障畅通指挥网络。所有车间部门组织扫雪队，一有积雪立即道岔除冰、扫雪、防滑等。

在大型客运中转站，加大滞留客流疏导，排除安全隐患。

应急处置

1）自然灾害及异物侵限监测系统雪深监测子系统报警，即雪深值达到警戒值时，列车调度员应根据报警信息和限速提示及时向相关列车发布限速运行的调度命令。对于来不及发布调度命令的列车，应立即通知驾驶员限速运行。未安装雪深监测子系统的区段或雪深监测子系统故障时，工务、电务部门根据降雪情况和需要，在调度所行车设备检查登记簿内登记限速申请，并可根据积雪量变化情况，提出提速或进一步限速的申请，列车调度员要及时发布调度命令。

2）安装动车组运行故障动态图像检测系统（trouble of moving EMU detection system，TEDS）的区段，TEDS 监控中心要加强对动车组转向架结冰、积雪等情况的监测分析，发现动车组转向架结冰需限速运行时，应立即将车次及限速要求等按规定报告动车调度员。动车调度员通知列车调度员进行处置。列车运行过程中，随车机械师发现动车组车底异响、动车组被击打等异常情况需要列车限速时，应立即通知驾驶员限速。驾驶员根据随车机械师的限速要求运行，并向列车调度员报告被击打地点里程，列车调度员不再发布限速调度命令。列车调度员通知动车调度员，提示后续列车驾驶员、随车机械师在该被击打地点注意列车运行状态；动车调度员应立即通知前方TEDS监测点进行重点监测。列车通过该被击打地点后，驾驶员、随车机械师应及时上报有关运行情况。

3）降雪时，应根据线路积雪情况及时启用道岔融雪装置。降雪达到中雪及以上，车站道岔转动困难时，为减少道岔扳动，车站可采取固定接发车进路的方式办理接发列车作业，上下行各固定一条接发车进路。始发、终到列车较多的车站执行有困难时，可选择交叉干扰少、道岔位置改变少的几条线路相对固定办理接发车作业。较大客运站尽量停靠在便于上水、吸污的线路。

4）需人工上道除雪时，上、下道应执行登记签认制度。列车调度员应根据相关单位的申请，停止本线接发列车及调车作业，邻线列车限速为160千米/时及以下。

5）道床积雪、接触网结冰受电弓取流不畅时，驾驶员应先采取减速措施，并及时向列车调度员汇报，列车调度员通知有关专业调度，专业调度及时通知有关设备管理单位，设备管理单位及时查明情况，按规定提出限速申请，列车调度员及时发布限速调度命令。

6）供电部门应掌握接触网导线结冰情况，需要列车限速时，应立即登记在行车设备检查登记簿内，向列车调度员提出限速申请。需要接触网除冰时，供电部门提出除冰申请，列车调度员应及时安排接触网除冰车辆上线运行。遇接触网导线覆冰时，可取消天窗停电作业，并在天窗时间内开行动车组、单机，进行热滑融冰。

7）随车机械师在始发、折返站发现动车组转向架结冰、受电弓无法升起、动车组被击打等异常情况需要处理时，应及时通知驾驶员，由驾驶员报告列车调度员，列车调度员通知动车调度员，动车调度员根据随车机械师反映情况和车辆运用情况提出更换车底或限速申请，并组织入库动车组除雪融冰。

8）降雪结束后，提出限速的设备管理单位应做好对有关行车条件的检查确认，及时恢复常速运行。在具备提速条件或限速情况消除时，应向列车调度员提出申请，列车调度员及时发布相关调度命令。雪后恢复常速运行的具体程序和办法由铁路局规定。

9）列车调度员发现雪深监测子系统故障时，应立即通知设备管理单位，并在行车设备检查登记簿内登记；设备管理单位发现雪深监测子系统故障时，应立即报告列车调度员，并在调度所行车设备检查登记簿内登记。

10）冰雪天气限速要求见表3-6。

表3-6 冰雪天气限速要求

冰雪天气状况	无砟轨道限速要求/（千米/时）	有砟轨道限速要求/（千米/时）
运行区段降中雪或积雪覆盖轨枕板或道砟面时	<200	<250
当运行区段降大雪、暴雪时（界定以气象部门公布观测为主）	<200	<160
无砟轨道区段轨枕板积雪厚度为100毫米以上	<200	—
有砟轨道区段道砟面积雪厚度为50毫米	—	<160
动车组转向架结冰需要列车限速	<250	<200
接触网导线结冰受电弓取流不畅时	<160	

案例分析

案例：广州铁路集团积极应对雨雪天气

事件概况： 2014 年 2 月 19 日，我国中部地区出现雨雪天气，湖南东北部和西部的长沙、岳阳、怀化等地普降中到大雪，为确保高铁运行安全，京广高铁赤壁至长沙南限速至 160 千米/时运行，长江以北开往湖南方向的高铁普遍出现不同程度晚点。

面对恶劣天气，广铁集团迅速启动打冰、扫雪和列车晚点应急预案，在京广高铁、京广线、石长线、焦柳线等铁路沿线组织 3 000 余人紧急打冰除雪，对线路道岔等关键设备及时清理积雪，并喷洒防冻液进行防护，保证铁路线路畅通。

为方便旅客出行，长沙站、怀化站等客运大站在车站广场启用了近万平方米的临时候车棚和“便民风雨棚”，以缓解候车室候车压力，方便旅客在雨雪天气遮雨挡雪；并将候车室、售票大厅空调制暖全部打开，并在楼梯口、洗手间等地面湿滑的地方紧急启用了加速地面干燥的鼓风机，通过广播、扬声器、电子显示屏等反复提醒广大旅客路滑，防止旅客滑倒。

由于当时仍处于务工客流和学生客流出行高峰，当日广铁发送客流达 90 万，广东各大火车站涌入客流超 40 万，其中，广州站客流达 5.4 万，广州东站客流达 6.6 万，广州南站客流达 7.3 万，深圳站客流达 5.1 万；湖南各大火车站涌入近 40 万旅客，其中，长沙站和长沙南站分别迎来 5 万和 4 万客流。

（资料来源：李明. 中部地区迎新一轮雨雪 京广高铁部分路段限速[EB/OL].（2014-02-19）[2017-12-19]. http://www.chinadaily.com.cn/hqgj/jryw/2014-02-19/content_11245582.html.）

分析： 针对列车在遇到自然灾害晚点情况，受影响的中间站应采取如下措施。

1）车站需要安排工作人员对持有联程车票的晚点旅客及时做好组织换乘工作。

2）针对晚点情况，车站多启用退改签票窗口，加快旅客退票速度。

3）针对天气突变还加大行车值班力度，在管辖内铁路沿线安排应急救援内燃机车和备用发电机作为应急使用。

4）信号机显示距离不足 200 米时，驾驶员或车站值班员须立即报告列车调度员。列车按地面显示运行时，列车调度员应该及时发布调度命令，改按天气恶劣难以辨认信号的办法行车。

5）列车按机车显示运行。当接近地面信号机时，驾驶员应确认地面信号，遇上地面信号与机车信号显示不一致时，应立即采取减速停车措施。

当无法辨认出站（进路）信号机显示时，在列车具备发车条件后，驾驶员凭机车信号的显示启动列车，在确认进路信号机显示正确后，再进行加速。

任务实施

灾害监测系统设备维护单位应按维护单位分工对灾害系统设备进行维护，维护设备测试项目与周期按照以下规定执行。

1）灾害监测系统设备、器材质量事故故障统计见表 3-7。

2）风速风向、雨量现场采集设备的维护项目与周期见表3-8。

3）雪深现场采集设备的维护项目与周期见表3-9。

表3-7　灾害监测系统设备、器材质量事故故障统计

年　月　日

序号	生产厂家	设备名称	故障部位	发生日期	起始时间	修复时间	铁路局	维护部门	线名	故障概况	延时分钟数目
合计		故障件数（件）				故障延时（分）					

编制人：　　　审核人：　　　单位负责人：

注：设备名称指数据库服务器、应用级通信服务器、存储系统、维护管理服务器、现场采集设备、监控单元、监测终端、复示终端、网络及安全设备、时间同步设备等。

表3-8　风速风向、雨量现场采集设备的维护项目与周期

修程	检修项目	作业内容及标准	周期	备注
日常维护	检查风、雨传感器	1）传感器的通信正常。 2）传感器数据状态/传感器数据实时状态采集正确	日	利用终端采集数据情况
		查询风雨基站历史数据	周	利用终端采集数据情况
		气象传感器应无异物	季	
		1）检查传感器外观和接线情况，无受损或虚接情况。 2）传感器除尘	半年	
集中检修	检查固定件及箱体	1）安装支架，控制箱牢固，螺栓/箱体底部和法兰无松动痕迹，固定件无倾斜、无严重锤痕等。 2）控制箱盒内部检查，清扫、内部除尘，防水良好，箱门开闭完好。 3）各设备无异常发热，接点接触良好。 4）电缆外线处密封良好，箱内无积水。 5）电缆保护管无破损，铁管无严重锈蚀。 6）指示灯显示正常。 7）空气开关处于闭合状态。 8）内部各配线排列整齐、无破皮。各部端子无断股、固定牢固		
	检查、测试防雷设备地段	1）检查防雷状态，防雷单元模块劣化指示正确，无发霉、焦煳味等出现。 2）检查接地线，应无锈蚀、断轨，固定牢固。 3）接地电阻、电缆绝缘正常。 4）防雷模块需要确定指标正常		
	日常整治	1）对日常养护中发现的问题集中进行整治。 2）对各部件螺栓外进行紧固，数据采集单元子除锈、涂装。 3）传感器标定		

续表

修程	检修项目	作业内容及标准	周期	备注
重点整治	整修风、雨传感器	更换传感器	根据需要	
	整修固定件及箱体	1）更换专用安装装置。 2）更换破损箱体	根据需要	
	整修线缆、传感单元、防雷部件	1）更换尼龙软管、馈线卡。 2）更换电缆、传感单元。 3）更换防雷元器件。 4）更换远传模块	根据需要	

表 3-9　雪深现场采集设备的维护项目与周期

修程	检修项目	作业内容及标准	周期	备注
日常维护（使用期间）	雪深传感器	1）传感器的通信正常。 2）传感器数据状态，实际采集数据正常	日	利用终端采集数据采集情况
		利用终端查询雪深基站历史纪录数据，查看传感器数据接收、发送及存储是否正常	月	降雪季节
		1）雪深传感器上无杂物，轨道板或轨枕面雪凝聚光测点处无异物。 2）检查传感器外形和接线情况，无受损或端虚接情况。 3）检测雪深监测光电是否合格		
集中检查	检查固定件及箱体	1）安装支架，控制箱牢固，螺栓、箱体底部法兰无松动痕迹，固定件无倾斜、无严重锈蚀等。 2）控制箱盒内部检查，清扫、防尘、防水良好，箱门开闭良好。 3）各个设备无异常发热，节点接触良好，无短接或虚接，无烧损或氧化现象。 4）电缆缝边孔密封良好，箱内无凝水。 5）边缆保护管无破损，无严重锈蚀。 6）指示灯显示正常。 7）空气开关处于闭合状态。 8）内部各配线排列整齐，无破皮、各部端子无松动，接线牢固等	半年	
	检查、测试防雷设备地段	1）检查防雷状态，防雷模块单元是否正常，有无发霉、焦煳味等出现。 2）检查接站引入线有无断损、固定是否牢固。 3）接地电阻、电缆绝缘正常。 4）防雷模块测试指标正常	季	
	日常整治	对日常发现的问题进行处理	根据需要	
		1）对各部件螺栓机型进行紧固，数据采集单元箱子除锈，刷漆。 2）传感器标定	年	

续表

修程	检修项目	作业内容及标准	周期	备注
重点整治	整修雪深传感器	更换传感器	根据需要	
	整修固定件及箱体	1）更换专用安装置隔震垫。 2）更换破损箱体	根据需要	
	整修线缆、传感单元、防雷部件	1）更换尼龙软管、馈线卡。 2）更换电缆、传感单元。 3）更换防雷元器件。 4）更换远传模块	根据需要	

对于行车设备报警，设备维护人员应将确认的设备现象、报警原因及处置过程按维护管理分工界面划分相关规定，在行车设备检查登记簿上做好原始记录备查。

任务自测

1.（　　）是铁路信息系统的重要组成部分，为高速铁路运提供可靠的灾害预警，是高铁行车安全的重要保障系统之一。

A．高铁自然灾害检测系统　　B．高铁异物侵限监测系统

C．风速监测子系统　　D．高铁自然灾害及异物侵限监测系统

2．风速监测子系统提示大风报警信息时，列车调度员根据报警提示向相关列车发布限速调度命令。对来不及发布调度命令的列车立即（　　）。驾驶员接到调度命令或通知后，应立即采取措施限速运行。

A．通知其停车　　B．通知驾驶员限速运行

C．封锁区间　　D．在列车运行控制系统设置限速

3．当风速监测子系统报警提示发布限速调度命令，遇上风速不稳或同一个地段多处风速报警时，列车调度员可以合并设置，按照（　　）发布限速调度命令。

A．最低限速值　　B．最高限速值

C．规定限速值　　D．以上均不是

4．暴雨预警信号分四级，即Ⅳ级（　　）、Ⅲ级（较重）、Ⅱ级（严重）、Ⅰ级（特别严重），依次用蓝色、黄色、橙色和红色表示。

A．一般　　B．较轻　　C．轻微　　D．普通

5．列车调度员、车站值班员要科学调度、正确指挥行车，接到区间异常报告，要迅速查明情况，及时指示列车停车或限速运行，（　　），严禁放行列车。

A．情况不明　　B．异常未消失

C．区间恢复正常前　　D．以上均是

6．列车通过防洪重点地段时，驾驶员要加强瞭望，并随时采取必要的安全措施。动车组列车运行中，驾驶员发现积水高于轨面时，应（　　）。

A．立即停车　　B．限速5千米/时

C．限速 10 千米/时　　D．限速 15 千米/时

7．列车遇到线路塌方、道床冲空等危及行车安全的突发情况时，驾驶员应立即采取应急性安全措施，并立即通知（　　）。

A．追踪列车　　B．邻线列车

C．列车调度员（邻近车站）　　D．以上均是

8．降雪时，应根据线路积雪情况及时启用道岔融雪装置。降雪达到中雪及以上，车站道岔转动困难时，为减少道岔扳动，车站可采取固定接发车进路的方式办理接发列车作业，上下行各固定（　　）条接发车进路。

A．1　　B．2　　C．3　　D．1 或 2

9．需人工上道除雪时，上、下道应执行登记签认制度。列车调度员应根据相关单位的申请，停止本线接发列车及调车作业，邻线列车限速为（　　）千米/时及以下。

A．200　　B．160　　C．120　　D．100

10．随车机械师在始发、折返站发现动车组转向架结冰、受电弓无法升起、动车组被击打等异常情况需要处理时，应及时通知驾驶员，由驾驶员报告列车调度员，列车调度员通知动车调度员，动车调度员根据随车机械师反映情况和车辆运用情况提出（　　），并组织入库动车组除雪融冰。

A．更换车底申请

B．限速申请

C．更换车底或限速申请

D．更换车底并限速申请

11．灾害监测系统维护实作。集中检修实作评分标准见表 3-10。

表 3-10　灾害监测系统维护集中检修实作评分标准

考核内容	配分	扣分
记录灾害监测系统设备、耗材质量事故统计	5	
记录风速、风向、雨量现场采集设备维护情况	5	
记录设备报警现象、原因、处置过程	10	
安装支架控制箱，确保无固定件进行倾斜及外观无锤痕迹	5	
控制箱内部检查、清扫、内部除尘	10	
检查防水、箱门等固定间及箱体	10	
设备发热情况及接触点检查	10	
电缆外线检查	5	
指示灯、空气开关检查	10	
内部配线以及端子是否固	10	
登记行车设备检查登记簿做好原始记录	20	
耗时：　　分钟	得分	
考评员签字：		

任务3.2 行车途中接到危及行车安全通知安全管理与应急处置

知识准备

3.2.1 应急情况下转换为非常站控

事件描述

传统的调度指挥是列车调度员、车站值班员、列车驾驶员，而高铁技术装备先进、作业环节较少、自动化程度高，其列车调度员可以直接指挥列车驾驶员，使调度指挥的效率大大提高。当分散自律调度集中控制系统综合了计算机技术、网络通信技术和现代控制技术，列车运行调整计划为控制中心，兼顾列车与调车作业高度自动化的调度指挥系统。当危及行车安全、设备天窗维修、施工需要时就可以转换。

铁路调度集中控制（central traffic control，CTC）区段设有分散自律控制模式与非常站控控制模式两种模式。

1. 分散自律控制模式

分散自律控制模式分为以下三种操作方式。

1）中心操作方式：适用于较小的中间站或无人站，信号设备的控制权限都归中心，车站无直接控制权限。

2）车站调车操作方式：中心对列车进路有操作权，对调车进路无操作权；车站对调车进路有操作权，对列车进路无操作权；适用于大多数CTC控制车站。

3）车站操作方式：车站操作方式适用于较大型车站，车站具有全部信号设备的控制权，中心无直接控制权限。

2. 非常站控控制模式

在非常站控控制模式下，CTC系统不再发出进路控制命令，所有的列车进路和调车进路由车站值班员在原有的计算机联锁设备或6502控制台上手工操作。CTC仅用来接收调度命令和阶段计划，并显示站间透明信息等［降级为全路联调调度指挥系统（train operation dispatching command system，TDCS）使用］。操作台模式转换指示灯见图3-1。

红灯：非常站控控制模式。

绿灯：分散自律控制模式。

黄灯：允许转回分散自律控制模式。

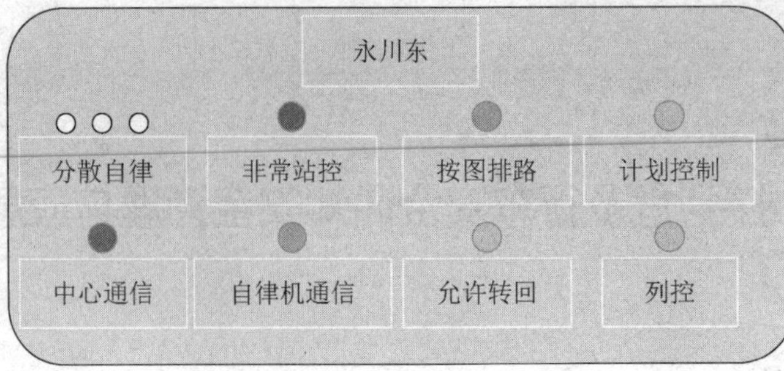

图 3-1　操作台模式转换指示灯

3. 非常站控控制模式与分散自律控制模式的转换条件

分散自律控制模式转向非常站控控制模式不检查任何条件，但要向列车调度员进行提示报警。非常站控控制模式转回分散自律控制模式应符合以下条件。

1）CTC 设备正常。

2）非常站控控制模式下没有正在执行的按钮操作，在满足上述条件时，“允许转回分散自律控制模式”的指示灯亮灯后转回分散自律控制模式，否则操作无效。

在高铁车站，由于车站只设置车务应急值守人员，没有其他行车人员，发生设备故障需要道岔加锁，因此车务应急值守人员还要在行车监控室内负责组织、联系、汇报等工作。与既有线不同，在高铁站，工务人员、电务人员也要参与道岔的加锁作业，而且现场人工准备进路时，电务人员任扳道长，与工务人员共同负责道岔转换、加锁等工作，电务、工务、副站长（安全员）共同确认道岔开通位置正确、加锁良好后在现场签认道岔加锁及开通位置登记表（表 3-11），由车站副站长（安全员）通知车务应急值守人员（车站值班员）进路准备情况，由车务应急值守人员汇报列车调度员。

表 3-11　道岔加锁及开通位置登记表

年　月　日　次　道　接车（发车）（通过）

顺号	道岔编号	开通位置	加锁情况	电务签名	工务签名	车务签名

在非常站控控制模式下，接车（通过）和发车（通过）列车作业标准分别见表 3-12 和表 3-13。

表 3-12　非常站控控制模式接车（通过）作业标准

作业项目	岗位技术作业要求	说明事项
核对计划	根据列车调度员下达的列车运行阶段计划校对车次、时刻、命令、指示、接车股道等，必要时与列车调度员联系	根据列车运行阶段计划下达，按规定通知有关人员
准备接车	确认列车预告（系统提示）	系统提示主要为语音、信息窗及电子行车日志
	根据需要通知有关人员	
	停止影响进路的调车作业，确认停止后，口呼“影响进路的调车作业已停止”	停止调车作业的时机按规定联系确认，无影响进路的车作业时，此项作业省略

续表

作业项目	岗位技术作业要求	说明事项
开放信号	确认邻站开车（系统提示）。开放进站信号，口呼“进站”，按下始端按钮；口呼：“×道”（正线通过时，口呼“出站”），按下终端按钮	系统提示主要为语音、信息窗及电子行车日志。列车通过时，应办理有关发车作业程序
	监视列车信号开放情况。确认光带、信号显示正确，口呼“×道进站信号好（了）”［通过时，口呼：“×道进、出站信号好（了）”］	
列车接近	监视信号及进路表示	
	第一接近铃响（语音提示）光带变红，再次确认信号开放正确	
列车到达	监视进路、信号及列车进（出）站	
	通过光带显示，确认列车进入（通过）接车线	
	确认系统自动采点正确	自动采点不正确时，车站值守员在系统中人工输入（修正）

表3-13 非常站控控制模式发车（通过）作业标准

作业项目	岗位技术作业要求	说明事项
校对计划	联系列车调度员确定发车计划	
	始发列车，根据列车运行阶段计划，确认发车股道正确，输入车次号	
发车预告	停止影响进路的调车作业。确认停止后，口呼“影响进路的调车作业已停止”	停止调车作业的时机按规定联系确认，无影响进路的车作业时，本项作业省略
	通过CTC终端办理预告	
开放信号	通过计算机联锁终端开放出站信号，口呼“×道”，按下始端按钮；口呼“出站”，按下终端按钮	
	确认发车进路光带、信号显示正确后，口呼“×道出站信号好（了）”	
确认发车	监视信号及进路表示	
监视列车	列车起动，确认系统自动采点正确	
	通过计算机联锁终端确认列车整列出站	自动采点不正确时，车站值守员在系统中人工输入（修正）

安全风险及预防控制

1. 安全风险

非常站控控制模式是调度集中CTC控制，调度终端没有起作用。

在非常站控控制模式下，车站值班员直接在联锁控制台办理进路，与分散自律控制模式下的车站控制相比，车站值班员在CTC终端办理，缺少检查条件，故应该严格按照相关规定操作。

2. 预防控制

1）明确施工时是否需要由分散自律控制转为非常站控，施工开始前多长时间列车调度员下达口头指示。

2）车机联控列车驾驶员、车站值班员（助理值班员）、运转车长利用调度电话，实行呼唤应答的“全呼全控”模式。

3）针对 CTC 区段各站的行车指挥等方面存在的安全问题和隐患，审核调度命令是否符合实际工作的需要，相关调度要落实安全生产基础管理制度，确保施工各项安全措施落到实处。

4）在非常站控控制模式下，应严格按照非常站控控制模式下接车（通过）发车作业标准执行。

应急处置

1）列车调度员拦、扣有关列车，呼叫驾驶员，方准转为非常站控控制模式。

2）车务应急值守人员在得到分散自律控制模式与非常站控控制模式的转换调度命令以后，各自在 CTC 控制模式转换登记簿（表 3-14）内进行登记。待车站盯控人员到岗时，在转换为非常站控控制模式前，车务应急值守人员应清楚和掌握以下几点。

① 计划清。车务应急值守人员须与列车调度员核对列车运行计划，确认车次、股道、时刻、运行位置、站内到发线占用情况。

② 设备清。车务应急值守人员须询问列车调度员车站及相邻两区间设备情况，如有设备故障，须问清故障设备名称、故障地点、影响范围及行车限制条件等。

表 3-14 CTC 控制模式转换登记簿

<table>
<tr><th rowspan="2">序号</th><th rowspan="2">分散自律转换为非常站控</th><th colspan="4">转入非常站控</th><th colspan="4">转回分散自律</th><th rowspan="2">备注</th></tr>
<tr><th>月日</th><th>时分</th><th>列车调度员</th><th>车站值班员</th><th>月日</th><th>时分</th><th>列车调度员</th><th>车站值班员</th></tr>
<tr><td></td><td></td><td></td><td></td><td></td><td></td><td></td><td></td><td></td><td></td><td></td></tr>
<tr><td></td><td></td><td></td><td></td><td></td><td></td><td></td><td></td><td></td><td></td><td></td></tr>
<tr><td></td><td></td><td></td><td></td><td></td><td></td><td></td><td></td><td></td><td></td><td></td></tr>
<tr><td></td><td></td><td></td><td></td><td></td><td></td><td></td><td></td><td></td><td></td><td></td></tr>
<tr><td></td><td></td><td></td><td></td><td></td><td></td><td></td><td></td><td></td><td></td><td></td></tr>
<tr><td></td><td></td><td></td><td></td><td></td><td></td><td></td><td></td><td></td><td></td><td></td></tr>
</table>

③ 命令清。车务应急值守人员须询问列车调度员与本站有关的调度命令内容及执行情况。

④ 对象清。车务应急值守人员须询问列车调度员邻站是否处于非常站控模式，明确办理行车手续的对象。

案例分析

案例："7·23"事故当晚永嘉站采取非常站控调度，异常情况早有征兆

事件概况：2011 年 7 月 23 日晚，甬温线特别重大铁路交通事故发生。当晚，D3115 动车超出正常停车时间长达 20 多分钟，永嘉站临时采取了非常站控的调度模式，也就是人工调度代替正常的计算机自动调度。车站工作人员表示，当晚追尾的 D301 次动车本是途经永嘉车站，不应该停车的，但是那一晚由于非常站控的原因也在永嘉车站停留了 10 多分钟，最终导致事故发生。

（资料来源：佚名. 事故当晚永嘉站采取非常站控调度 异常情况早有征兆[EB/OL].（2011-07-27）[2017-12-19]. http://news.ifeng.com/mainland/special/wzdongchetuogui/content-3/detail_2011_07/27/7990578_0.shtml.）

分析：按照正常作业程序，永嘉车站采取非常站控应该做好哪些方面的安全风险控制？

1）在非正常情况下，集控站转为车站控制时，车务应急值守人员应报告站段指派胜任人员赶赴现场，协助做好非正常行车工作。除因危及行车安全必须立即转换为非常站控控制模式外，列车调度员提出需转为非常站控控制模式时，须经调度所值班主任（值班副主任）准许。转为非常站控控制模式时，车务应急值守人员和列车调度员须在 CTC 控制模式转换登记簿内登记，记明转换的原因。

2）车务应急值守人员与列车调度员核对设备状况、站内停留车情况、列车运行计划、邻站（线路所）控制模式及与本站（线路所）有关的调度命令等情况。转为非常站控控制模式后，应通知驾驶员车站（线路所）转为非常站控控制模式。

3）转为非常站控控制模式的原因消除后，双方在 CTC 控制模式转换登记簿内登记，并及时转回。

3.2.2　区间行车接到安全通知

事件描述

在分散自律控制模式下，在不得已情况下列车必须退行时，列车驾驶员应使用列车无线调度电话将情况及时向列车调度员报告。列车调度员须扣停后续列车，并确保退行距离内的闭塞分区空闲，方可发布调度命令。退行时，必须指派胜任人员在列车尾部注视运行前方，发现危及行车或人身安全时，应立即通知驾驶员停车。驾驶员选择隔离模式退行，退行速度不得超过 15 千米/时。若需退行至站内，列车调度员还应确认列车后方站间已空闲，方可发布调度命令。开进站信号将列车接入站内。

动车组由区间返回，动车组在区间追停后需返回后方站时，列车调度员必须确认动车组列车后方站间已经空闲，方可发布调度命令。驾驶员根据调度命令，在动车组列车运行方向（折返）前端操作，列车改按隔离模式返回，速度不超过 40 千米/时。

安全风险及预防控制

1. 安全风险

“动车安全无小事”，列车按照闭塞条件在区间运行接到影响列车行进的通知时，应当按照行调调度命令执行，确保安全通过故障路段。

2. 预防控制

值班人员要熟悉技术业务，执行规章要到位，加强人员培训，督促职工严格执行各项规章制度，提高业务素质。值班人员要将CTC区段应急处置能力，高速铁路新技术、新设备，调度命令与列控限速命令的区别，CTCS-2[①]列控限速命令的设置、取消方法，调度命令发布、交付核对等作为重点内容进行学习。车站应加强内部管理，督促现场作业人员熟练掌握和运行有关规章制度。

应急处置

行车过程中，列车运行应遵从行车调度员指挥，调度员应按《铁路运输调度规则》中的相关规定发布调度命令。

列车具备调度命令无线传送系统的，在系统正常时，调度命令必须通过无线传输方式向驾驶员传达。

车站值班员在接到调度命令后，必须认真核对检查，确认无误后，再向相关人员进行详细交代，防止错传、漏传、误传。

一旦发生限速调度命令设置不成功，且未发现调度员操作失误，应按照规定要求调度员指示驾驶员将列车自动保护（automatic train protection，ATP）模式隔离转换为列车运行监控装置（LKJ）监控模式控车。

值班员与助理值班员之间递交命令时，对相关内容进行传达，传达应彻底，当驾驶员无法辨认要求核对时，值班员应耐心解释。

案例分析

案例1：遂渝线桥梁故障一般事故

事件概况：2010年5月15日，遂渝线K31+300米处岩石崩塌，击中赵家湾大桥23号桥墩，造成桥墩受损，线路几何尺寸发生变化影响行车安全。SX站接到通知后，立即呼叫区间运行的D5107次动车驾驶员立即停车，D5107动车组于12时23分26秒停于 K30+878 米处，经驾驶员及随车机械师下车检查，确认车辆及线路无异常后，于12时55分限速运行至SX站。D5107动车组到达SX站后封锁SX站～TN站区间进行线路设备检查后处理。经过紧急抢修，于5月17日6时开通线路。

① 中国列车运行控制系统（Chinese train control system，CTCS）有两个子系统，即车载子系统和地面子系统。CTCS根据功能要求和设配置划分应用等级，分为0～4级。

分析：在上述案例中，现场事故调查应调查的项目如下。

1）赵家大桥基本情况（故障点基本情况）包括线路情况，起点里程、终点里程，全长，孔跨样式，桥梁支座、桥墩基础、深埋距离、桥墩设计预应力等。

2）线路（含既有线及新线）基本情况、桥身基本位置、半径曲线、线路坡度、桥所处周边地质条件。

3）桥梁设计单位、施工单位。

4）地震情况监测。

5）近日雨量监测情况。

6）车站作业情况。

7）机务作业情况。

案例 2：大英东站因红光带故障漏发调度命令行车事故

事件概况：2010 年 4 月 17 日 14 时 16 分，遂成线 D5107 次动车组（CQB 开往 CD，CRH20027A 号动车组，CQ 机务段值乘）运行至 SN 站 3 道停车后准备开车时，因调度员漏发列控限速命令及 SN 站值班员递交命令处置不当，造成列车晚点 20 分钟。

当天 13 时 39 分，电务人员在检查后在大英东站登记“因 358BG 轨道电路发生红光带，请求（K34+600 米）～（K37+500 米）上行线限速 120 千米/时，下行限速 160 千米/时”。13 时 57 分，调度员发布 D2-8041 号命令，DYD 站至 JJN 下行线（K34+600 米）～（K37+500 米）下行线限速 160 千米/时，受令处所为 XQ 线路所、DYD 站、JJN 站。由 DYD 站值班员交下行各次列车驾驶员、车长。14 时 13 分，调度员再次发布 D20-8042 号调度命令，（K34+600 米）～（K37+500 米）上行线间限速 120 千米/时，受令处所为 HKN 站、DYD 站、JJN 站。由 JJN 站交上行各次列车驾驶员、车长。

分析：在车站接受到影响行车安全的限速命令时，应该提前做好如下准备。

1）车站值班员收到 JJN～DYD 上行线 358AG、358BG 轨道电路红光带故障后，应通知工务人员、供电人员，并在行车设备检查登记簿上登记。

2）调度员按照规定将发布的限速调度命令准确输入受令处所、受令车次，以便受令处所值班员可以正常设置限速。

3）对于不能正常设置限速的，应及时将限速调度命令传真发往调度所规定来车方向车站，由邻站值班员转交驾驶员。

4）驾驶员受令要与助理值班员核对车次、内容等。

5）值班员在得到“可以发车”的答复后开放出发信号。

任务实施

任务要求

根据 3.2.2 节案例 1，SX 站～TN 站区间故障拦停车辆后的行车作业组织进行实训演练。

实训岗位

车站值班员、站长、运转员、值班员、驾驶员、随车机械师、乘警、调度员。

任务情境

SX 站同意 D5107 次动车闭塞，12 时 12 分开放 SX 站两道通过信号（CTC 为分散自律控制模式）。

D5107 次动车从潼南通过。

SX 站报告：SX 站～TN 站区间 K31+300 米处赵家湾大桥被大石撞击，要求拦停 SX 站～TN 站区间列车。

站长到运转室呼叫 D5107 驾驶员紧急停车（手柄加“前制”）：“D5107 次列车驾驶员，因 K31+300 米处桥墩移位，立即停车。”

驾驶员紧急停车：记录目标点。

驾驶员和随车机械师对车体进行检查，包括车辆状况，根据调度命令行车。

行调发布限速调度命令：“××时××分，接调度命令 98003 号，调度员××，命令 D5107 次列车以 5 千米/时速度运行至前方站。”

列车限速运行至前方车站后，下达封锁调度命令，封锁 SX 站～TN 站区间进行线路设备检查和处理。

开通线路后所有的列车按照限速要求行车。

物资准备

调度电话、调度命令（规格 110 毫米×160 毫米，见表 3-15）、调度命令登记簿（规格 190 毫米×265 毫米，见表 3-16）。

表 3-15　调度命令

____年____月____日____时____分　第____号

受令处所		调度员姓名	
内容			

受令车站______车站值班员______

表 3-16　调度命令登记簿

月　日	发出时间	命令			复诵人姓名	接收命令人姓名	调度员姓名	阅读时刻（签名）
		号码	受令及抄知处所	内容				

调度命令项目见表 3-17。

表 3-17 调度命令项目

命令项目	受令者	
	驾驶员	车站值班员
封锁、开通区间		◎
向封锁区间开行救援列车、路用列车	◎	◎
临时变更或恢复原行车闭塞法		◎
停止使用基本闭塞法发出列车	◎	◎
双线反方向行车、由双线改为单线或恢复双线行车	◎	◎
变更列车路径	◎	◎
动车组列车在区间被迫停车后返回（退回）后方站	◎	◎
向区间发出停车作业的列车	◎	◎
车站、区间临时停车上、下人员	◎	◎
列车需临时降弓运行	◎	◎
因行车设备故障、灾害或施工，以及列车中挂有限速的机车车辆等，需要使列车临时限速运行（纳入运行揭示调度命令或本务机车、动车组自身设备原因限速时外）	◎	◎
动车组列车空调失效需打开部分车门限速运行	◎	◎
车站使用总辅助按钮		◎
准许列车越过故障的进站、出站、进路信号机或线路所通过信号机（能开放引导信号时除外）	◎	◎
调度日计划以外，临时加开或停运列车（单机除外）	◎	◎
按地面信号显示运行的列车改按天气恶劣难以辨认信号的办法行车或恢复正常行车	◎	◎
动车组列车转入或退出隔离模式（被救援时除外）	◎	◎
动车组列车在列控车载设备控车和 LKJ 控车之间人工转换	◎	◎
越出站界调车	◎	◎
利用天窗施工、维修作业		◎
施工、维修作业较指定时间延迟结束		◎
运行揭示调度命令与实际限速、行车方式或设备不符时	◎	◎
正线、到发线接触网停电或送电（接触网倒闸、跳闸后试送电、向中性区送电或弓网故障排查除外）		◎
正线、到发线接触网停电后准许登顶作业	◎	◎
动车组列车按隔离模式运行需以不超过 80 千米/时的速度越过接触网分相	◎	
双管供风旅客列车运行途中改为单管供风	◎	◎
列车调度员认为有必要记录的上述以外的命令	有关人员	

注：1．画◎者为受令人员。

2．受令者为车站值班员的调度命令，不发给集控站、车务应急值守人员；集控站转为车站控制由车站值班员指挥行车时应发给车站值班员，并须将前发有关调度命令一并发给车站值班员。

3．动车组列车改按 LKJ 监控模式运行需将列控车载设备隔离时，列车调度员仅发布改按 LKJ 监控模式行车的调度命令。

4．仅发给车站值班员的命令只涉及集控站时不发布（转为车站控制时除外），因调车作业动车组控制列车模式转换，不发布调度命令。

任务自测

1．分散自律控制模式分为以下三种操作方式，包括____________、____________和____________。

2．车站调车操作方式：中心对____________有操作权，对____________无操作权；车站对____________有操作权，对____________无操作权；适用于大多数 CTC 控制车站。

3．在非常站控控制模式下，CTC 系统不再发出进路控制命令，所有的列车进路和调车进路由（　　）在原有的计算机联锁设备或 6502 控制台上手工操作。

A．车站值班员　　B．列车调度员

C．车站调度员　　D．动车调度员

4．非常站控控制模式转回分散自律控制模式应符合以下条件（　　）。

A．CTC 设备正常

B．非常站控控制模式下没有正在执行的按钮操作

C．A 或 B

D．A&B

5．在高铁站，工务人员、电务人员也要参与道岔的加锁作业，而且现场人工准备进路时，电务人员任扳道长，与（　　）人员共同负责道岔转换、加锁等工作，电务人员、工务人员、副站长（安全员）共同确认道岔开通位置正确、加锁良好后在现场签认道岔加锁及开通位置登记表，由车站副站长（安全员）通知车务应急值守人员（车站值班员）进路准备情况，由车务应急值守人员汇报列车调度员。

A．工务　　B．车务　　C．A 或 B　　D．A&B

6．车务应急值守人员在得到分散自律控制模式与非常站控控制模式的转换调度命令以后，各自在 CTC 控制模式转换登记簿内进行登记，待车站盯控人员到岗时，在转换为非常站控控制模式前，车务应急值守人员应做到（　　）。

A．计划清　　B．设备清　　C．命令清　　D．对象清

7．在分散自律控制模式下，在不得已情况下列车必须退行时，列车驾驶员应使用列车无线调度电话将情况及时向列车调度员报告。列车调度员须（　　），并确保退行距离内的闭塞分区空闲，方可发布调度命令。

A．扣停后续列车　　B．封锁区间

C．通知车站　　D．以上均是

8．动车组由区间返回，动车组在区间迫停后需返回后方站时，列车调度员必须确认动车组列车后方站间已经空闲，方可发布调度命令。驾驶员根据调度命令，在动车组列车运行方向（折返）前端操作，列车改按隔离模式返回，速度不超过（　　）千米/时。

A．15　　B．20　　C．30　　D．40

9．非常站控控制模式接车（通过）作业。其作业评分标准见表 3-18。

表 3-18　非常站控控制模式接车（通过）作业评分标准

考核内容	配分	扣分
根据列车调度员下达的列车运行阶段计划校对车次、时刻、命令、指示、接车股道等，必要时与列车调度员联系	10	
确认列车预告（系统提示）	5	
根据需要通知有关人员	10	
停止影响进路的调车作业，确认停止后，口呼“影响进路的调车作业已停止”	10	
确认邻站开车（系统提示）。开放进站信号，口呼“进站”，按下始端按钮；口呼：“×道”（正线通过时，口呼“出站”），按下终端按钮	10	
监视列车信号开放情况。确认光带、信号显示正确，口呼“×道进站信号好（了）”[通过时，口呼：“×道进、出站信号好（了）”]	10	
监视信号及进路表示	10	
第一接近铃响（语音提示）光带变红，再次确认信号开放正确	10	
监视进路、信号及列车进（出）站	10	
通过光带显示，确认列车进入（通过）接车线	10	
确认系统自动采点正确	5	
耗时：　　分钟	得分	
考评员签字：		

任务 3.3

运行中碰撞障碍物或人安全管理与应急处置

知识准备

3.3.1　接触网上挂有异物

事件描述

高铁接触网是沿铁路线上空架设的向电力机车供电的输电线路，由接触悬挂、支持装置、定位装置、支柱与基础几部分组成。高速列车组运行所依赖的电流就是通过机车上端的接触网来输送的。对于高速列车必须保证不间断供电，接触网一旦中断供电，将影响行车，造成线路拥堵。列车电弓与接触网接触不良也会对列车的供电产生影响，接触网一旦有什么异常都需要迅速处理，要求检修人员白天 15 分钟、晚上 20 分钟内到达检修现场工作，尽快送电通车，最大限度地减少事故的损失。

高铁接触网检修要根据行车调度和供电调度下达后开始检修。行车调度一般是夜里12时到凌晨4时下达命令，供电调度是夜里12时到凌晨3时下达命令。也就是说，只有在两个调度都许可的时间范围内，才可以进行检修。所以检修工作一般都在深夜。突发故障时，如气球或风筝突然挂在了接触网上，严重时可能逼停列车。异物影响程度划分如下。

A类：异物较大，挂落位置侵入铁路行车限界，影响列车正常运行且不能降弓通过。

B类：异物较大，挂落位置侵入铁路行车限界，影响列车正常运行但能降弓通过。

C类：异物较小，刮落位置不影响列车正常通过。

安全风险及预防控制

1）春夏之交，气温回暖，是接触网检修工人的“重点检修期”。除了春天的大风容易将塑料袋、风筝等吹到接触网上，造成突发故障外，春天也是鸟儿筑巢的高峰期。此外，温度变化导致热胀冷缩，致使导线松弛，这时就更需要检修了。

2）在进行异物处理时，利用杂物杆进行间接带电处理时需要穿戴好绝缘靴、绝缘手套。

3）处理较大异物时，如塑料薄膜、绳索、风筝、孔明灯等，在没有做好安全措施时注意现场人员与飘落的悬挂物保持足够的安全距离。

4）高铁区段异物处理时，必须依照本线封锁，邻线限速160千米/时及以下规定进行处置，防止车辆伤害。

应急处置

（1）受电弓挂有异物的应急处置

1）列车运行途中，驾驶员接到受电弓挂有异物通知时，应立即降弓、停车，并向列车调度员（车站值班员）报告，车站值班员报告列车调度员。需下车检查或登顶作业时，驾驶员（动车组列车为随车机械师通知驾驶员）及时向列车调度员提出请求。

2）列车调度员（车站值班员）得到报告后，应立即通知区间内后续列车停车，不得再向该区间放行列车。列车调度员根据下车检查或登顶作业的请求，发布邻线列车限速160千米/时及以下调度命令；需登顶作业时，列车调度员还应通知该供电臂内的列车停车并降弓，与供电调度员办理接触网停电手续，得到供电调度员接触网已停电的通知后，发布准许登顶作业的调度命令。

3）驾驶员在接到邻线列车限速160千米/时及以下调度命令已发布的口头指示后，下车检查（动车组列车为驾驶员通知随车机械师下车检查）。驾驶员根据准许登顶作业的调度命令和邻线列车限速160千米/时及以下调度命令已发布的口头指示登顶作业（动车组列车为驾驶员通知随车机械师登顶作业）。

4）异物处理完毕后，驾驶员应报告列车调度员，列车调度员与供电调度员办理接触网送电手续，通知该停电供电臂内的列车升起受电弓，取消邻线限速，恢复正常行车。需限速运行时，驾驶员（动车组列车根据随车机械师的通知）限速运行。

（2）受电弓滑板及托架有损伤或接触网有异状的应急处置

1）驾驶员（动车组列车为随车机械师）现场检查发现受电弓滑板及托架有损伤或接触网有异状时，应及时报告列车调度员，由列车调度员扣停后续列车，并通知供电部门对接触网设备进行检查处理，根据供电部门在行车设备检查登记簿内登记的行车限制条件组织行车。

2）列车在运行途中，因不明原因降弓，驾驶员应立即切断主断路器并停车，同时查看降弓地点千米标，向车站值班员报告，由车站值班员报告列车调度员。列车调度员应立即通知区间内后续列车停车，不再向该区间放行列车，列车调度员将降弓情况转报供电调度员。动车组列车随车机械师应根据故障信息记录，及时向驾驶员反馈故障发生时间等信息，由驾驶员报告列车调度员，列车调度员及时转报供电调度员。

3）列车调度员根据驾驶员（动车组列车为随车机械师通过驾驶员提出的）下车检查或登顶作业的请求，发布邻线列车限速160千米/时及以下调度命令；需登顶作业时，列车调度员还应通知该供电臂内的列车停车并降弓，与供电调度员办理接触网停电手续，得到供电调度员接触网已停电的通知后，发布准许登顶作业的调度命令。

4）驾驶员在接到邻线列车限速160千米/时及以下调度命令已发布的口头指示后，下车检查（动车组列车为驾驶员通知随车机械师下车检查）。驾驶员根据准许登顶作业的调度命令和邻线列车限速160千米/时及以下调度命令已发布的口头指示登顶作业（动车组列车为驾驶员通知随车机械师登顶作业）。

5）经检查处理，列车恢复运行后，驾驶员应立即报告列车调度员，列车调度员应立即向本线尚未经过该地点的首列列车发布口头指示限速80千米/时注意运行，限速位置原则上按驾驶员汇报故障地点前后各2千米确定。驾驶员应注意观察接触网设备状态，发现影响行车异常情况时应立即停车并向列车调度员报告，列车调度员立即通知尚未经过异常地点的后续列车停车，不再向该区间放行列车，并立即通知供电部门检查处理，列车调度员按供电部门登记的行车限制条件组织行车。无异常时，驾驶员在通过限速地点后立即向列车调度员报告，列车调度员根据驾驶员确认无异常的报告组织后续列车正常运行。

6）供电调度员接到报告后，应立即组织供电人员登乘本线或邻线列车巡视检查设备。供电人员根据需要及时向列车调度员提出利用动车组列车运送人员处理故障的申请，列车调度员应及时安排。

接触网出现异常时，工具、材料和人员要求，以及携带工具见表3-19和表3-20。

表 3-19　工具、材料和人员要求

序号	项目	数量/人	备注
1	工作领导人	1	
2	驻站联络员/停电命令人	1	
3	行车防护员/地线监护人	2	
4	地线操作员	2	停电处理异物
5	清除异物人员	1～2	
其他人员	—	—	

表 3-20　携带工具

序号	名称	规格型号	单位	数量	备注
1	绝缘杂物杆		组	1	
2	绝缘手套、绝缘靴		双	若干	
3	接地线		组	4	停电处理时
4	验电器	27.5 千伏	套	2	停电处理时

工区接到接触网上异物通知后，立即组织应急小组携带必要的工具、材料及有关作业票据赶赴确认地点进行现场确认，按照异物影响程度确定是否影响行车。判断异物影响程度后向供电调度员申请处理方案如下。

1）A 类：申请上道临时处理。

① 当异物长度大于 3 米，尾部距离线路高度低于 3 米时，必须申请本线线路封锁、邻线限速 160 千米/时及以下，采取接触网停电处理。

② 当异物长度小于 3 米，尾部距离线路高度高于 3 米时，判断异物处理过程中不会造成带电设备短接跳闸且能采用杂物杆进行间接带电处理时，可申请本线线路封锁、邻线限速 160 千米/时及以下，间接带电处理。在处理网上异物过程中，注意控制异物的下落路径，使异物从田野侧脱离接触网设备，避免异物侵入邻线限界，再次搭在临线接触网设备上或直接碰触作业人员。

2）B 类：申请列车降弓通过并现场观察异物是否会衍生成 A 类，可能衍生成 A 类的异物必须立即申请上道处理。

3）C 类：现场观察待天窗后停电处理，现场观察过程中异物升级成 B 类或 A 类，按照 B 类或 A 类办法处理。

检查验收：异物处理完毕后确认是否具备开通条件，确认具备开通条件后方可销令。

案例分析

案例：京沪高铁因接触网异物晚点，让高铁头疼的鸟窝

事件概况：2017 年 4 月 22 日 12 时 17 分，受大风天气影响，京沪高铁廊坊至天津南区间因接触网挂异物，导致京沪高铁上行、下行部分列车晚点。下午 1 时 37 分，经铁路部门 1 小时积极处理，京沪高铁廊坊至天津南区间接触网挂的异物已被清除，列车

运行秩序开始逐步恢复。

（资料来源：刘阳. 京沪高铁因接触网异物晚点 让高铁头疼的还有鸟窝[EB/OL].（2017-04-22）[2017-12-19]. http://news.xinhuanet.com/2017-04/22/c_1120854959.htm.）

分析：

1）风筝绕上去，鸟窝筑巢在接触网上，需维修30分钟甚至一个多小时的原因如下。

由于风筝线导电，因此区段内完全停电才可以作业，并不是“取下来就可以”的。灰喜鹊衔来的树枝较长，里面常常会夹杂着细铁丝等东西，而这些东西特别容易造成接触网短路，从而危及铁路安全，严重的甚至可以逼停高铁。

2）高铁接触网还可能存在的隐患及处置措施如下。

鸟类看到长长的接触网，便将家安在了上面。接触网的硬横梁、支柱等处，是鸟儿搭建窝巢频率较高的地方。这些地方装上驱鸟器，鸟儿一来，就带来一股风，驱动里面的风轮，从而将鸟儿吓走，驱鸟器带有声波、反光等功能，可以有效地驱鸟。另外，驱鸟器可以模拟枪声、老鹰的叫声，吓走鸟儿，其中还安装了可以 360° 旋转的反光镜。除了鸟窝，在牵引所和变配电所里还有不少老鼠和松鼠，它们会咬断电缆。为了应对这些小动物，工作人员可以在大门口设置一定高度的防鼠板。

3.3.2 列车运行中撞“异物”

事件描述

时速 300 千米的动车每秒可运行 83 米，是正常走路速度的 50 倍，是 12 级台风最高风速（每秒 37 米）的 2 倍以上。由于高铁列车高速运行，因此 1 千克物品撞击会产生 500 千克以上的冲击力。现在列车速度很快，制动距离长，遇到紧急情况很难立即停车，列车运行中撞击异物，或人在铁路上行走、坐卧、逗留十分危险（放风筝要距离铁路线 300 米以上）。

安全风险及预防控制

1. 人为因素的安全风险及预防控制

1）不要在铁路上行走、玩耍、坐卧、逗留。

2）不要拿石头等物品摆放到铁轨上或击打列车，在铁轨上摆放障碍物严重威胁行车安全，甚至可能导致列车脱轨。高速运行的列车遭遇石头等物品袭击时，将产生巨大能量，严重危害列车上旅客和工作人员的生命安全。

3）不要破坏、盗窃铁路栅栏网，通信信号等设施设备及运输物资，铁路两侧护栏及轨道、通信设备、机车、车辆等设备设施是铁路运输安全的重要保障。破坏、盗窃铁路器材和运输物资是违法犯罪行为，要负法律责任。

4）不要扒车、跳车或在列车底部穿行，扒车、跳车和钻车底都会危及自身的人身安全。

5）不要靠近电气化铁路的设备设施，严禁向电气化铁路的接触网抛掷物品及攀爬电气化铁路设备设施。

6）通过无人看守的铁路道口时，如果道口两边有物体挡住视线，看不清两边有无火车驶近，则应下车查看，不得贸然通过，更不准与火车抢行。

7）不要靠近电气化铁路的设备设施，严禁向电气化铁路的接触网抛掷物品及攀爬电气化铁路设备设施。与电气化铁路接触网必须保持2米以上的安全距离。

8）各类车辆通过铁路涵洞、桥隧时要遵守安全规定，各类车辆通过隧道、桥梁或涵洞时，要遵守限高、限宽等相关的安全管理规定。

9）乘坐火车时不要向窗外抛扔杂物，向车窗外随意抛扔杂物容易击伤在站台上的旅客或铁路沿线的工作人员，特别容易引发安全问题。

2. 非人为因素的安全风险及预防控制

1）段、车间、班组三级检查要到位，遇到防洪检查要做到“上山下河”的要求，深入、仔细地检查，并做好相应的记录。

2）机车乘务员在值乘过程中加强瞭望，采取措施要果断。

3）工务、供电、电务部门应利用天窗时间对上述碰撞异物地地点前后2千米范围内的设备进重点检查，对线路工务段对全段范围的路基、地质病害重新进行全面调查，建立设备技术管理和病害台账，并督促所在车间纳入有效监控。对于涉及行车的安全隐患要及时上报整理、处置，及时消除安全隐患，以预防事故的发生。

应急处置

列车运行中碰撞异物影响行车安全时，驾驶员应立即采取停车措施，立即通知车站站长、工务人员，并向列车调度员报告碰撞异物地点、碰撞异物情况及停车地点（动车组列车驾驶员还应通知随车机械师）。列车调度员立即通知本线已进入区间的后续列车停车，不再向该区间放行后续列车。需下车检查时，应加强瞭望，保证事故点瞭望视距，列车调度员根据驾驶员请求及时发布邻线列车限速调度命令，驾驶员在接到列车调度员已发布相关调度命令的口头指示后，下车检查（动车组列车通知随车机械师下车检查）。

1）经检查列车可以继续运行时，恢复运行（动车组列车按随车机械师的要求运行），驾驶员向列车调度员报告检查情况，确认是否影响行车限速等问题。如检查未发现异常情况，列车调度员向本线后续首列发布头指示限速160千米/时运行，限速位置按碰撞异物地点前后各加2千米确定，列车驾驶员应加强瞭望，确认线路和接触网有无异常状态，在通过限速地点后立即向列车调度员报告，列车调度员在得到驾驶员无异常的报告后，组织本线后续列车恢复正常运行；有异常情况时，列车调度员根据驾驶员报告，扣停后续列车或组织后续列车限速运行，及时通知有关部门按规定上道检查处理。

2）经下车检查确认不能继续运行时应及时请求救援，并按规定进行防护。

异物侵入邻线影响邻线行车安全时，列车调度员接到驾驶员报告后，应立即通知邻线尚未经过该地点列车停车，不再向邻线该区间放行后续列车，并通知有关部门按规定上道检查处理。

碰撞异物情况不明时，应观测线路尤其是列车运行方向左右两侧路堑甚至坡面岩石整体的完好性，判断是否有剥落、破碎现象。当不能确定是否影响邻线时，列车调度员接到驾驶员报告后，应立即向邻线尚未经过该地点的首列发布口头指示限速 160 千米/时运行，限速位置按碰撞异物地点前后各加 2 千米确定。邻线首列列车驾驶员应加强瞭望，确认线路和接触网有无异常状态，在通过限速地点后立即向列车调度员报告，列车调度员在得到驾驶员无异常的报告后，组织邻线后续列车正常运行。有异常情况时，列车调度员根据驾驶员报告，扣停后续列车或组织后续列车限速运行，及时通知关部门按规定上道检查处理。工务、电务、供电部门应利用天窗时间对碰撞异物地点前后 2 千米范围内的设备进行重点检查。

案例分析

案例 1：渝怀线 BJL～PS 区间石块上道影响列车运行

事件概况：2010 年 5 月 14 日 9 时 20 分，由于渝怀线 BJ～PS 区间 K243+680 米处线路右侧路堑边坡发生溜坍，一石块上道，被上行方向通过的 11204 次货物列车机车撞上，列车于 9 时 19 分在区间停车，9 时 54 分开车耽误本列 55 分钟，影响 K168 次旅客列车 1 小时 52 分钟、3317 次旅客列车 54 分钟。

11204 次货物列车运行至 K243+750 米左右时，驾驶员突然发现前方 100 米左右一块大石头从左侧护坡飞出，立即使用非常制动，随后听到“砰”的撞击声，列车于 9 时 19 分 26 秒停于 K243+338 米处，停车后，驾驶员潘某某立即使用无线调度电话向 BJL 车站汇报情况，告知机车 A 节车牌排障器、脚蹬（均为运行方向右侧）变形，以及与石头相撞的大概位置，BJL 车站随后传达调度指示要求不要开车。停车后，副班驾驶员下车由前向后检查，在机后约 300 米发现该石头已经被机车撞至列车运行方向右侧路肩处，石头长约 80 厘米，宽约 50 厘米，高约 35 厘米。随后车站站长、工务人员赶到现场，经过与车站工务人员共同确认后，机车班立即前往机车，将现场情况向车站汇报，并请求做好换机车的准备。经调度员允许，车站通知后，驾驶员于 9 时 46 分缓解列车，做完列车制动机试验后，于 9 时 54 分开车，10 时 5 分到达 PS 车站停车，由该机车牵引于 21 时 46 分到达重庆西站。语音日勤分析站分析记录本见表 3-21。

表 3-21 语音日勤分析站分析记录本

<table>
<tr><td>发生日期</td><td>5.13</td><td>发生时间</td><td>9:18</td><td>发生地点</td><td>堡家楼—彭水</td></tr>
<tr><td>驾驶员</td><td>潘某</td><td>见休驾驶员</td><td>樊某</td><td>添乘人员</td><td></td></tr>
<tr><td>机车</td><td>SS3B5033</td><td>车次</td><td>11204</td><td colspan="2"></td></tr>
<tr><td>分析日期</td><td>5.13</td><td>分析人员</td><td></td><td colspan="2">撞石头</td></tr>
<tr><td>时间</td><td colspan="2">呼答对象</td><td colspan="2">呼答内容</td><td>分析说明</td></tr>
<tr><td>9:17:38</td><td colspan="2">监控提示</td><td colspan="2">禁止双号</td><td></td></tr>
<tr><td>9:17:42</td><td colspan="2">驾驶员</td><td colspan="2">出站信号，两道出站信号好了</td><td></td></tr>
<tr><td>9:18:02</td><td colspan="2"></td><td colspan="2">鸣笛长一声</td><td></td></tr>
<tr><td>9:18:05</td><td colspan="2">监控提示</td><td colspan="2">禁止双号，白灯无码，白灯无码</td><td></td></tr>
</table>

续表

时间	呼答对象	呼答内容	分析说明
9:18:20	驾驶员	禁止双弓，单弓好了	
9:18:24	驾驶员	断主断，分断好了	
9:18:35	驾驶员	合主断，网压正常	
9:18:40		起通风机声音	
9:18:46		鸣笛长一声	
9:18:50	驾驶员	不正常的声音	
9:18:52		撞石头的声音	
9:20:46	车站	堡家楼，堡家楼，有没有	
9:20:50	车站	堡家楼有，请讲	
9:20:52	驾驶员	我 11204 次，刚才在 K243+000 米处一个大石头侵限了，把我机车撞烂了	
9:20:54		麻烦再讲一下	
9:20:55	驾驶员	好大一个石头，把我机车撞烂了	
9:20:56	车站	好，好	
9:24:11	车站	11204 次驾驶员，堡家楼呼叫	
9:24:18	车站	11204 次驾驶员，堡家楼呼叫	
9:24:33	车站	11204 次驾驶员，堡家楼呼叫	
9:24:41	驾驶员	堡家楼有没有？堡家楼	
9:24:52	车站	请讲	
9:24:53	驾驶员	人来了没有，是 K243+600 米	
9:24:56	车站	你不管那么多，先不开，调度喊你不能开	
9:25:03	驾驶员	把排撞器撞烂了	
	车站	调度所喊你不能开	
9:25:08	驾驶员	喊我不能开是吧	
	车站	对	
	驾驶员	好的，要的	
9:37:30	驾驶员	车还是可以动的，不知道彭水接不接得到，排撞器被打烂了	
	车站	打烂了啊	
	驾驶员	看彭水接不接到地面信号，接得到的可以继续运行，接不到需要到彭水更换机车	
	车站	好的，我向调度反映	
	驾驶员	好，你向调度反映，我到彭水接不到地面信号，在彭水就要更换机车	

分析：事故发生的原因如下。

事故地段路基边坡上方土层经雨水渗透，土体含水量达到饱和状态，路基边坡上部干砌块石承受不住土体内部水压力，造成路基边坡土石方发生局部溜坍、部分上道，被通过的货物列车机车撞上，是导致事故发生的直接原因。

工务段在防洪安全大检查过程中，段、车间、班组三级检查不到位，没有按照防洪检查“上山下河”的要求，检查不深入、不仔细，没有发现该地段路基边坡存在的问题和防洪安全隐患，更没有采取任何有效措施整治路基病害面消除隐患。

1）事件中，从列车开始制动到发生碰撞时间仅仅隔了 2 秒，驾驶员发现到采取制动措施应该在 4 秒内完成，机车乘务员仅仅在距离落石 81 米处才采取制动措施，而在该路段行驶前方有575米的条件瞭望良好，但是驾驶员没有提前发现溜坍情况和上道“异物”，也没有提前采取减速措施。

2）车间危石检查记录应该如实登记，在翻查车间核查记录时没有检查该段路基边坡较长时间以来存在的安全隐患问题。线桥车间没有发现问题，工区检查情况没有及时掌握，车间的检车不到位、不深入、不仔细，敷衍了事、流于形式。工作管理中心要注重车间班组合现场。

3）加强段、车间、工区三级防护安全管理，深入现场，及时发现安全隐患。

4）提高行车调度员非正常情况下的应急处理能力，在列车乘务员报告机车状态能够牵引的情况下，无依据、无理由指挥列车“不能开”，使列车在区间无条件增加 17 分钟，没有将事故影响降到最低。

案例 2：宝成线重大路外伤亡事故

事件概况：1967 年 7 月 28 日上午 1 时，成都铁路局 1214 次由 CD 驶往 MY。德阳二重运输总站汽车队 20-68491 汽车，自编 31 号，驾驶员王某，装道砟车厢上附搭 10 人，驾驶室 2 人，共 12 人，由 YJZ 开往 LJ 火车站。双方行至罗江汶江大桥平交道口处，由于双方发现距离较近，虽然双方也采取了紧急措施，但终未避免，火车排障器碰在汽车车厢上，将汽车在轨道上横推 231.2 米。在横推过程中，汽车前部拉坏汶江大桥右边水泥栏杆 211.5 米，人行道水泥板 75 米，铁道专用线断损 150 米，当场死亡 5 人，重伤 7 人，汽车达到极废程度。

分析：事故发生的主要原因。

事故主观因素是汽车驾驶员思想麻痹大意，未按安全规定行车。客观因素是远距离视线不良，近距离能发现而未瞭望。

铁路道口处注意做好安全防护，停车避让。

3.3.3　列车运行脱轨迫停区间

事件描述

和普通线路的轨道一样，高铁轨道也由钢轨、轨枕、道床、扣件、道岔等部分组成。高铁轨道可分为有砟轨道和无砟轨道。轨道直接承受来自列车的荷载，其任何一个组成部分的结构、性能、强度发生变化，都会对高速列车的正常运行产生不利影响。因此，要求高铁轨道在部件性能、强度、技术水平和养护维修等方面具有更高的标准，从而使线路具有更高的安全性、稳定性和平顺性。

当钢轨轨面因外在因素不符合技术标准时，易造成列车晃车，甚至脱轨。

国铁集团在指定地点，应备有经常处于整备待发状态、齐备整洁的救援设备，以及作风良好的救援人员，及时处理机车车辆颠覆、脱线等事故，以保证及时起复车辆，消除障碍，迅速恢复正常行车。事故救援车由轨道起重机和装载拖拉机、发电机、钢轨、枕木及工具器材的车辆，以及救援、炊事、宿营等专用车辆组成。事故救援列车平时停放在特制的可以两端通行且不需要专线即能直接在该线发车的站线，以备随时挂上机车开行。起复机车车辆，机车、动车、重型轨道车上应备有复轨器。

安全风险及预防控制

1. 安全风险

列车被迫停在区间后，追踪列车的尾部及发往区间的救援列车（单机）、区间列车或车辆易发生冲突。

2. 预防控制

1）在等待救援的时候做好事故车辆的防护（前后不少于 300 米）。

2）电话中断时以该线路最大速度等级规定的列车紧急制动距离设置防护。

3）对于临线上妨碍行车地点，应从前后两面按照线路的最大速度等级规定的列车紧急制动距离防护，确知列车开来方向时，仅仅对来车进行防护（不少于最大制动距离）。考虑邻线有可能反方向运行，当被迫列车妨碍邻线时，若未确知来车方向，则应该从两端开始防护。由于邻线上运行没有停车准备，因此设置响墩的距离也不得少于制动距离。

4）分部运行时，机车进入区间取挂遗留车辆时，从列车前方距离不小于 300 米处开始防护。

5）防护人员设置响墩待停车原因消除后要撤除（动车组运行区段）。

应急处置

1）列车在区间被迫停车后，不能继续运行时，驾驶员应立即使用列车无线调度通信设备通知两端站、列车调度员及车辆乘务员（随车机械师），报告停车原因和停车位置，根据需要迅速请求救援。

2）需要防护时，列车前方由驾驶员负责，列车后方由车辆乘务员（随车机械师）负责，无车辆乘务员（随车机械师）时，由列车乘务员负责；配备列车防护报警装置的列车应首先使用列车防护报警装置进行防护。单班单驾驶员值乘的列车防护作业办法由铁路局规定。

3）如遇自动制动机故障，旅客列车（动车组除外）驾驶员应通知车辆乘务员立即组织列车乘务员拧紧全列人力制动机，以保证就地制动；其他列车驾驶员应立即采取安全措施，并向车站值班员（列车调度员）报告，请求救援。

4）对已请求救援的列车，不得再行移动，并按规定对列车进行防护。

5）车站值班员（列车调度员）接到驾驶员通知后，应将区间内列车运行情况通知驾驶员，并立即使用列车无线调度通信设备转告区间内有关列车，在停车原因消除前不得再放行追踪、续行列车。

6）列车被迫停车可能妨碍邻线时，驾驶员应立即用列车无线调度通信设备通知邻线上运行的列车和两端站、列车调度员，并与车辆乘务员（或随车机械师）分别在列车的头部和尾部附近邻线上点燃火炬（仅运行旅客列车的高铁除外）；在自动闭塞区间，还应使邻线来车方向轨道电路短路。驾驶员应亲自或指派人员沿邻线一侧对列车进行检查，发现妨碍邻线时，应立即派人按规定防护。如发现邻线有列车开来，应鸣示紧急停车信号。

7）列车调度员、车站值班员接到列车被迫停车可能妨碍邻线的通知后，在原因消除前不得向临线放行列车。

8）组织旅客疏散时，车站值班员得到列车调度员的准许后，扣停邻线列车通知有关人员办理。

案例分析

案例：川黔线太白至九龙塘列车脱轨事故

事件概况：2010 年 6 月 19 日 6 时 34 分，25303C 次列车运行至川黔线太白至九龙塘间 K170+780 米处时，线路右侧边坡约高 30 米处（连续雨量 56.4 毫米，小时雨量 27.2 毫米）突发溜坍（坍体约 120 立方米，上道约 60 立方米），坍体泥浆飞溅在运行的 25303C 次货物列车机车后第 39～41 位车辆，坍体（土夹石、树干及树根）打断溜坍正下方的 35 号接触网支柱，支柱顺线路方向倒下，同时坍体漫上轨道侵限，造成运行中 25303C 次列车机后第 42 位（空 C64K4929652）前台车在 K170+780 米处脱轨事故（该处位于曲线半径 300 米的缓和曲线上，曲线全长 779.08 米，缓和曲线长 80 米，超高 90 毫米，坡度 21.8%，Ⅱb 型枕地段），脱轨后运行 180 米停在 K170+960 米白沙窝桥上，后经救援，脱轨车辆于 12 时 11 分起复后，12 时 31 分线路开通正常使用，中断行车 5 小时 57 分钟。

当天雨量达到警戒值，行调发布区间限速调度命令，列车在行进过程中，速度为 40 千米/时，机车主断路器跳闸，驾驶员合闸后接触网无电，在驾驶员准备减压停车的过程中，列车突然紧急制动。25303C 次列车被迫停于区间，停车后驾驶员进行降弓检查，未发现接触网异常，随后向太白站询问，车站恢复接触网已经恢复供电。驾驶员缓解制动，准备开车，但列车管充不了风，查询列尾，反馈风压至 0 千帕。当时驾驶员初步判断为列车管脱落或车辆分离，并指派学习驾驶员携带制动软管及工具向后检查。

驾驶员发现机后 42 位与 41 位间列车分离，机后 42 位前台车脱线，继续检查发现线路右侧边坡在 7 时左右向列车调度员汇报，列车调度安排救援。

分析：

1）驾驶员对本列车进行的防护措施如下。

① 列车在区间被迫停车后，不能继续运行时，驾驶员应立即使用列车无线调度通信设备通知两端站、列车调度员，报告停车原因和停车位置，根据需要迅速请求救援。

② 防护时，列车前方由驾驶员负责，列车后方由车辆乘务员（随车机械师）负责，无车辆乘务员（随车机械师）时由列车乘务员负责；配备列车防护报警装置的列车应首先使用列车防护报警装置进行防护。单班单驾驶员值乘的列车防护作业办法由铁路局规定。

③ 对本列车进行防护，列车防护示意图见图 3-2。

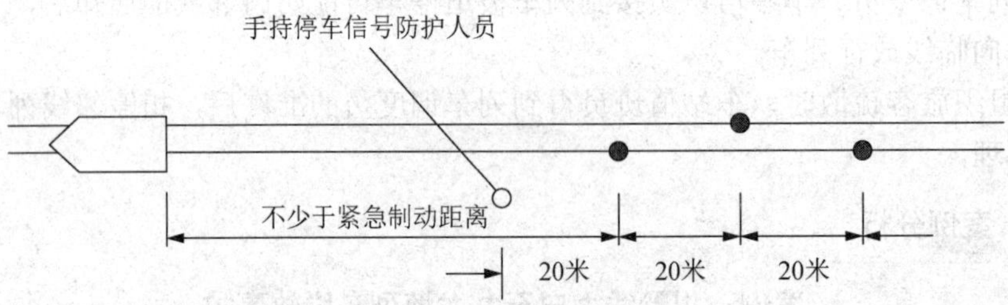

图 3-2　列车防护示意图

2）发生脱轨后，应该进行如下项目的调查。

① 雨量计报警情况。2010 年 6 月 19 日 4 时 33 分，太白站小时雨量为 1 厘米（3 时 50 分～4 时 32 分），到达注意警戒值。工区立即将通知单送达车站值班人员，并安排巡查人员巡查危急警戒值，工区立即将通知单送达车站值班人员，直到解除危急警戒。

② 工务相关情况。

a．脱轨点线路情况调查包括接触网支柱情况、砼护墙、护墙坡度、表层土加石厚度等。

b．脱轨点线路工程技术值包括直线或缓和曲线（含起止里程）长度、曲线超高、轨枕形式、配置根数等。

c．工务巡查情况记录跟踪（含警戒巡查，路基设备检查等）。

③ 机务检查情况。

a．值乘驾驶员情况（牵引任务区段、列车车次编组情况，总重，换长情况）。

b．驾驶员在值乘过程中处理事故的过程记录。

c．监控分析（时间、地点、速度情况、操作）。

④ 车辆相关情况。

a．事故车辆基本情况，包括定检时间、出厂方、转向架类型、闸调器类型、空重自动调整装置类型、缓冲器类型，以及破损情况、全车车辆配件等。

b．车辆处理方案（就地换轮后送车辆段彻底检修）。

c．车辆事故损失，根据《铁路交通事故应急救援和调查处理条例》（以下简称《事规》）和国铁集团相关文件规定，按实际成本修复成本核算。

⑤ 车务情况。其涉及相邻两个站当班值班员、助理值班员、值班干部的工作记录，与列车调度员、站长、驾驶员的工作记录。

救援方案见图3-3（列车分部运行）。

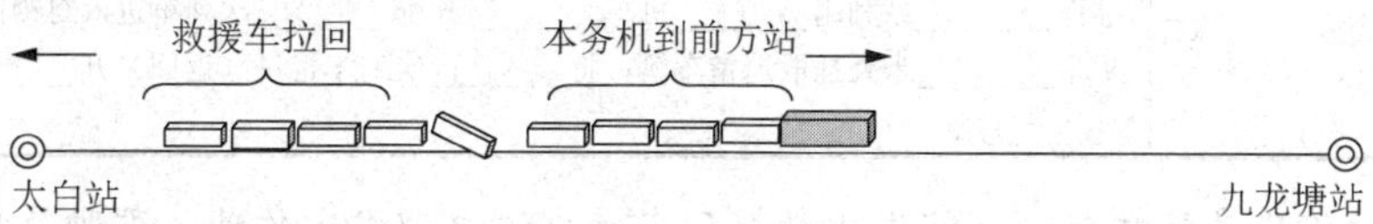

图3-3　救援方案

技能拓展

列车部分运行

列车由于断钩、制动主管破裂、脱轨等原因被迫停车后不能继续运行，而需分批到前方站或后方站的处理办法称为列车分部运行。

由于列车分部运行时大多数对区间遗留车辆的防护、监护等比较困难，分部运行占用区间时间较长，会较严重打乱列车运行秩序。因此，为保证安全，在不得已的情况下采用分部运行时，必须进行严格的限制。

1. 不准列车分部运行的情况

1）采取措施后可整列运行时。

2）对遗留的车辆未采取防护、防溜措施时。

3）遗留的车辆无人看守时。

4）驾驶员与车站值班员及列车调度员均联系不上时。

5）遗留车辆停留在超过6‰坡度的线路上时。

2. 列车分部运行办理方法

1）驾驶员应使用列车无线调度通信设备报告前方站和列车调度员。

2）驾驶员（车辆乘务员、随车机械师或车站指派前往的胜任人员）应做好遗留车防溜（即对尾部车辆紧贴车轮踏面安放铁鞋或止轮器，并按规定拧紧人力制动机）和防护。

3）驾驶员在记明遗留车辆辆数和停留位置后方可牵引前部车辆运行至前方站。

4）在牵引前部车辆至前方站的运行中，仍按信号机的显示执行，但在半自动闭塞或按电话闭塞法行车时，该列车必须在进站信号机外停车（驾驶员已用列车无线调度通信通知车站值班员列车为分部运行时除外），将情况报告车站值班员后再进站，以防止接车站误认列车整列到达而开通区间。

5）前部车辆到达并接到驾驶员报告后，车站值班员应立即报告列车调度员。

6）列车调度员接到车站值班员报告后，应立即向遗留车辆区间两端站发布调度命令封锁区间，并派出单机（或救援列车）进入区间挂取遗留车辆（或救援）。列车分部运行调度命令见表3-22。

表 3-22　列车分部运行调度命令

××××年××月××日　　　第××号

受令处所	A站B站	调度员姓名	
内容	根据_______站报告，_______次列车因_________，自接令时起________站至_______站间_______行线区间封锁。 准许_______站利用_______机车_______开行_______次列车进入封锁区间_______千米_______米处挂取遗留车辆，将_______次列车推进（返回）开_______次列车至_______站		

7）车站值班员按向封锁区间发出救援列车的办法办理发车作业，驾驶员凭调度命令封锁区间挂取遗留车。

8）遗留车辆拉回车站，车站值班员确认区间空闲后，立即报告列车调度员。

9）列车调度员接到车站值（班员遗留车辆全部拉回车站的报告，并确认区间空闲后，两端站发布调度命令，开通区间。

任务实施

任务物资

人字形复轨器（图 3-4）、海参形复轨器（图 3-5）配合使用的导轮轨等起复工具。

图 3-4　人字形复轨器

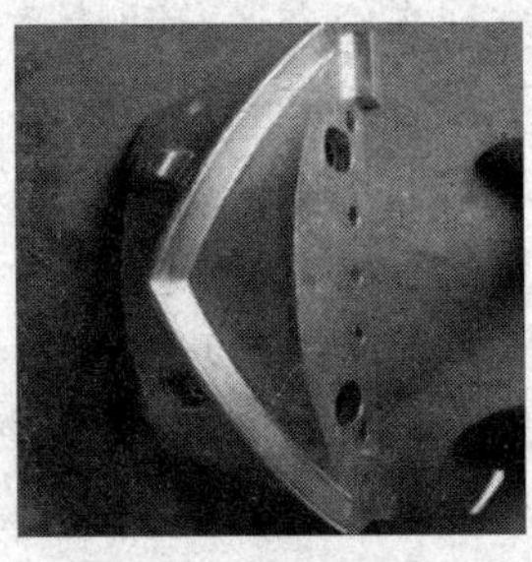

图 3-5　海参形复轨器

1. 人字形复轨器

（1）安装方法

在脱轨车辆复轨牵引方向的一端按照车轮离钢轨的距离，选择适当的枕木位置，将人字形复轨器按车列、车辆行进方向左“人”、右“入”字的位置跨放在钢轨上。两个复轨器要一致（避开连接夹板），不要一前一后或只使用一个，复轨器后端需落在枕木上，再在头部与钢面接触处垫上薄棉纱或木片、破布等防滑，尾部两弯角处钉上道钉（如为水泥枕木可在塞入短枕木，便于固定），复轨器的腰或底部填充石砟，以防压翻。对于改造过的复轨器，复轨器头部需与枕木边相齐，使圆销孔在枕木上，然后插进加固圆销即可。

1）安全操作规程。

① 人字形复轨器利用抬高逼近的原则使车轮复轨，起复时主要靠它的两条大筋使轮缘沿复轨器表面斜坡升高并向基本轨靠近，并利用校正筋调正车轮方向达到使脱线的轮对复轨的目的。

② 使用时人字形复轨器应置于脱轨机车、车辆复轨方向前方，依据脱轨车轮距钢轨的脱轨距离、车轮倾斜方向选择适当的枕木安放复轨器。需要注意的是，人字形复轨器在使用时一定为左“人”、右“入”，不可摆反，摆反后它为一个脱轨器。

③ 人字形复轨器的有效复轨距离是 240 毫米，如超过了这个范围，就要添加逼轨器。正确的扒碴方法是把钢轨两侧的道砟清除干净，复轨器尾部靠近枕木的地方石碴也需整理干净，钢轨外侧向外多扒一些，便于穿复轨器穿销。这样就可以将复轨器很平稳地放在钢轨上。

2）安装注意事项：复轨器不要安装在钢轨接头处，因该处有连接夹板，复轨器不易平放。不要在腐朽枕木上安装复轨器，以免固定不牢复轨时压翻。如脱轨车轮斜扭太大，方向不对，则可在线路设短轨，将车轮调整为向钢轨方向，再用复轨器起复。

（2）不能使用复轨器起复的情况

1）车辆转向架的中心销子脱出。

2）车体与转向架分离。

3）若在道岔附近脱轨，应先把尖轨连接杆拆掉，以免挤坏道岔。

2. 海参形复轨器

安装方法：按车轮脱轨后的位置，对于脱轨在轨道外侧的车轮，使用一只略大的复轨器使其与钢轨外侧面靠拢。在钢轨内侧的车轮安装一只矮小的复轨器，使其与钢轨内侧面留出 35 毫米的轮缘槽，再将紧固螺栓从钢轨底部穿过，一端钩在钢轨上，一端从复轨器穿出，紧固螺母即可。在复轨器的高峰下坡面和轨侧相对滑动面涂上润滑油，安放后应用石砟从复轨器处垫平至脱轨车轮处，以防起复时轧伤枕木。

现场安装复轨器见图 3-6。

图 3-6　现场安装复轨器

任务自测

1．接触网挂异物按异物影响程度可分为（　　）。

A．A 类：异物较大，挂落位置侵入铁路行车限界，影响列车正常运行且不能降弓通过

B．B 类：异物较大，挂落位置侵入铁路行车限界，影响列车正常运行但能降弓通过

C．C 类：异物较小，刮落位置不影响列车正常通过

D．A&B&C

2．高铁区段异物处理时，必须依照本线路封锁，邻线限速（　　）及以下规定进行处置，防止车辆伤害。

A．160 千米/时　　B．170 千米/时

C．180 千米/时　　D．190 千米/时

3．驾驶员收到受电弓有异物应急处理时，应立即降弓、停车，并向列车调度员（车站值班员）报告，车站值班员报告列车调度员。需要登顶作业时，列车调度员需要和（　　）办理停电手续。

A．工区区长　B．施工调度员　C．供电调度员　D．电务部门

4．动车组机械师现场检查发现受电弓滑板以及托架有损伤或接触网有异状时，及时报告列车调度员，由列车调度员扣停后续列车，并通知供电部门对接触网进行检查处理，根据供电部门在（　　）内登记的行车限制条件组织行车。

A．调度命令登记簿　　B．行车设备检查登记簿

C．倒闸令登记簿　　D．事故责任认定书

5．列车在区间被迫停车后，不能继续运行时，驾驶员应该立即使用无线调度通信设备通知两端站、车站值班员和（　　）。

A．车务人员　　B．列车调度员

C．车站调度员　　D．防护人员

6．国铁集团应该在指定地点，应备有经常处于整备待发状态、齐备整洁的救援设备，及时处理机车车辆颠覆、脱险等事故，来保证可以及时起复车辆，该救援设备被称为（　　）。

A．事故救援车　B．宿营车　C．工务救援车　D．路用车辆

7．列车被迫停在区间后，追踪列车的尾部及发往区间的救援列车（单机）、区间列车或车辆易发生冲突。在等待救援的时候做好事故车辆的防护，前后不少于（　　）米。

A．200　B．300　C．400　D．500

8．列车在区间被迫停车且电话中断时，以该线路（　　）等级规定的列车紧急制动距离设置防护。

A．实际坡度　B．最小坡度　C．最大速度　D．换算坡度

9．车站值班员（列车调度员）接到驾驶员列车被迫在区间停车通知后，应将区间内列车运行情况通知驾驶员，并立即使用列车无线调度通信设备转告（　　），在停车原因消除前不得再放行追踪、续行列车。

A．追踪列车　　B．续行列车　　C．邻线列车　　D．区间内有关列车

10．非道岔区段复轨器安装实作。其安装实作评分标准见表 3-23。

表 3-23　非道岔区段复轨器安装实作评分标准

考核内容	配分	扣分
登记设备使用记录	10	
区别人字形复轨器、海参形复轨器	10	
确认复轨距离、判定是否需要加放逼轨器	10	
枕木位置的选择	20	
安装车辆进行方向	10	
采用左“人”右“入”跨放	20	
防滑装置的安装	10	
复轨器穿销	10	
耗时：　　　分钟	得分	
考评员签字：		

任务 3.4　动车组因故障停车安全管理与应急处置

知识准备

3.4.1　列车停在接触网分相无电区

事件描述

在分相区内，接触网不带电，列车主断路器打开，列车的牵引和车载供电不能由接触网供电，为了保证在过分相区时向车载电源的持续供电，必须维持对中间牵引电路的供电，在驾驶模式或电制动情况下，可以转换为牵引系统中间电路的直流环节电压保持模式，即列车采取些许制动，而牵引电机则转为发电机状态，通过逆变器向中间牵引电路供电。

安全风险及预防控制

1）提高从业人员的应急处置能力。

2）加强对动车组驾驶员业务技能的培训。驾驶员提供信息是否准确、及时对故障的初步判断直接影响到应急处置方案确定时间的长短。高铁动车组停于分相区后，驾驶员要详细汇报列车停车位置、受电弓所处位、线路坡道等情况，根据现场实际操作判断受电弓受流情况。

3）加强对列车调度、供电调度应急处置能力的培养，做到对故障救援预案心中有数，指挥得当。

4）加强对高铁动车组因故停在分相区救援方案的学习，组织相关从业人员对方案进行模拟或实训演练。

5）对高铁动车组因故停于分相区的实例进行分析、总结，不断优化列车故障救援预案。

应急处置

1）立即采取停车措施，并报告列车调度员或车站值班员，危及行车安全情况消除后，方可恢复正常运行。需要下车处理时，列车调度员发布邻线列车限速 160 千米/时以下的调度命令，限速位置按停车列车位置前后各 1 千米确定。驾驶员在接到列车调度员已经发布相关调度命令的口头指示后，通知随车机械师手动开门下车处理，下车处理人员下、上车时与驾驶员共同签字确认。

2）列车速度较低时或由于其他因素导致列车停在分相区时，驾驶员要向控制中心发送请求，并要在牵引控制器置零的情况下，“分相区”指示灯至少点亮 2 秒后，网压至少恢复 3 秒后合上主断路器。在断路器闭合的同时，“分相区”指示灯熄灭。控制中心可以向分相区单侧供电，中央控制单元（central control unit，CCU）在主断路器再次闭合后重置分相区信号，车载供电再次运行之后，在置换牵引控制器后建立牵引力。列车驶出分相区后，驾驶员要向控制中心报告，以便停止向分相区供电。

3）电力机车牵引的列车和动车组列车停在接触网分相无电区不能继续运行时，驾驶员应立即降弓，用机车综合无线调度报告列车调度员（车站值班员，车站值班员报告列车调度员）。列车调度员（车站值班员）立即通知已进入区间的后续列车停车，并不再向该区间放行列车。

4）列车具备采用换弓、退行闯分相等方式自救时，驾驶员应该首先考虑是否具备换弓过分相条件，列车调度员询问驾驶员试用前弓，要求更换成前弓，换弓后再次询问动车组驾驶员受电弓是否带电。如果无电，则表明动车组已经完全进入无电区；如果带电，则考虑通过更换受电弓的办法使动车组越过中性区。

5）退行闯分相。不具备换弓条件时，可以综合考虑停车地点线路坡度、后续列车运行情况采用退行闯分相的方案（单编动车组位于长大坡道的分相区时可考虑）。驾驶员不准擅自退行，要率先通知行车调度员，随车机械师要做好防溜、防护工作。

6）确保退行距离内的闭塞分区空闲后，方可准许动车组退行并发布按隔离模式运行调度命令，退行时限速 15 千米/时。动车组退行时，动车组驾驶员调换操作端，退行至距离分相断电标志不少于 800 米处。

7）驾驶员重新调换操作端将列控车载设备转为正常模式，重新启动加速，获得足够的动能后按规定断开主断路器通过接触网分相区。

8）向接触网无电区送电，列车调度员接到动车组因故停在接触网分相区的报告后，可考虑向接触网无电区送电的办法救援。

9）在六跨锚段关节式电分相区，具备远动闭合电分相隔离开关条件时，采用远动闭合隔离开关的方式向接触网无电区送电。具体如下。

首先，从列车运行前方供电臂向中性区（因电分相两端为异相电）送电。

其次，列车调度员应详细了解停在中性区的动车组的停车位置，通知供电调度员；供电调度员确认具备向中性区送电的条件后，通知列车调度员，列车调度员得到通知后，立即扣停后方供电臂上的动车组，通知其待命；列车调度员确认后方供电臂的动车组停妥后，通知供电调度员；供电调度员先将后方供电臂停电，再从列车运行前方供电臂向中性区送电，供电调度员送电后通知列车调度员；列车调度员得到中性区已送电的通知后，通知中性区的动车组开弓恢复运行，确认中性区的动车组已越过中性区后，通知供电调度员恢复正常供电方式，正常供电方式恢复后，列车调度员通知后方供电臂上的动车组恢复运行。

另外，也可以采取开行救援单机的方法进行救援。采用机车牵引救援的方式进行救援会受到机车停放地点的影响。如果牵引机车距离故障地点较远，再加上通知、启动、转线、开车、连挂等一系列程序的影响，救援时间会在 1.5 小时以上。列车调度员接到救援请求后，应考虑用内燃机车在列车运行前方担当救援任务。动车组由符合上线要求救援机车连挂运行，列车管压力采用 600 千帕。

动车组驾驶员应了解救援机车开来方向，通知随车机械师在救援列车开来方向安装过渡车钩、专用风管并对动车组风管阀门的开关状态进行确认，驾驶员进行配合。具备升弓供电条件时，允许动车组升弓供电。

案例分析

案例：武广高铁路遇无电区开倒车 20 千米加速冲过

事件概况：2012 年 8 月 14 日 15 时，广州开往武汉的高铁 G1160 次出发，16 时 10 分未到第二站就停了 1 小时。因断电，车内无空调，又闷又热，无人出来解释，旅客大为不满。后来高铁开始后退，在几名旅客的逼问下，乘务员解释说前方电网停电，准备后退 20 千米，随后以 250～260 千米的时速向前开行。

轨道交通控制与安全国家重点实验室首席教授的贾利民解释道，高铁很可能是停在了接触网分相区内，即电气化铁路的无电区间。电气化铁路每隔一段就会有分相区，如果恰巧停在这一区间，列车只能靠惯性冲过去。

分析：驾驶员采取退行闯分相区，应该注意如下问题。

1）驾驶员不准擅自退行，要率先通知行车调度员，随车机械师应做好防溜、防护工作。

2）按照调度命令及速度命令执行。

3.4.2 列车晚点开行

事件描述

列车运行要按照一天计划进行组织行车，高铁更是如此。在列车始发车站或终点站点延迟发车或到达，专业术语上称为晚点，而延迟发车在中间站出现称为延误。

列车晚点开行扰乱了原有计划，严重者会导致大面积晚点运行。

安全风险及预防控制

1）班前准备要到位，加强员工风险意识，对可能存在的晚点风险关键作业应特别注意。

2）严格遵守铁路职工作业标准。

3）加强员工安全责任意识。

4）按图行车更好的守护旅客的安全。

5）掌握高铁各种规章制度和设备操作。

应急处置

因人为产生的铁路交通事故导致列车晚点时，应及时调查并撰写铁路交通事故调查报告，事故报告内容包括事故概况、事故造成的人员伤亡和直接经济损失、事故发生的原因和事故性质、事故责任的认定及对事故责任者的处理建议、事故防范和整改措施建议、与事故有关的证明材料、事故直接经济损失等。认定事故直接经济损失包含以下几点。

1）铁路机车车辆、线路、桥隧、通信、信号、供电、信息损失费用。报废设备按报废设备账面净值计算，或按照市场重置价费用计算。

2）铁路运输企业承运的行包、货物的损失费用。

3）事故中死亡和受伤人员的处理、处置、医治等费用（不含人身保险费用）。

4）被撞机动车、非机动车、牲畜等财产物资，造成的报废费用。

5）行车中断的损失费用。

6）事故应急处置和救援费用。

7）其他与事故直接有关的费用。

案例分析

案例：动车晚点

事件概况：2010 年 6 月 19 日成灌客专线 D6131、D6132 次动车先后在成都、都江堰站晚开 9 分钟、7 分钟，成灌客专线成都站始发 D6131 次动车，因工务确认检查人员漏乘，导致成灌线设备检查情况表中“工务”栏无人签字，造成列车于 6 时 49 分晚点开车，晚开 9 分钟并晚点到达都江堰站。都江堰站折返 D6132 于 7 时 24 分晚点开车，晚开 7 分钟。构成作业人员违反劳动纪律、作业纪律耽车一般 D（D10）类事故。

分析：出现因始发站非不可抗因素造成的晚点开行，应该做出如下调查审议。

1）机务方面：

① 衔接各次列车运行情况，并做好设备检查情况备注，始发站添乘人员按照铁路运输文件规定，将书面情况交给列车驾驶员确认，并做好签字记录。若无工务人员签字确认，应及时汇报动车调度、机务派班。

② 按照交路监督列车到站后整理监控数据情况。

××次，××时××分到达××站。

××次，××时××分完成换端操作。

××次，××时××分制动试验完成，做好开车准备。

××次，××时××分地面信号机开放，机车信号机显示绿灯，××时××分××站（始发站）开车。

③ 查阅设备检查登记表相应车次电务、供电、通信段、相应公安处签认情况、交付情况，如果有补签，查阅补签情况。

④ 列车到达本站后，驾驶员受令情况：××次，××时××分到达××站，（值乘驾驶员×××、指导驾驶员×××）动车组型号（如 CRH1-023A）于××时××分到达终点站，驾驶员按照规定换端（从 1 号车换至 0 号车）进行动车组试验，做好由本站开往××方向的×××次列车正点（××时××分）开车准备。

车站值班员开放出站信号机，待车站值班员确认发车条件、相关台账记录完整指示发车后方可动车。

2）工务方面：审查工务段安排，按照该段监控车间技术人员确认列车添乘检查工作。客运专线添乘确认人员，必须在段值班室待班，提前安排好住宿，并在设备检查情况表的工务人员栏签字。

根据《铁路交通事故调查处理规则》定责，责任站段自接到铁路交通事故认定书（表 3-24）后，于 5 日内填写铁路交通事故处理报告报安监分室。

表 3-24　铁路交通事故认定书

主送单位：×××（站、段）　　　　编号：××××××××

事故概况及事故性质	××××年××月×日，××，成灌客专线成都站始发××次动车因工务确认检查人员漏乘，导致成灌线设备检查情况表“工务”栏无人签字，造成列车于 6 时 49 分晚点开车，晚 9 分并晚点到达 DJY 站。DJY 站折返 D6132 次于 7 时 24 分晚点开车，晚开 7 分钟。构成作业人员违反劳动纪律、作业纪律耽误列车一般 D（D10）类事故
事故造成的人员伤亡和直接经济损失	无直接经济损失
事故原因	本次事故系作业人员违反劳动、作业纪律引起：根据成都工务段安排，该段监控车间技术员×××于 6 月 19 日确认列车添乘检查工作。由于×××违反《成都工成灌线确认列添乘检查实施细则（试行）》（成〔2010〕125 号）添乘确认人员必须在段值班室待班的规定，未在 6 月 18 日提前到段值班室待班造成 6 月 19 日添乘确认列车时误点漏乘，且在发生事故后未及时向段调度室和值班领导汇报，使设备检查登记表无工务人员签字造成 DJY 折返 D6132 于 7 时 24 分晚点开车，晚开 7 分钟

续表

事故责任认定	根据《铁路交通事故调查处理规则》第十五条规定，构成作业类人员违反劳动纪律、作业纪律耽误列车一般 D（10）类事故，成都工务段负责主要责任
处理决定或建议	成都工务段对本次事故负主要责任，并填写事故交通处理报告（安监报-2）于 5 日内报成都安监分室
事故认定机关	××× ××铁路局安全监督管理办公室 ×××年×月×日

3.4.3 列车运行中 LKJ 设备故障

事件描述

LKJ 是中国列车运行控制系统体系的组成部分，是用于防止列车冒进信号、运行超速事故和辅助机车、动车组驾驶员提高操纵列车运行安全能力的重要行车设备。

LKJ 装置监控模式都与速度有着直接或间接的关系，一旦发生速度系统故障，会触发常用、紧急制动造成停车，干扰铁路正常运输秩序。动车组另一行车安全设备，即 ATP 设备也曾因速度系统出现故障，造成启动不成功或死机，影响行车。速度的变化是行车的关键环节，应提高对速度的变化进行分析、判断和检修处理的技术。

安全风险及预防控制

1）机车驾驶员出勤时，必须检查 LKJ 检测合格证填写是否齐全并有效；上车后必须检查 LKJ 各部件是否无破损，铅封是否良好，并检查 LKJ 日期时间是否正确，同时需正确设置上、下行开关，确认“运行、试验”开关处在“运行”位置，确认操纵端信号机上的“操纵端”灯显正常，确认机车信号灯显正常且 LKJ 语音提示正确。发现设备不良，及时联系相关部门进行处理，未恢复正常不得出库。轮乘换乘点由上下班驾驶员当面办理交接手续，驾驶员要对 LKJ 的外观和主机等施封处所进行检查，确认 LKJ 工作正常。遇设备损坏时要如实反映，做好记录（配有地勤人员的地点，由地勤人员裁定）。

2）整备作业时，内燃机车在启动前应关闭 LKJ 电源，待辅发电压正常后，方可打开 LKJ 电源。驾驶员必须爱护设备，严禁在设备上堆放物品，保证设备的配件完整、外观清洁。

3）机车出库或开车前，驾驶员必须正确输入各种参数，核对 IC 卡揭示信息是否齐全和准确，并全员进行确认。机车在未设电务车载设备检测工区的地点出库前，驾驶员必须在牵引端通过输入紧急制动指令，确认放风阀作用良好，延时时间符合要求，列车管能恢复充风。

4）机车“三项设备”检测时，单阀全制动（或实行弹停制动）。电务人员换端检测时，驾驶员跟随至非操纵端，配合检测作业（提回手柄及制动、缓解）。

应急处置

1）动车组列车改按 LKJ 监控模式运行，在自动闭塞区间内遇机车信号或 LKJ 故障时，驾驶员应报告列车调度员（车站值班员，车站值班员报告列车调度员）。列车调度员（车站值班员）不再向该区间放行列车，并通知已进入区间的后续列车立即停车。列车调度员确认该列车至前方站（线路所）间空闲后通知驾驶员，列车按地面信号显示以不超过40千米/时的速度运行至前方站（线路所）。该列车到达前方站（线路所）后，列车调度员方可通知后续列车恢复运行。

2）按LKJ监控模式运行的动车组列车遇机车信号或LKJ故障在车站出发时，改按隔离模式运行。

3）动车组以外的列车，在自动闭塞区间内遇机车信号或LKJ故障时，驾驶员应报告列车调度员（车站值班员，车站值班员报告列车调度员）。列车调度员（车站值班员）不再向该区间放行列车，并通知已进入区间的后续列车立即停车。列车调度员确认该列车至前方站（线路所）间空闲后通知驾驶员，列车按地面信号显示以不超过20千米/时的速度运行至前方站停车处理或更换机车。该列车到达前方站（线路所）后，列车调度员方可通知后续列车恢复运行。

4）若单个LKJ显示器故障，应急情况下可进行前后端驾驶员室LKJ显示器调换。

5）列车运行受阻，可启用临近车站热备车底做好准备或启动救援单机（内燃机车）救援，采取加挂机车牵引方式运行。

6）根据铁路总工相关规定，遇到LKJ故障时，机车乘务员应将LKJ关闭，以不超过20千米的时速运行至前方车站。在自动闭塞区段出现故障时，可以更换机车，其他区段向前方站停车调度员报告得到维持运行的调度命令后，方可继续运行，运行中严格按照地面显示行车，适当降低列车速度，防止列车超速。

7）对于单驾驶员值乘，在列车运行中发生的突发情况时，相关单位和车站，以及铁路局调度所的人员都会与驾驶员进行联系，使驾驶员忙于接电话，影响应急处置的工作。此时，了解情况尽量避免与驾驶员直接联系，尽量联系调度所上台协助指挥人员，避免多重指挥。频繁与驾驶员通话联系会影响驾驶员的现场处置工作。

案例分析

案例：遂成线D5104次动车组LKJ故障耽误列车

事件概况：2010年6月4日9时19分，遂成线D5104次（成都车辆段CRH1-024A号动车、重庆机务段驾驶员龙某某、随乘驾驶员唐某某，编组8辆、总重491吨、计长19.5，成都车辆段随车机械师贾某某，重庆客运段列车长殷某某）运行至遂成线HKL～JJN间发生LKJ白屏故障，根据调度安排于9时35分DYD站停车，驾驶员会同电务人员进行处理故障无法消除，于10时23分发令开车，10时46分到达SN站停车，11时21分根据调度命令开车，13时12分到达CQB站，晚点2小时12分钟，构成设备故障耽误列车一般D（D21）类事故。

调度监控记录如下：9:34:58大英东站停车，9:35:02第一次关机，9:35:20开机，9:40:00第二次开机，9:41:54第三次关机，9:51:23开机，10:02:55电务人员第一次关机，10:03:11开机，10:03:40电务人员第二次关机，10:04:49开机，10:09:17出发信号显示绿灯，10:22:38大英东站起车，10:32:01新桥线路所停车，10:32:11驾驶员执行调度命令关闭LKJ。

关闭LKJ后，无记录数据，查询驾驶员手册记录：13:41:32重庆北站电务人员更换监控显示器后开机监测恢复监控。

分析：针对LKJ列车故障运行，以下为事故调查组的调查审议。

1）机务方面：2010年6月4日，重庆机务段驾驶员龙某某，随乘驾驶员唐某某值乘CRH1-024A号动车，牵引遂成线C5104次，在成都以C0级控制模式正点开车，在SBT站下行站外转换点进入C2级区段，自动转换ITP控车模式后，运行至淮口南区间时发现LKJ白屏（仅LKJ无显示，不影响列车运行），驾驶员考虑过新桥线路所后由C2级进入C0级区段以LKJ监控模式运行，立即向行车调度报告"LKJ故障，白屏，准备停车处理。"并通知随车机械师。

根据调度安排，驾驶员在前方站停车后，先后关闭LKJ三次判定故障，电务人员登上机车关机检查仍然显示白屏故障。

9点57分行车调度发布调度命令要求驾驶员开车，在新桥线路所处转为目视行车模式，限速20千米/时开行。但是因为LKJ监控模式无目视行车模式，现场操作无效。

10点08分行车调度发布调度命令"按ATP模式维持运行至遂宁站组织救援"，原本该运行区间需要转换LKJ模式运行，因LKJ故障，驾驶员请求发布D5104次列车关闭LKJ的调度命令。

10点47分，调度发布调度命令准许列车在遂宁站至重庆站区间关闭LKJ运行，注意控制速度，限速120千米/时。

查阅监控记录情况如下。

××时××分××秒，DYD站停车。

××时××分××秒，第一次关机。

××时××分××秒……

关闭LKJ后，无记录数据，查询驾驶员手册记录如下。

××时××分……

重庆北站电务人员更换监控显示器后开机监测恢复监控。

2）调度方面，查询调度命令发布情况：接到驾驶员汇报工作后，工作部署情况，包括车站值班员、值班主任、机务处、电务处、客运处等相关业务处室（应急指挥中心）的情况。

应急处置方案设定如下。

××分，调度发布××-××号命令"准许××次列车在新桥线路所至遂宁站间上行线C2/C0级间转换为目视行车模式，限速20千米/时至遂宁站"。

××时××分，调度发布××号调度命令"……"。

××时××分，调度发布××号调度命令"……"。

3）车辆方面：××时××分，了解相关情况后，电务部门提出更换0号车和1号车显示器的要求。××时××分，机务处通知成都、重庆车辆段启动热备组客车，并在成都东动车所组织各部门对备用车组进行整备和联查，提前做好热备。准备妥当后，由调度安排后续列车，减少其他动车组晚点。

××时××分电务人员到达现场检查故障，并由随车机械师指导查找故障点（随车机械师发现0号车空气开关跳闸）。

4）电务方面：

××时××分，电务处值班调度了解情况后汇报上级领导，派人到相应站台信号工区协助处理。

××时××分，重庆电务段车载设备人员开始更换CRH1-024A1号车LKJ显示器。

××时××分更换完毕后恢复正常。

了解设备情况：LJK显示器编号、生产地、生产时间、发货到段时间，首次装车使用时间，保质期时长等。

任务实施

成渝线D5102次动车组LKJ故障耽误列车运行演练

任务情境

××××年×月×日，×次列车运行至×线路所时，因列车LKJ故障无法显示，且列车恢复运行时间不确定。

以小组为单位，设计情境演练场景，包含现场情况查明、信息报告、工作部署、现场应急处置（旅客服务工作等）、列车恢复运行等模块内容。

物资工具

调度电话、事故记录本、客运对讲机。

参演人员

列车长、车辆乘务员、客运乘务员、随车机械师。

参照3.4.3节案例针对关键性节点，小组设计并演练LKJ应急处置流程。

任务自测

1．在分相区内，接触网不带电，列车的牵引和车载供电不能从接触网供电，在驾驶模式或者电制动的情况下，可以转换为牵引系统中间电路的直流环节电压保持模式，列车采取些许制动，牵引电机则转换为发电机状态，通过逆变器向中间牵引电路供电。动车组因故停在分相区，若采用退行闯分相方式行车，则动车组列车按照隔离模式退行速度限速要求为（　　）。

A．10千米/时　　B．15千米/时

C．20千米/时　　D．25千米/时

2．动车组退行闯分相时，动车组驾驶员调换操作端，退行至分相区断电标志不少于（ ）米。

A．600　　B．700　　C．800　　D．900

3．列车被迫停在接触网分相无电区，立即采取制动措施，并报告列车调度员或车站值班员，危及行车安全情况消除后，方可恢复正常运行。需要下车处理时，列车调度员发布邻线列车限速（ ）千米/时以下的调度命令，限速位置按停车列车位置前后各1千米确定。

A．200　　B．160　　C．120　　D．100

4．电力机车牵引的列车和动车组列车停在接触网分相无电区不能继续运行时，驾驶员应立即降弓，用机车综合无线调度报告列车调度员（车站值班员，车站值班员报告列车调度员）。列车调度员（车站值班员）立即通知已进入区间的后续列车（ ），并不再向该区间放行列车。

A．停车　　B．限速运行

C．退行至后方站　　D．以上均不是

5．列车进入接触网分相区但具备采用换弓、退行闯分相等方式自救时，驾驶员应该首先考虑是否具备换弓过分相条件，列车调度员询问驾驶员试用前弓，要求更换成前弓，换弓后再次询问动车组驾驶员受电弓是否带电。如果无电，则表明动车组已经完全进入无电区；如果带电，则考虑通过更换受电弓的办法使动车组越过（ ）。

A．中性区　　B．无电区　　C．分相区　　D．以上均不是

6．（ ）是中国列车运行控制系统体系的组成部分，是用于防止列车冒进信号、运行超速事故和辅助机车、动车组驾驶员提高操纵列车运行安全能力的重要行车设备。

A．LKJ　　B．ATO　　C．ATC　　D．ATS

7．动车组列车改按LKJ监控模式运行，在自动闭塞区间内遇机车信号或LKJ故障时，驾驶员应报告列车调度员（车站值班员，车站值班员报告列车调度员）。列车调度员（车站值班员）不再向该区间放行列车，并通知已进入区间的后续列车立即停车。列车调度员确认该列车至前方站（线路所）间空闲后通知驾驶员，列车按地面信号显示以不超过（ ）千米/时的速度运行至前方站（线路所）。

A．20　　B．30　　C．40　　D．50

8．动车组以外的列车，在自动闭塞区间内遇机车信号或LKJ故障时，驾驶员应报告列车调度员（车站值班员，车站值班员报告列车调度员）。列车调度员（车站值班员）不再向该区间放行列车，并通知已进入区间的后续列车立即停车。列车调度员确认该列车至前方站（线路所）间空闲后通知驾驶员，列车按地面信号显示以不超过（ ）千米/时的速度运行至前方站停车处理或更换机车。

A．20　　B．30　　C．40　　D．50

9．LKJ显示器故障列车运行组织实作。其实作评分标准见表3-25。

表 3-25　LKJ 显示器故障列车运行组织实作评分标准

考核内容	配分	扣分
驾驶员及时发现 LKJ 故障及时报告随车机械师、列车调度员、车站值班员	10	
及时关闭 LKJ，驾驶员手册记录及时记录运行情况	10	
扣停区间列车	10	
组织运行至前方车站进行更换机车	10	
现场故障情况查明、信息确认	10	
列车长客运列车的客服应急处置，减速变化时广播播报	10	
记录 LKJ 故障事故情况	10	
调度命令发布	10	
驾驶模式按隔离模式运行	10	
车辆方面整备备用车组	5	
电务部门配合信号工区更换 LKJ 设备	5	
耗时：　　　分钟	得分	
考评员签字：		

任务 3.5

非正常情况下接发列车安全管理与应急处置

知识准备

3.5.1　列车运行晃车

事件描述

新建 300 千米以上时速的铁路长度超过 1 千米的隧道及隧道群地段，可采用无砟轨道。高铁有砟轨道正线应该采用特级碎石道砟，并保证钢轨头部踏面下 16 毫米范围内两股钢轨工作边之间的最小距离为 1 435 毫米。线路两股钢轨顶面，在直线地段保持同一水平，曲线地段的外轨超高按照相关规定和标准执行。

当高铁运输设备（包括路基结构、路基沉降标准、桥隧结构等）变化状态使线路纵向、横向产生变化，不符合技术标准时，易造成列车晃车，甚至脱轨。

安全风险及预防控制

1）定期检查与维护高铁线路设备，提前预防自然灾害带来的损坏。

2）加大检测梁跨结构水平刚度、基础沉降变形、梁体挠度、梁端转角、预应力混凝土梁体的弹性变形和后期收缩徐变变形的控制，使线路平顺保持在一定范围内。

应急处置

1）运行途中列车驾驶员发现晃车时，应立即减速运行并向列车调度员（车站值班员）报告晃车地点及晃车时列车运行速度，待本列无异常状况后恢复常速运行。车站值班员报告列车调度员。

2）晃车时列车运行速度为160千米/时以下时，列车调度员（车站值班员）立即通知已进入区间的后续列车停车，不再向该区间放行列车，通知工务部门。列车调度员根据工务部门上道检查的申请，及时发布本线封锁、邻线限速160千米/时及以下的调度命令后，准许上道检查。工务检查设备后，根据现场具体情况，确定列车放行条件。

3）晃车时列车运行速度为160千米/时及以上时，列车调度员应向后续首列发布限速120千米/时的调度命令，限速位置按驾驶员汇报的晃车地点前后各1千米确定。列车通过晃车地点后，驾驶员应立即向列车调度员报告运行情况。若仍晃车，列车调度员立即通知已进入区间的后续列车停车，不再向该区间放行列车，通知工务部门，根据工务部门上道检查的申请，及时发布本线封锁、邻线限速160千米/时及以下的调度命令后，准许上道检查；工务检查设备后，根据现场具体情况，确定列车放行条件。若不再晃车，则按160千米/时、250千米/时、常速逐级逐列提速。

4）在逐级逐列提速的过程中，再次发生晃车时，列车调度员应立即通知已进入区间的后续列车停车，不再向该区间放行列车，通知工务部门，根据工务部门上道检查的申请，及时发布本线封锁、邻线限速160千米/时及以下的调度命令后，准许上道检查。工务检查设备后，根据现场具体情况，确定列车放行条件。

案例分析

案例：成灌客专线违章施工导致列车运行中晃车

事件概况：2010年5月10时55分，成灌客专线D6106次（成都车辆段CRH022A号动车，成都机务段×××，编组8辆，总重490吨、计长19.5米）运行至成灌客专线DJY站-SM线路所K55+100米处速度120千米/时，驾驶员发现走行部抖动并发出异响，报告调度，调度发布调度命令封锁成灌线客专线上下行DJY～QCS区间，成都工务段，通知工务人员处理后，于10时55分开通该区间下行线，11时05分开通区间上行线。

事故是由于中铁二局成都至都江堰铁路工程项目，在未与成都工务段签订施工协议，也未纳入铁路局施工计划管理情况下，对成灌客专线左联络线28号、29号，32号、33号墩间桥上隔音遮板上沿砂浆面施工，抹平用的水泥浆掉落至下方成灌专线K55+100米轨面，导致D6106次动车组行至此处时，车轮碾压轨面上的水泥浆造成列车抖动。

分析：列车在运行中晃车，驾驶员的操作如下。

驾驶员在发现晃车时应第一时间报告给行车调度，及时确认列车续行条件，确保列车安全。

3.5.2 列车未准备好进路发车

事件描述

接发列车，正常情况下，列车预告手续由 CTC 系统自动完成，不需要人工办理非常站控控制模式，车站与分散自律控制模式车站或相邻非常站控控制模式车站间通过 CTC 或 TDCS 自动办理发车预告、报点。无法办理自动预告、报点时，由车站值班员或列车调度员或相邻车站值班员人工办理发车预告、报点。

接发动车组列车遵循“三固定”原则，即固定到发线、固定站台、固定停车位置，若需要在非固定到发线接发动车组列车时，需要经过调度所值班主任允许，列车调度员发布调度命令。需要人工排列进路时，通过 CTC 操作终端进行操作。如果遇到特殊情况，必须变更发车进路时，应该先通知发车人员取消发车后再变更；列车调度员准许先预告驾驶员，降低列车进出站台速度，确保行车安全。

1. 取消发车进路

出站信号开放或进入区间凭证已经交付，如需要取消发车进路，列车调度员（非常站控控制模式下为车站值班员）应及时与驾驶员联系，确认列车尚未起动，收回行车凭证后，再取消发车进路。列车调度员使用无线传送系统向驾驶员下达书面调度命令时，驾驶员应及时确认签收。驾驶员若有疑问，需要立即向列车调度员询问。

2. 未准备好进路

未准备好进路包括以下几种情况：

1）临时扳动或错误扳动道岔。

2）进路上的道岔未扳、错扳。

3）进路上有轻型车辆（包括拖车）、小车及其他能造成脱轨的障碍物（不包括路外其他方通车辆）。

4）邻线的机车、车辆、动车、重型轨道车（包括拖车）越出警冲标志。

5）违反禁止办理相对方向同时接车和同方向同时发接列车的规定而办理同时接车或发接列车。

6）超限列车（包括挂有超限车辆的列车）、客运列车由于错误办理而进入非固定股道。

7）接入停车或通过的列车、列车前端越过进站（进路）信号机或站界标，列车启动。

设有进路信号机的车站分段接发列车时，按分段列算。如果每段都发生问题，每段都定一件事故；如果为一次准备的全通路，则为一个进路，定一件事故。

凡由于信号联锁条件错误或有关人员违章作业，致使信号错误显示进行信号或强行开放进行信号运行，造成耽误列车或列车已按错误显示的进行信号运行，虽未造成后果，均定事故。

安全风险及预防控制

1. 安全风险

离岗、打盹或做与接发列车作业无关的事情，接发列车人员擅离职守、看书看报、闲谈打闹都直接影响了作业人员的注意力，容易造成误听、误传车次、股道，忘办或错办闭塞、信号，忘扳或错扳道岔等后果，一旦各种原因叠加，就很可能造成事故。

1）办理闭塞没有确认区间空闲。

2）不按照规定检查确认接发列车进路。

3）不认真核对行车凭证错办或未及时办理信号。

4）取消或变更发车进路联络不彻底。

2. 预防控制

1）办理闭塞时必须确认区间空闲：检查确认前一列列车是否完整到达，通过闭塞设备确认区间空闲，检查确认有关记录情况。

2）不得离岗、打盹或做与接发列车作业无关的事情。

3）办理进路确认区间空闲状态。

4）检查确认接发列车进路。若不按照规定检查确认接发列车进路，特别是在无轨道电路的车站或停电、施工等无联锁状态下接发列车，极容易发生未准备好进路接发列车的行车事故。

应急处置

严格按照标准化作业处置，认真执行非正常情况下接发列车《铁路接发列车作业》(TB/T 30001—2020）第12部分“单（双）线电话闭塞无联锁（联锁设备失效)”的有关规定和安全卡控制度。

加大非正常情况下接发列车的安全监督，把关好关键作业、关键程序，认真学习车站安全责任教育及业务培训，掌握各项设备的操作时机与操作方法，提高应变技能，确保接发列车标准落到实处。

案例分析

案例：广州东站D725次列车未准备好发车进路发出列车

事件概况：2007年10月6日6时53分，D725次动车组列车（广州机务段CRH1017A号）在GZD站8道反方向开车时，挤坏了170号道岔停车。

GZD站X3LQG出现红光带，电务检查人员于6时22分办理停用上述红光带区段电气化设备。6时43分调度所发布036501号命令，停用广深线GZD～SB间Ⅰ线基本闭塞法，改用电话闭塞法行车。信号员工作不负责任，对设备和反排进路业务不熟，在第一次排列D725次进路后发现为非基本进路而取消，由于第一次反排进路时276号道岔转向了反位，第二次重新经过两次排列列车进路，结果只有一段进路排列好了，另外一段进路还没有排列好，导致276号道岔未开通。排列进路后有一段进路无光带显示。信号员认为道岔已经全部开通，没有汇报值班员进路准备情况，造成D725次6时53分开车后，经276号道岔（反位）附近本进路运行，挤坏了开通基本进路处于定位的170号道岔。

分析：采用电话闭塞法接发高速列车的情况如下。

1）当基本闭塞设备发生故障导致基本闭塞法不能使用时，用电话闭塞法接发高速列车。

2）自动站间闭塞区间，出站信号机故障且引导信号不能开放时发车时，用电话闭塞法接发高速列车。

此时，应根据列车调度员命令采用电话闭塞法行车。动车组驾驶员根据调度命令将列控车载设备转为LKJ模式运行，未装备LKJ的动车组列车转为隔离模式。

3.5.3 向占用区间发出列车

事件描述

列车运行是以车站、线路所划分的区间及自动闭塞区间的通过信号机或区间信号标志牌所划分的闭塞分区作为间隔的。区间及闭塞分区的界限按下列规定划分。

1. 站间区间

1）在单线上，车站与车站间以进站信号机柱的中心线为车站与区间的分界线。

2）在双线或多线上，车站与车站间分别以各线的进站信号机柱或站界标的中心线为车站与区间的分界线。

2. 所间区间

两线路所间或线路所与车站间，以该线上的通过信号机柱的中心线为所间区间的分界线。对于设有进站信号机的线路所，所间区间的分界方法与站间区间相同。

3. 闭塞分区

自动闭塞区间同方向相邻的两架色灯信号机或区间信号标志牌间，以该线上的通过信号机或区间信号标志牌机柱的中心线为闭塞分区的分界线。

高铁车站均须装设基本闭塞设备。行车基本闭塞法有下列几种。

1）自动闭塞。其是利用通过信号机把区间划分为若干个装设轨道电路的闭塞分区，通过轨道电路将列车和信号机的显示联系起来，使信号机的显示随着列车运行位置而自动变换的一种闭塞方式。

2）自动站间闭塞。其是在半自动闭塞基础上发展起来的一种闭塞方法。此种闭塞方法使区间两端车站的出站信号机和轨道检查装置构成联锁关系。

3）电话闭塞法。当基本闭塞法不能使用时，应根据列车调度员的命令采用电话闭塞法行车。

4. 向占用区间发出列车

占用区间系指：

1）区间内已进入列车。

2）区间已被列车取得占用的许可（包括准许时间内未收回的出站跟踪调车凭证）。

3）封锁的区间。按《铁路技术管理规程》（以下简称《技规》）规定，为了救援、施工等特殊需要封锁的区间，使用调度命令发出的列车除外。例如，向电话呼唤5分钟无人应答，由列车调度员查明该站及其相邻两区间确无列车（包括单机、动车及重型轨道车）后，发布调度命令封锁相邻区间，向不应答站发出列车；区间内停有故障或事故列车、机车、车列等时，调度命令封锁区间，需要向被封锁的区间发出的救援列车；向施工封锁区间发出的路用列车。

4）区间内有停留或溜入的机车、车辆、动车、重型轨道车、施工作业车辆。

5）发出进入正线的列车但区间内道岔向岔线开通。

6）邻线已进入禁止在区间交会的列车。

说明：

1）列车前端越过出站信号机或警冲标即可按向区间发出列车论处。

2）办理越出站界调车后，没有取消手续，也没有继续办理闭塞手续，就用该调车手续将列车开出，也按照向占用区间发出列车论处。

安全风险及预防控制

相关人员应认真核对接发列车凭证。凭证是列车占用区间的依据，非正常情况下办理接发列车时，如果漏填、错填、未交、错交、错拿行车凭证，轻则耽误列车，影响正常运行，重则造成向占用区间发出列车等严重后果。

使用自动闭塞法行车，动车组列车在完全监控、引导或部分监控模式下运行时，行车凭证为列控车载设备显示的允许运行的速度值。动车组列车按LKJ监控模式运行及动车组以外的列车，在信号机常态点灯的区段，进入闭塞分区的行车凭证为出站或通过信号机显示的允许运行的信号；在信号机常态灭灯的区段，进入区间的行车凭证为出站信号机或线路所通过信号机显示的允许运行的信号，信号机应点灯。

在信号机常态点灯的CTCS-2级自动闭塞区段，特殊情况下办理发车的行车凭证规定见表3-26。CTCS-3级及信号机常态灭灯的CTCS-2级自动闭塞区段，特殊情况下办理发车的行车凭证规定见表3-27。

表 3-26　信号机常态点灯的 CTCS-2 级自动闭塞区段，特殊情况下办理发车的行车凭证规定

序号	特殊方式	控车方式	行车凭证	行车凭证的依据	附带条件
1	出站信号机	LKJ（GYK）控车	调度命令	1）确认第一个闭塞分区空闲。 2）确认道岔位置正确及进路空闲	以不超过 20 千米/时（动车组列车不超过 40 千米/时）速度运行至次一架通过信号机，按其显示的要求执行
2		隔离模式运行		1）确认区间空闲。 2）确认道岔位置正确及进路空闲	以不超过 40 千米/时速度运行至前方站进站信号机（线路所通过信号机）
3	发车进路信号机故障时	LKJ（GYK）控车	调度命令	1）确认区间空闲。 2）确认道岔位置正确	以不超过 20 千米/时（动车组列车不超过 40 千米/时）速度运行至次一架信号机
4	发车进路信号机故障时	隔离模式	调度命令	1）确认进路空闲。 2）确认道岔位置正确	以不超过 40 千米/时运行至次一架信号机
5	区间一架以上通过信号机故障时发出列车	CTCS-2 级控车	列控车载设备显示的允许运行的最大速度值	确认区间空闲	
6		LKJ（GYK）控车	出站信号机（线路所通过信号机）显示的允许运行的信号		
7	反方向发出列车	CTCS-2 级控车	列控车载设备显示的允许运行的最大速度值	确认区间空闲	
8		LKJ（GYK）控车	出站信号机（线路所通过信号机）显示的允许运行的信号		

表 3-27　CTCS-3 级及信号机常态灭灯的 CTCS-2 级自动闭塞区段，特殊情况下办理发车的行车凭证规定

序号	特殊方式	控车方式	地面信号机状态	行车凭证	行车凭证的依据	附带条件
1	开放引导信号发出列车	CTCS-3 级控车、CTCS-2 级控车		列控车载设备显示的允许运行的速度值	确认第一个闭塞分区空闲（发车进路信号机开放引导信号时，为确认至次一架信号机间空闲）确认道岔位置正确以及进路空闲	
2		LKJ（GYK）控车		出站信号机（线路所通过信号机）显示的允许运行的信号	确认区间空闲（发车进路信号机开放引导信号时，为确认至次一架信号机间空闲）	
3	发车进路信号机故障时	LKJ（GYK）控车	点灯	调度命令	1）确认区间空闲。 2）确认道岔位置正确及进路空闲	
4	发车进路信号机故障时	隔离模式运行				以不超过 40 千米/时运行至次一信号机

续表

<table>
<tr><th>序号</th><th>特殊方式</th><th>控车方式</th><th>地面信号机状态</th><th>行车凭证</th><th>行车凭证的依据</th><th>附带条件</th></tr>
<tr><td>5</td><td rowspan="2">区间一架以上通过信号机故障时发出列车</td><td>CTCS-3级控车</td><td rowspan="2">点灯</td><td rowspan="2">调度命令</td><td rowspan="2">1）确认发车进路空闲。
2）确认道岔位置正确及进路空闲</td><td>以不超过20千米/时（动车组列车不超过40千米/时）速度运行至次一架通过信号机，按其显示的要求执行</td></tr>
<tr><td>6</td><td>隔离运行模式</td><td>以不超过40千米/时运行至次一信号机</td></tr>
<tr><td>7</td><td></td><td>CTCS-3级控车、CTCS-2级控车</td><td>灭灯</td><td>列控车载设备显示的允许运行的最大速度值</td><td>确认区间空闲</td><td></td></tr>
<tr><td>8</td><td></td><td>LKJ（GYK）控车</td><td>点灯</td><td>调度命令</td><td>1）确认区间空闲。
2）确认道岔位置正确及进路空闲</td><td></td></tr>
<tr><td>9</td><td rowspan="2">反方向发出列车</td><td>CTCS-3级控车、CTCS-2级控车</td><td>灭灯</td><td>列控车载设备显示的允许运行的最大速度值</td><td rowspan="2">1）确认区间空闲。
2）反方向行车调度命令</td><td></td></tr>
<tr><td>10</td><td>LKJ（GYK）控车</td><td>点灯</td><td>出站信号机（线路所通过信号机）显示的允许运行的信号</td><td></td></tr>
</table>

应急处置

1）及时汇报值班领导，尽量减少事故直接经济损失。

2）通知驾驶员以调车方式退回出站信号机前方，办理闭塞，开放出站信号机。

3）电话闭塞，在不影响其他列车或调车作业时，列车不得后退，办理好闭塞手续，准备发车进路发给驾驶员占用区间凭证。

4）各级领导抓好当前部门的工作，迅速扭转安全被动局面。总结典型事故案例教训，引导广大干部和职工正确认识和处理安全效益，认识安全与效率的关系，强化现场监督和指导，强化领导干部巡查能力和把握标准，切实提高确保安全的控制力、执行力和内聚力。

案例分析

案例：襄渝线SHZ站向占用区间发出列车

事件概况：2000年7月18日15时26分，襄渝线SHZ站，在NL～SHZ站区间有车的情况下，擅自同意闭塞，接入5609次轨道车。北碚供电段SHZ接触网工区计划在SHZ站～NL站间停电检修接触网。14时14分SHZ仁县接触网工区计划站、车站值班员在未与行调、邻站联系，既无调度命令，也未与邻站办理闭塞的情况下，擅自同意接触网工区轨道车出站进入区间作业。当时信号员在睡觉，车站值班员自行开放了1道调车信号，通知接触网工区驻站人员和轨道车驾驶员凭调车信号进入区间，16时前返回。车站值班员未通知助理值班员区间有车，并叫其上信号楼监听电话，之后开始睡觉。15时19分NL站向SHZ站请求5609次轨道车闭塞，助理值班员擅自同意了闭塞，信号员醒后也未确认，便办理了接车闭塞。5609次轨道车于15时26分从NL站通过后，驾驶员立即呼叫SHZ站，呼叫声惊醒了车站值班员，他便紧急呼叫接触网工区轨道车立即返回车站。接触网工区轨道车于15时28分返回，5609次轨道车于15时32分进入SHZ站。调度所调度员在得知SHZ站接触网工区轨道车要进入区间时，仅以口头方式表示同意该次轨道车进入区间，用5706次列车开路，区间折返5707次，违反《技规》第246条有关半自动闭塞发出须由区间返回的列车，应停止基本闭塞，改用电话闭塞的规定，未向SHZ站、NL站下达停止基本闭塞法的命令。

分析：事故中，作业人员违反了如下规定。

《技规》、《铁路行车组织规则》（以下简称《行规》）关于列车占用区间的有关规定，没有行车凭证，列车禁止进入区间，助理值班员、运转车长、卸车负责人严禁发车。

《技规》规定“闭塞必须由车站值班员亲自或指示助理值班员、信号员办理”，严禁“低职代高职”，越权指挥。

严格推出“两纪一化”（“两纪”指劳动纪律、作业纪律，“一化”指标准化作业），杜绝当班睡觉现象。

《技规》与《行规》规定“开行区间返回列车和轻型车必须停止使用基本闭塞法，采用电话闭塞法”，基本闭塞法不能使用时，应根据列车调度员采用电话闭塞法行车，动车组驾驶员应根据调度命令将列控车载设备转为LKJ方式运行，未装备LKJ的动车组列车转为隔离模式运行。

《技规》与《行规》规定“区间开行路用列车调度员应向有关车站、人员下达调度命令”。列车调度员必须严格调度命令的发布，做到及时、内容标准和“一事一令”。

技能拓展

车机联控用语

动车组列车装备有机车综合无线通信设备（cab integrated radio communication equipment，CIR）能实现接车进路预告，驾驶员通过无线通信设备能够很清楚地知道进路情况，而且动车组列车是严格按照列车运行图规定的股道进行接发的，出现变更股道的情况时，列车调度员要向列车驾驶员发布调度命令，驾驶员也能清楚地知道进路的变化情况。所以动车组列车运行中不进行车机联控。车站由分散自律控制模式转为非常站控控制模式，且按电话闭塞法行车时，应执行车机联控，车站值班员应主动呼叫驾驶员。

车机联控用语如下。

1. 动车组列车接车或机外停车后开车时，进路准备好后

1）车务应急值守人员（车站值班员）：××（次）×站×道停车（通过）。

2）列车驾驶员：××（次）×道停车（通过），驾驶员明白。

2. 动车组列车站内停车再开或列车始发时，进路准备好后

1）车务应急值守人员（车站值班员）：××（次）×道出站信号好了。

2）列车驾驶员：××（次）×道出站信号好了，驾驶员明白。

3. 动车组列车邻站发出后，车务应急值守人员（车站值班员）应主动呼叫驾驶员

1）车务应急值守人员（车站值班员）：××（次）××（站）×道停车（通过）。

2）列车驾驶员：××（次）×道停车（通过），驾驶员明白。

4. 动车组列车临时机外停车

1）车务应急值守人员（车站值班员）：××（次）××（站）机外停车。

2）列车驾驶员：××（次）××（站）机外停车，驾驶员明白。

5. 动车组列车通过变为停车

1）车务应急值守人员（车站值班员）：××（次）××（站）×道停车。

2）列车驾驶员：××（次）×道停车，驾驶员明白。

6. 动车组列车变更固定接车线路

1）车务应急值守人员（车站值班员）：××（次）××（站）变更×道停车（通过），限速××千米。

2）列车驾驶员：××（次）××（站）变更×道停车（通过），限速××千米，驾驶员明白。

7. 动车组列车反方向通过

1）车务应急值守人员（车站值班员）：××（次）××（站）×道通过，反方向运行，（侧向出站限速××千米）。

2）列车驾驶员：××（次）×道通过，反方向运行，（侧向出站限速××千米），驾驶员明白。

8. 动车组列车反方向发车

1）车务应急值守人员（车站值班员）：××（次）××（站）×道出站信号好了，反方向运行，（侧向出站限速××千米）。驾驶员明白。

2）列车驾驶员：××（次）××（站）道出站信号好了，反方向运行，（侧向出站限速××千米），驾驶员明白。

9. 动车组在站内或区间限速

1）车务应急值守人员（车站值班员）：××（次）××（站）×道通过（停车），站内（区间）×千米×米×限速××千米。

2）列车驾驶员：××（次）××（站）×道通过（停车），站内（区间）×千米×

米×限速××千米，驾驶员明白。

10. 动车组列车引导接车

1）车务应急值守人员（车站值班员）：××（次）××（站）引导接车，×道停车（通过），注意引导信号。

2）列车驾驶员：××（次）××（站）引导接车，×道停车（通过），驾驶员明白。

11. 动车组列车引导发车，进路准备好后

1）车务应急值守人员（车站值班员）：××（次）××（站）引导发车，×道出站信号好了。

2）列车驾驶员：××（次）××（站）引导发车，×道出站信号好了，驾驶员明白。

12. 向封锁区间开行路用、救援列车

1）进路准备妥当，按规定办理凭证并交付后。

列车驾驶员：××（站），××号调度命令已收到（进路准备人员若为列车调度员时，“××（站）”应为“列车调度员”）。

进路准备人员：××（次）×（站）×道发车进路好了。

列车驾驶员：××（次）×（站）×道发车进路好了，驾驶员明白。

2）区间作业完毕返回站内时。

列车驾驶员：××（站），××（次）请求返回。

进路准备人员：××（站）明白（进路准备人员若为列车调度员时，“××（站）”应为“列车调度员”）。

3）接车进路准备妥当，并确认信号开放正确后。

进路准备人员：××（次）××（站）××道停车。

列车驾驶员：××（次）××（站）××道停车，驾驶员明白。

任务实施

任务要求

非正常情况下接发列车实训演练。

任务情境

××××年×月×日×次列车从CQB～CS站时，因前方发基本闭塞故障，导致基本闭塞法停用，改用电话闭塞法行车，CQB站正点发车时间10时8分。

以小组为单位，设计情境演练场景，包含现场情况查明、信息报告、工作部署、现场应急处置（下放站控，列车控制模式转换，车机联控）、列车恢复运行等模块内容。

物资工具

调度电话、CTC控制模式转换登记簿、对讲机。

任务自测

1．当高铁运输设备（包括路基结构、路基沉降标准、桥隧结构等）变化状态使线路________、_________产生变化，不符合技术标准时，易造成列车晃车，甚至脱轨。

2．运行途中列车驾驶员发现晃车时，应立即___________并向列车调度员（车站值班员）报告晃车地点及晃车时列车运行速度，待本列无异常状况后恢复常速运行。车站值班员报告列车调度员。

3．晃车时列车运行速度为160千米/时以下时，列车调度员（车站值班员）立即通知已进入区间的后续列车停车，不再向该区间放行列车，通知工务部门。列车调度员根据工务部门上道检查的申请，及时发布本线________、邻线_________的调度命令后，准许上道检查。工务检查设备后，根据现场具体情况，确定列车放行条件。

4．晃车时列车运行速度为160千米/时及以上时，列车调度员应向________发布限速120千米/时的调度命令，限速位置按驾驶员汇报的晃车地点前后各1千米确定。列车通过晃车地点后，驾驶员应立即向列车调度员报告运行情况。若仍晃车，列车调度员立即通知已进入区间的后续列车_________，不再向该区间放行列车，通知工务部门，根据工务部门上道检查的申请，及时发布本线封锁、邻线限速160千米/时及以下的调度命令后，准许上道检查；工务检查设备后，根据现场具体情况，确定列车放行条件。若不再晃车，则按_________千米/时、_________千米/时、_________千米/时逐级逐列提速。

5．接发动车组列车遵循“三固定”原则，即________________、________________、________________，若需要在非固定到发线接发动车组列车时，需要经过调度所值班主任允许，列车调度员发布调度命令。

6．如果遇到特殊情况，必须变更发车进路时，应该先通知__________________取消发车后再变更。

7．站信号机已开放或行车凭证已交付，如需取消发车进路，列车调度员（车站控制时为车站值班员）应与司机联系，确认______________________，收回行车凭证后，再取消发车进路。

8．下列属于占用区间的是（　　）。

A．封锁的区间

B．区间已被列车取得占用的许可

C．办理越出站界调车后，没有取消手续

D．以上全是

9．动车组列车按LKJ监控模式运行及动车组以外的列车，在信号机常态点灯的区段，进入闭塞分区的行车凭证为出站或通过信号机显示的（　　）。

A．允许运行的信号　　B．绿色灯光信号

C．黄色灯光信号　　　　　　　　D．绿黄色灯光信号

10．使用自动闭塞法行车，动车组列车在完全监控、引导或部分监控模式下运行时，行车凭证为（　　）。

A．调度命令

B．列控车载设备显示的允许运行的速度值

C．出站或通过信号机显示的允许信号

D．绿色许可证

11．电话闭塞法行车组织实作。其实作评分标准见表3-28。

表3-28　电话闭塞法行车组织实作评分标准

考核内容	配分	扣分
按照TB/T 30001—2020接发列车作业标准，姿势端正，精神饱满，声音清楚	10	
掌握备品、线路、列车、设备情况，传达计划，并听取各岗位汇报	10	
确认设备故障	10	
及时与工、电、供等部门联系	5	
及时与调度联系，通知干部上岗	10	
及时下放站控权限，填写CTC控制模式转换登记簿	10	
及时进行车机联控	5	
正确填记行车日志	10	
正确填记调度命令登记簿	10	
正确填记行车设备检查登记簿	5	
接发列车后恢复基本闭塞法	5	
没有违章或错办作业	10	
耗时：　　分钟	得分	
考评员签字：		

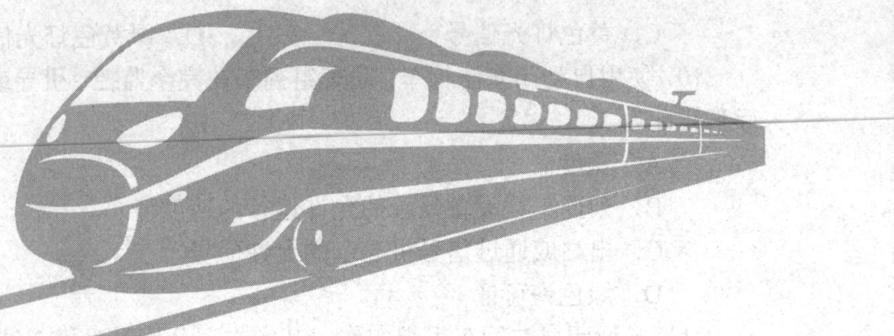

项目 4

高铁设备故障安全管理与应急处置

项目描述

科教兴国，交通强国。现代化铁路人才必须具备高速铁路设备故障的应急处置技能。本项目主要对动车组车辆故障、高铁牵引供电设备故障、高铁信号设备故障、高铁通信设备故障的安全管理与应急处置方法进行分析阐述，并结合现场设备故障案例对事故或故障发生原因进行剖析，以此帮助学生练就高铁设备故障安全管理与应急处置技能，使学生具备牢固的安全生产意识、责任意识，尊重劳动、尊重知识、尊重人才、尊重创造，能够解决实际问题，成为德才兼备的高素质技术技能人才，为服务祖国及“一带一路”共建国家高速铁路建设项目奠定基础。

学习目标

1．能了解高铁车辆在运行中可能出现的设备异常情况，掌握列车停车故障、车辆异响、受电弓挂有异物等情况时的应急处置方法。

2．能了解高铁牵引供电设备在运行中可能出现的设备异常情况，掌握接触网断线、接触网支柱折断、网弓故障、绝缘故障等情况时的应急处置方法。

3．能了解高铁信号设备在运行中可能出现的设备异常情况，掌握信号地面设备故障、列控中心（train control centre，TCC）设备故障、应答器故障、CTC 系统故障等情况时的应急处置方法。

4．能了解高铁通信设备在运行中可能出现的设备异常情况，掌握铁路专用移动通信（global system for mobile communications-railway，GSM-R）系统设备故障、通信光缆线路故障、传输设备故障、数据网设备故障、通信电源故障等情况时的应急处置方法。

5．使学生树立牢固的安全生产意识和责任感，具备预防控制和处理应急突发事件的意识，能尊重劳动、尊重知识、尊重人才、尊重创造，逐步成长为高技能人才。

任务 4.1 动车组车辆故障安全管理与应急处置

知识准备

事件描述

动车组在运行过程中可能会出现列车停车故障、车辆异响、火情、弓网接触不良、接触网停电、制动力不足、重联装置异常等情况，出现此类情况会在一定程度影响车辆运行。当出现故障时如处理不当，可能还会造成更加严重的后果。因此，动车组车辆故障应急处理方法便显得尤为重要。

安全风险及预防控制

1．安全风险

（1）动车组运行中异震异响，随车机械师处理不当

1）运行中，随车机械师未按规定巡车，未能及时发现异震异响。

2）随车机械师业务不熟练，听到异响未下车检查，盲目放车运行。

3）随车机械师下车后，未按照要求对走行部各部件进行检查。

4）随车机械师检查后，未能准确判断故障严重程度，汇报信息不准确，盲目放车。

（2）动车组运行中抱闸

1）随车机械师错误切除制动，导致车组抱闸。

2）随车机械师切除制动后未手动缓解停放制动，导致车组抱闸。

3）随车机械师未按要求对车组进行巡视，没有及时发现车组抱闸异常现象。

（3）动车组火情

1）作业人员未对配电线路“松、虚、断、破”等问题进行及时处理，存在火灾隐患。

2）检修人员进行有电作业，未对用电设施进行巡检，未能及时发现火灾隐患。

3）动车组加热设备因覆盖杂物或故障引起火灾。

4）动车组电气设备因通风不良或覆盖杂物引起火情。

5）火警装置无法检测到火情，导致火灾范围扩大。

6）动车组发生火情时，灭火器等防火设施性能不良导致火情扩大。

7）旅客使用明火触发火灾报警或引发火情。

8）随车机械师巡视不到位，未及时发现初起火情或火灾隐患。

9）车内使用大功率电气设备，引发火灾。

10）线上发生初期火情，未采取正确处置方法，引起火情扩大。

11）火警监测装置故障，屏蔽后，未能监测到火情。

（4）弓网接触不良

1）受电弓检测系统数据未核对，未进行复测。

2）受电弓更换后，未进行压力测试。

3）专项修时，未对受电弓进行压力测试。

（5）受电弓刮网

1）受电弓外观检查漏检未发现受损现象。

2）随车机械师在弓网故障后处理不正确。

2. 预防控制

（1）动车组运行中异震异响，随车机械师处理不当的预防控制

1）随车机械师按照一次出乘作业标准，行驶途中，严格按照“看、听、闻、巡、联”进行作业。

2）加强随车机械师业务培训：在车组运行中，听到车组底部有异响，或接到客运人员、驾驶员通知车组底部有异响时，应立即通知操纵端驾驶员停车，申请下车检查。

3）下车检查时，认真确认车下设备的技术状态，重点检查底板、裙板、注水（排污）口盖板及走行部悬挂件的状态。

4）随车机械师必须将下车检查的情况向调度汇报，如检查发现不能继续运行，则应立即通知驾驶员请求救援，同时向调度报告。请求救援后，应在驾驶员的指挥下做好停留车组的防护工作。如停留车组无停放制动或停放制动故障，还应做好防溜工作。

（2）动车组运行中抱闸的预防控制

1）随车机械师岗前进行培训，熟练掌握制动切除等典型故障的处置方法。

2）切除制动的车组，必须手动缓解停放制动，并确认所有制动都已经缓解，再汇报信息；车组运行后，要注意切除制动的车组是否有异响；发现异响，立即要求停车。

3）随车机械师开车后 15 分钟内进行巡视，运行途中，每小时进行一次巡视，发现车下异响，要求立即停车检查；重点对轮盘、转向架等重要部件进行检查，发现异状立即处理。

（3）动车组火情的预防控制

1）发现接线有破损或异常及时处理，认真执行一、二级检修作业标准；专项修对电器接线进行检查，发现配电线路“松、虚、断、破”等故障问题，及时处理，并做好记录。

2）动车组库内一级检修进行有电检查作业及运用动车组出库时，升弓供电后 15 分钟内，随车机械师须对车厢内各用电设施进行一次巡视检查，确保车厢内各用电设施运行正常。

3）动车组防寒整备时，须对车厢各种电暖器装置进行清洁，并由工班长及值班干部进行抽查；CRH1 型动车组按规定要求将电加热器空气开关关闭。

4）动车组车上各类电器装置在使用过程中，严禁覆盖易燃、易爆物品；专项修时，对配电柜通风滤网进行清洁，必须保持各类电气设备的通风状态良好；各柜内严禁存放杂物。

5）一、二级修时，对火灾报警装置进行测试，确保处于开启状态，功能正常。火警装置出现问题的，要进行重点记录，并严禁放车上线。

6）严格对车载灭火器进行日常检查，及时更换不合格或过期灭火器；日常检查防火门开关状态良好、侧边胶条无脱落。

7）动车组实行全列禁烟，严禁在动车组内任何位置抽烟。

8）随车机械师开车后 15 分钟内进行巡视。运行途中，每小时进行一次巡视。运行途中闻到烟火异味时，必须立即查明原因；未能及时查明时，必须果断通知驾驶员停车，彻底查明原因并排除险情后方能开车。

9）动车组电源插座严禁插接超过插座容量的大功率电气设备或非动车组配置的用电设备，巡视中一旦发现，立即制止使用。

10）动车组出现电气装置打火、冒烟时，必须立即断开电源后再行处理。未处理或无法处理时，该电气设备必须暂停使用。

11）线上发生火警系统故障，屏蔽后，随车机械师加强对该节车厢的巡视；终到站后，故障无法及时处理的，需要申请换车。

（4）弓网接触不良的预防控制

1）调度必须核对受电弓检测数据，发现有报警数据时，及时下发复查作业计划单。

2）班组根据调度下发的作业计划单，对受电弓进行压力测试，核实后进行压力调节，调节无效的进行扣车处理。

3）更换受电弓后，由调度下发作业任务，进行升降弓压力测试；试运完毕，进行压力复核测试。

4）专项修时，严格按照修程要求对受电弓进出升降压力测试，并做好记录。

5）对于运行中出现受流不畅的车组，入库后对受电弓进行压力测试。

（5）受电弓刮网的预防控制

1）随车机械师在始发、折返和终到站做好受电弓外观的检查，发现异常及时隔离。

2）运行中弓网故障停车后，随车机械师在车下目视检查受电弓已正常降下，通知本务驾驶员按照 CRH 型动车组途中应急故障处理手册相关的操作办法操作。若受电弓无法升起，则将故障弓隔离后升起另一个受电弓，维持动车组继续运行。

3）遇受电弓机械破损时，按要求申请登顶检查并进行应急处理。

应急处置

1. 动车组列车运行中出现故障

动车组在运行途中发生故障时，动车组驾驶员、随车机械师等列车工作人员及各级应急指挥人员应按规定开展应急处置工作。

1）动车组驾驶员应按照车载信息监控装置的提示，按规定及时处理；需要随车机械师处理时，驾驶员应通知随车机械师。经处置确认无法正常运行时，驾驶员应按车载信息监控装置的提示和随车机械师的要求，选择维持运行或停车等方式，并报告列车调度员（或报告车站值班员，由车站值班员报告列车调度员）。

2）动车组随车机械师应按照动车组途中应急故障处理手册、车载信息监控装置提示及应急处置相关规定进行故障应急处置，并在5分钟内报告。在外局路段发生故障时，应立即向发生地所在铁路局动车调度报告，再向动车段（所）应急台报告；在局管内发生故障时，应向动车段（所）应急台报告，并由动车段（所）应急台转报本局动车调度。

信息汇报格式：我是G（D、C）×××次 CRH××-×××动车组随车机械师，姓名×××，车组于××时××分报×××故障（代码×××），目前停于×××～×××区间（或限速×××千米/时、维持运行等）。

3）动车段（所）应急台接到随车机械师报告后，应立即启动应急指挥程序，远程指挥随车机械师进行故障应急处置。如故障发生在局管外，则动车段（所）还应向本局动车调度报告故障信息和处置情况。

4）铁路局列车调度员、动车调度员接到局管内动车组故障的报告后，有关信息上报、行车指挥、应急响应等工作按国铁集团、铁路局相关要求执行。铁路局动车调度员应与列车调度员（局管内发生故障时）、动车段（所）应急台、故障发生地所属铁路局动车调度员密切联系，及时传递相关信息，协调故障应急处置。

5）动车组故障应急处置指挥时应遵循“单一指挥”的原则，原则上随车机械师与动车段（所）应急台联系，根据现场处置进度，随车机械师应向故障发生地所在铁路局动车调度汇报处置情况，动车段（所）应急台与铁路局动车调度联系。必要时，铁路局动车调度员可直接与随车机械师联系。

6）动车组发生车辆设备故障后，驾驶员应立即通知随车机械师确认。确认为误报、不影响运行或经过处理后恢复正常，在驾驶员手册上签注“动车组不限速”；确认有问题时，有明确规定的按规定执行，无明确规定的由随车机械师按程序请示后，向驾驶员提出限速值意见，并在驾驶员手册上签注。

7）动车组发生故障后，动车段（所）应急指挥人员应充分利用地面行车安全监控系统、车载信息无线传输系统、受电弓视频监控装置等安全监控设备配合开展应急处置。动车组发生故障不能继续运行时，动车组配属段要派员积极赶赴现场，故障发生地所在铁路局做好配合工作。

2. 重联装置异常

1）当驾驶员接到或通过车载信息监控装置发现重联动车组显示意外解编、编组间传输不良、重联端车钩故障后，驾驶员应立即采取停车措施，向列车调度员（车站值班员）报告，并通知随车机械师，随车机械师按照车载信息监控装置的提示、应急故障处理手册的规定及应急指挥台的要求进行处理。无法消除重联装置故障时，及时请求救援。

2）重联动车组解编后，两列单组均无故障时，可按单组分部运行或采用换端重联方式运行。

3）重联动车组中一组因故不能继续运行，根据调度命令需要分离运行时，随车机械师配合驾驶员，按操作程序摘解重联动车组。值乘故障动车组的随车机械师须与故障动车组一起停留原地等待救援，正常动车组按单组继续运行。

3. 动车组运行中车辆发生异音、异状、异常抖动

（1）异音应急处置措施

列车工作人员发现或接到反映车辆下部有拖、拉、击打声、上下振动声、连续摩擦声等异音通知时，应立即通知驾驶员，驾驶员应立即采取停车措施，并向列车调度员（车站值班员）报告，同时通知随车机械师。随车机械师按规定程序下车检查并及时汇报故障检查情况。如故障暂不能修复，但不影响行车安全，随车机械师临时应急处置，并在驾驶员手账上签认后监护、限速运行，必要时预报前方车站协助处理；如故障影响行车安全且不能修复，随车机械师应通过驾驶员向列车调度员请求救援。

（2）异状应急处置措施

列车运行途中突发剧烈上下跳动、车体剧烈摆动、连接处明显下垂、走行部有剧烈连续的摩擦震动等异状时，驾驶员（列车工作人员）应立即采取停车措施。由驾驶员向列车调度员（车站值班员）报告，并通知随车机械师。随车机械师按规定程序下车检查、确认车辆损伤情况，并及时汇报故障检查情况。如故障暂不能修复，在不影响行车安全的情况下，随车机械师临时应急处理，并在驾驶员手账上签认后监护、限速运行，必要时预报前方车站协助处理。在限速运行过程中，随车机械师密切监视故障车辆状况，如有异常应立即采取紧急停车措施并通知驾驶员，驾驶员向列车调度员报告，请求救援。

（3）异常抖动应急处置措施

动车组客运乘务工作人员发现或接到旅客反映有异常抖动现象时，应立即通知随车机械师。随车机械师接到通知后，要立即前往发生异常抖动的车厢进行现场确认，如需采取措施，则应立即通知驾驶员限速250千米/时运行，动车组抖动现象消除后通知驾驶员恢复常速运行。当动车组发生减速运行时，动车组驾驶员要将减速运行情况及千米标报告列车调度员；随车机械师要及时将动车组异常抖动情况有关信息及时汇报。

4. 车载轴温检测系统检测到走行部轴承温度过高

动车组运行途中车载信息监控装置提示走行部轴箱轴承、齿轮箱轴承、牵引电机轴承及定子温度报警时，驾驶员应立即采取停车措施，随车机械师按规定程序下车，并按照动车组途中应急故障处理手册等相关要求进行检查、点温确认。当确认异常或温升超高时，在驾驶员手账上签认限速要求，并通过驾驶员向列车调度员申请更换车底，列车调度员安排具备更换车底条件的车站换车；当确认轴温正常，属误报警时，按照动车组途中应急故障处理手册等相关要求操作，并在驾驶员手账上签认，驾驶员向列车调度员报告。随车机械师在运行途中利用车载信息监控装置密切跟踪报警车轴温度状态。

5. 轮对抱死或轴不转

驾驶员发现或得到轮对因齿轮箱、联轴节、基础制动装置等故障（如卡滞）造成抱死或轴不旋转运行的报告时，应立即采取停车措施，并通知随车机械师。驾驶员、随车机械师按故障应急手册或车载信息系统的提示处理。检查确认为误报时，继续运行；确认抱死或轴不旋转故障存在且无法处置时，及时请求救援。

6. 制动力不足

驾驶员发现制动力不足或制动系统未及时、有效响应时，应立即将制动手柄拉到紧急制动位或按压紧急停车按钮，使动车组紧急停车。停车后，驾驶员应向列车调度员（车站值班员）报告，并通知随车机械师。随车机械师按照车载信息监控装置的提示、应急故障处理手册的规定及应急指挥台的要求进行处理。驾驶员在开车前必须进行一次完整的制动试验，确认制动系统功能正常。

7. 动车组途中发生火情（车辆设备故障）

1）动车组运行途中，乘务员发现车厢空调通风口、配电柜、客室内其他设备设施等冒烟，起火，烧焦，橡胶、塑胶熔化等产生的异味时，应立即通知驾驶员和随车机械师、列车长。驾驶员应立即采取停车措施（尽量避免列车停在隧道、长大下坡、油库等重要建筑物及居民区）使列车停于安全地点，断开主断路器并降弓，向列车调度员汇报。

2）随车机械师接到通知后及时赶到相应车厢关闭空调、通风系统或设备设施电源，并将设备状况通知列车长和驾驶员。

3）停车后，随车机械师应对车辆设备进行检查，准确判断，果断处理，确认不影响行车安全时，签认后通知驾驶员正常运行。

8. 动车组遇接触网停电

1）动车组驾驶员断开主断路器，降下受电弓停车，制动手柄置最大位，保持首尾标志灯亮，驾驶员及时与列车调度员联系，按规定采取防溜措施。

2）随车机械师要立即向驾驶员询问情况，并巡视检查各车应急照明、蓄电池电压情况，停车超过 20 分钟时开启应急通风系统或配合客运人员开门通风。

3）当应急通风蓄电池低压保护，应急通风装置停止工作，无法保证车内通风时，随车机械师向列车长报告，由列车长组织安装防护网，打开车门通风。

9. 受电弓异常

（1）受电弓不明原因自动降弓

动车组在运行途中，因不明原因降弓，驾驶员应立即切断主断路器并停车，向列车调度员（车站值班员）报告，并通知随车机械师。装有受电弓视频监控装置的动车组，随车机械师应立即通过受电弓视频监控装置确认受电弓外观状态，可见部分无明显异常或不超限、无脱落风险时，通知驾驶员切除已降下受电弓，换弓正常运行。发现受电弓异常或未装有受电弓视频监控装置的动车组，随车机械师按规定下车检查受电弓状态。列车调度员及时通知供电调度根据需要安排接触网工区进行巡视检查。

1）经初步检查确认接触网正常，受电弓外观可见部分无明显异常或超限但未能判明降弓原因时，随车机械师应立即将检查情况报告驾驶员，驾驶员报告列车调度员或车站值班员。驾驶员按随车机械师要求切除已降下的受电弓，换弓运行，限速160千米/时运行至前方站。

如前方站为终点站，列车调度员应提前安排，启动热备动车组替换，替换下的故障动车组限速160千米/时返回动车所进行处理。

如前方站为非终点站，随车机械师在停站后使用望远镜或其他手段进行进一步检查确认。如确认受电弓外观整体正常或不影响运行安全，则动车组以正常速度维持运行至终点站，调度所应提前安排启动热备动车组替换，替换下的故障动车组限速160千米/时返回动车所进行处理；如不能确认，则必须按规定登顶检查。

2）如检查时发现受电弓轻微损坏，且无部件脱落危险，随车机械师通知驾驶员切除受损的受电弓，换弓后以不高于120千米/时的速度运行进入前方车站停车。停车后，随车机械师下车进一步确认，如确认受电弓无脱落危险，则通知驾驶员限速160千米/时运行；如发现受电弓损坏部位有扩展趋势，则必须按规定登顶检查处理。

3）如检查时发现受电弓刮弓或损坏较严重，有部件脱落危险，随车机械师应通知驾驶员请求接触网停电。驾驶员向列车调度员汇报并请求登顶作业，在得到准许登顶作业的调度命令和列车调度员已发布邻线列车限速160千米/时及调度命令（或已扣停邻线列车的口头指示）后，切除受损的受电弓后升另一良好受电弓，与随车机械师共同确认无网压，按规定利用接地装置实施放电后，随车机械师方可进行登顶检查。随车机械师在车组两端用验电器确认接触网停电后挂接地杆，登顶检查、处理、捆扎受损受电弓，确保受损受电弓离开接触网的距离大于350毫米，无部件脱落危险，且距离车顶高压器件的距离大于350毫米；处理完毕后，在驾驶员手册上签认，通知驾驶员使用良好受电弓正常运行。

4）如经现场登顶确认全部受电弓受损严重，在所有受损受电弓捆扎完毕，确认受损受电弓、车顶其他部件离开接触网的距离大于350毫米后，通知驾驶员请求救援。

5）单列动车组一个受电弓故障，可更换另一个受电弓受流，维持运行；单列动车组两个受电弓均无法升弓受流及重联动车组两列动车组均无法升弓受流时，按规定请求救援。重联动车组禁止采用“前车升后弓、后车升前弓”的模式运行。

（2）受电弓挂有异物

1）动车组运行途中，驾驶员接到受电弓挂有异物影响行车的通知时，应立即降弓、停车，向列车调度员（车站值班员，车站值班员报告列车调度员）报告，需下车检查或登顶作业时，随车机械师通过驾驶员及时向列车调度员提出请求。

2）列车调度员（车站值班员）得到报告后，应立即通知区间内后续列车停车，不得再向该区间放行列车。列车调度员根据下车检查或登顶作业的请求，发布邻线列车限速160千米/时及调度命令（或已扣停邻线列车的口头指示）。需登顶作业时，列车调度员还应通知该供电臂内的列车停车并降弓，与供电调度员办理接触网停电手续，得到供电调度员接触网已停电的通知后，发布准许登顶作业的调度命令。

3）驾驶员在得到准许登顶作业的调度命令和列车调度员已发布邻线列车限速160千米/时及调度命令（或已扣停邻线列车的口头指示）后，切除挂有异物的受电弓后升另一良好受电弓，并与随车机械师共同确认无网压，按规定合接地装置实施放电后，随车机械师按规定进行登顶作业，客运乘务组做好车门的防护。

4）异物处理完毕后，随车机械师通知驾驶员检查处置情况，驾驶员报告列车调度员，列车调度员与供电调度员办理接触网送电手续，通知该停电供电臂内的列车升起受电弓，取消邻线限速，恢复正常行车。需限速运行时，驾驶员根据随车机械师的通知限速运行。

5）随车机械师现场检查发现受电弓滑板及托架有损伤或接触网有异状时，应及时通过驾驶员报告列车调度员，由列车调度员扣停后续列车，并通知供电部门对接触网设备进行检查处理，根据供电部门在行车设备检查登记簿内登记的行车限制条件组织行车。

案例分析

案例1：动车发生异响暂停运行

事件概况：2015年7月3日20时多，由上海发往深圳的D2283次动车，在云霄东厦镇塘美村铁路附近发生异响而停车，随车机械师下车检查，并无影响运行，于当晚8时20分左右开车。随后，南昌铁路局厦门工务段立即展开检查，在村庄附近铁路道心上发现一台重约23千克的虎钳，怀疑有人恶性破坏铁路交通设施，警方当晚介入调查。

（资料来源：苏禹成，梁政，戴江海，等. 福建一列动车发生异响暂停 疑有人放置虎钳[EB/OL].（2015-07-08）[2017-12-19].http://news.ifeng.com/a/20150708/44127354_0.shtml?2015355.）

分析：正常情况下，虎钳是用来夹持工件的通用夹具，装置在工作台上，用以夹稳加工工件，为钳工车间必备工具。工务段每天凌晨都会开出轨道车对全路段检查一遍，随车都带有设备，能够第一时间检测铁路上是否存在安全隐患，确定安全后各列车方能开行。工作人员一遍又一遍地检查，初步判定可能是在事发当天路检时有人故意放置。

发生异响时，随车机械师必须将下车检查的情况向调度汇报，如检查发现可以继续运行，则签认后限速运行；如不能继续运行，则应立即通知驾驶员请求救援，同时向调度报告。请求救援后应在驾驶员的指挥下，做好停留车组的防护工作。

案例2：接触网挂异物未采取措施盲目运行刮坏受电弓

事件概况：20××年3月24日，兰州铁路局迎水桥机务段驾驶员使用SS3型0650号机车担当10587次列车牵引任务，运行至褚家湾站进站前，因接触网与承力索间缠绕有塑料布，驾驶员未降弓致使机车后弓被刮坏，驾驶员未按规定停车检查，而是盲目继续运行导致后弓被刮翻，构成铁路交通一般D类事故。

（资料来源：佚名. 库尔勒机务段电气化线路事故案例汇编[EB/OL].（2018-2-9）[2017-12-19]. http://jz.docin.com/p-1821219924.html.）

分析：驾驶员瞭望不彻底，没有牢固树立电气化区段必须密切注视接触网状态的意识。弓网发生异音异状时存在严重的侥幸心理，继续盲目运行是造成事故的主要原因。

任务实施

1. 模拟大复位操作

（1）注意事项

1）在进行大复位操作时，动车组必须处于停车状态。

2）动车组在途中进行大复位操作时，全列车门处于“释放”状态，此时可手动紧急解锁开门，需要列车长组织工作人员对车门进行看护。

（2）步骤

驾驶员通知列车长，列车长安排工作人员对车门进行看护，驾驶员降弓，方向开关回到零位，退出占用。

将蓄电池开关（图 4-1）置于“关”位，等待人机界面显示屏断电后，重新开启蓄电池。重新占用驾驶员室进行正常操作，对ATP、CIR重新设置，并在占用端驾驶员室将制动手柄置紧急制动位，确认制动有效率恢复至断电前的状态。维护模式开启见图 4-2。

图 4-1　蓄电池开关

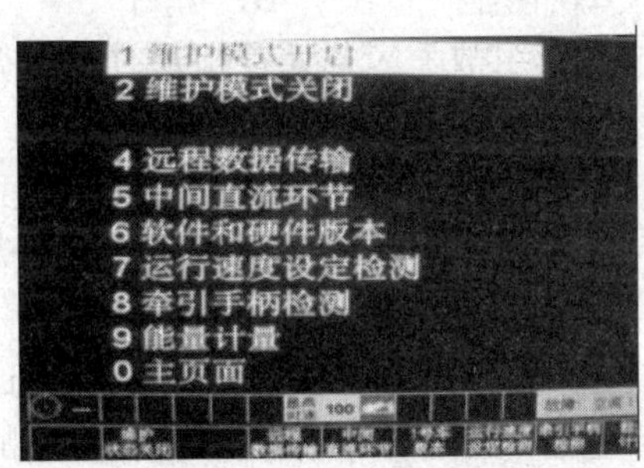

图 4-2　维护模式开启

2. 模拟三键复位操作

（1）注意事项

动车组可在惰行或停车状态下操作三键复位。

（2）步骤

1）在人机界面显示屏确认维护模式已经开启。

2）断主断路器、降弓，同时操作“降弓”“主断路器断”“暗远光照明”三个开关，并保持4秒以上。

注意：降弓操作必须将“降弓”开关置于“降弓”位，不能置于“降弓并撒砂”位；暗远光灯位置操作必须将“暗远光照明”开关从“远光灯”位置于“暗远光灯”位。

任务自测

1．下列属于动车组车辆故障主要安全风险的有（　　）。

A．动车组运行中异震异响，随车机械师处理不当

B．动车组运行中抱闸

C．动车组火情

D．弓网接触不良或受电弓刮网

2．动车组运行中异震异响如检查发现不能继续运行，则应立即通知驾驶员请求救援，同时向调度报告。请求救援后，应在驾驶员的指挥下做好停留车组的防护工作。如停留车组无停放制动或停放制动故障，还应做好（　　）。

A．防溜工作　　B．紧急制动　　C．备用制动　　D．常用制动

3．为动车组运行中抱闸随车机械师开车后 15 分钟内进行巡视，运行途中，每（　　）小时进行一次巡视，发现车下异响，要求立即停车检查；重点对轮盘、转向架等重要部件进行检查，发现异状立即处理。

A．0.5　　B．1　　C．1.5　　D．2

4．动车组出现电气装置打火、冒烟时，必须立即（　　）后再行处理。未处理或无法处理时，该电气设备必须暂停使用。

A．停车　　B．降弓　　C．断开电源　　D．以上均不对

5．动车组故障应急处置指挥时应遵循“单一指挥”的原则，原则上由（　　）与动车段（所）应急台联系。

A．随车机械师　　B．驾驶员　　C．调度员　　D．车站值班员

6．重联动车组解编后，两列单组均无故障时，可按（　　）或采用换端重联方式运行。

A．反方向运行　　B．分离运行　　C．单组分部运行　D．以上均不对

7．动车组遇接触网停电，随车机械师要立即向驾驶员询问情况，并巡视检查各车应急照明、蓄电池电压情况，停车超过（　　）分钟时开启应急通风系统或配合客运人员开门通风。

A．5　　B．10　　C．15　　D．20

8．动车组轴箱及转臂定位装置检查作业。其定位装置检查作业评分标准见表 4-1。

表 4-1　动车组轴箱及转臂定位装置检查作业评分标准

工作内容及标准	配分	扣分
轴箱油压减振器无漏油，外观状态良好，安装不松动，减振器座无裂纹	10	
轴箱弹簧及座无裂损，圆弹簧无折断	10	
轮对提吊及螺栓无裂损，螺栓紧固	10	

续表

工作内容及标准	配分	扣分
轴箱体外观状态良好，无裂损	10	
轴箱前后盖安装螺栓紧固，无松动，不甩油	10	
轴箱定位转臂无裂损，轴箱定位螺栓安装紧固	10	
转臂关节弹性定位套橡胶无老化定位轴螺栓紧固；盖板螺栓紧固	10	
构架、转臂、轴端上的 WSP 速度传感器、接地线、轴温传感器接线无松动、无破损、无抗磨，传感器接头安装牢固，紧固螺栓防松标记清晰无错位，线缆固定线卡安装牢固，线缆安装座良好无裂纹	15	
安装在轴端盖上的 ATP 传感器接头紧固螺栓及线缆固定螺栓安装牢固、防松标记清晰无错位，构架上的线缆安装座良好无裂纹	15	
耗时：　　　分钟	得分	
考评员签字：		

任务 4.2 牵引供电设备故障安全管理与应急处置

知识准备

事件描述

接触网是电气化铁路重要的直接行车设备，是向电力机车、电动车组等安全可靠供电的特殊输电线路，具有沿铁路露天布置、线长点多、工作环境恶劣、无备用等特点，一旦发生停电故障，供电管理单位应能迅速出动，及时抢修，尽快恢复供电和行车，最大限度地减少故障损失和对运输的影响。

接触网抢修要遵循“先通后复”和“先通一线”的基本原则，以最快的速度设法先行供电、疏通线路和及早恢复设备正常的技术状态。在抢修工作中，要严格执行行车和高空、电气安全作业等有关规定和防护措施，防止扩大事故范围和发生意外事故。

安全风险及预防控制

1. 安全风险

（1）接触网断线

1）机械原因：

① 补偿装置卡滞导致接触网断线。

② 线索互磨或线索与接触网部件相磨，导致接触网断线。

③ 接触线磨耗超标，导致接触线被拉断。

④ 接触网线索接头、终端锚固线夹松脱，造成断线。

⑤ 线索局部损伤严重未及时发现、处理，造成线索拉断。

2）电气原因：

① 主导电回路不畅，造成线索断线。

② 由于动车（机车）原因，烧断接触网线索。

③ 树木倾倒在接触网上，导致线索烧伤断线。

④ 外界线索、异物原因烧断接触网线索。

（2）接触网支柱折断

1）外界原因：

① 道口处未设置防护桩。

② 自然灾害引起的山石滚落、滑坡、塌方等。

③ 路外各类施工在运送或搬运物件时撞坏支柱。

2）施工原因：

① 因动车受电弓或接触网参数不符合规定造成弓网故障引发的支柱折断。

② 接触网作业过程中因作业车平台失控撞坏支柱，或作业车平台旋转作业时作业车发生溜逸、吊车吊臂或负重运行时刮碰接触网支柱。

③ 在接触网放线过程中未控制好线索张力，超过支柱容量值。

（3）弓网故障

1）接触网原因：

① 零部件侵入受电弓动态包络线，引发弓网故障。

② 接触网参数发生变化，引发弓网故障。

2）外界原因：

① 未及时发现接触网上挂有异物。

② 在发现接触网挂有异物后，未及时采取措施。

（4）绝缘故障

1）绝缘件原因：

① 绝缘件绝缘性能下降。

② 绝缘件脏污。

2）环境原因：

① 风筝、氢气球、塑料袋等轻飘物刮飞至绝缘件上。

② 绝缘子被雷击发生破损。

③ 过往的货物列车上飘起的物件刮飞至绝缘件上。

④ 接触网支柱上驻有鸟巢，侵入绝缘件。

（5）零部件松、脱、裂、断

1）设备质量：

① 零部件属于三无产品。

② 零部件制造工艺存在缺陷。

③ 零部件设计结构存在缺陷。

2）检修工艺：

① 各部螺栓未按规定力矩紧固。

② 防松措施不到位。

（6）关键设备

1）分段绝缘器状态不良。

2）避雷器状态不良。

3）隔离（负荷）开关状态不良。

4）无交叉线岔状态不良。

5）弹簧补偿装置失效。

6）中心锚结状态不良。

2. 预防控制

（1）接触网断线

1）机械原因。为预防补偿装置卡滞导致接触网断线，需做到：按要求对补偿装置进行检修，定期对补偿滑轮加注润滑油；日常巡视时，对补偿装置活动情况进行重点检查；及时对偏磨的补偿滑轮进行调整，对存在断股的补偿绳进行更换。

为预防线索互磨或线索与接触网部件相磨，导致接触网断线，需做到：调整或加装承力索异型保护条；加装或对失效的异型保护条进行更换；提前对新线建设的介入工作，从施工源头杜绝线索互磨或线索与接触网部件相磨发生。

为预防接触线磨耗超标，导致接触线被拉断，需做到：每年对管内接触线磨耗测量一遍并建立测量台账，对隧道口及站场与区间结合部等重点位置进行重点测量，在巡视中加强观察；对硬点处所进行调整；对磨耗超标接触线进行更换；对下锚转角偏大处进行调整或改造。

为预防接触网线索接头、终端锚固线夹松脱，造成断线，需做到：严格按照线索接头施工工艺标准进行施工；对不匹配的线夹进行更换；使用经验收合格的产品，杜绝三无产品上线使用；积极采用新材料、新工艺，提高接触网设备稳定性。

为预防线索局部损伤严重未及时发现、处理，造成线索拉断，需做到：督促施工单位和监理加强施工产品的验收；在施工作业时，做好接触网线索防损伤措施；日常检修作业中注意检查线索的损伤情况，发现局部损伤截面超过规定时，应视情况及时进行电气补强，或切断后做接头。

2）电气原因。为预防主导电回路不畅，造成线索断线，需做到：使用扭力扳手按标准扭矩对主导线电回路处所的线夹进行紧固；安装主导电回路线夹时必须涂导电膏；安装测温片或进行定期测温及时发现主导电回路问题；利用红外线测温仪对主导电回线夹进行测温检查；根据线路截流情况选择合适的线索；安排夜间巡视重点，观察主导电回路关键部位有无过热变色现象；组织研究主导电回路在线监测装置。

为预防动车（机车）原因，烧断接触网线索，需做到：督促机务部门在自动过分相装置失效时，及时反馈信息，采用手动装置，实现主断路器断合；严禁动车（机车）违反规定升双弓过分相；巡视检查时及时对地感器进行检查测量，发现异常、丢失时进行更换或补装；禁止动车（机车）停在禁停处所停车；定期做好机供走访，督促机务部门在机车运行时，加强对机车的检查。

（2）接触网支柱折断

1）外界原因。为预防外界原因造成接触网支柱破损或折断，需做到：对道口两侧、经常有机动车辆运行的动车所易被碰撞的支柱，设置强度较高的防护桩；对接触网运行环境做好预防整治工作，对上跨电力线路断线、上跨桥落物，对隧道口异物、边坡落石危害等安全隐患做好提前预判，做好应急处理；认真做好施工配合工作。

2）施工原因。为预防施工因素引发支柱受损或折断，需做到：做好日常设备的检修维护，消除潜在的各类安全隐患，并加强与机务部门联系及时掌握受电弓运行情况；严格接触网作业车平台使用安全，在平台未复位的情况下，严禁动车，作业车平台旋转作业或吊车吊装作业时必须采取可靠的防溜措施；施工作业前，对下锚拉线进行检查，控制好放线张力。

（3）弓网故障

1）接触网原因。为预防零部件侵入受电弓动态包络线，引发弓网故障，需做到：按要求对各部件用扭力扳手进行紧固；对受损的零部件进行更换；严格按照作业指导书进行检查、安装。

为预防接触网参数发生变化，引发弓网故障，需做到：工务施工时，各工务段积极配合，对设备参数发生变化区段及时组织人员进行调整；加强作业人员业务培训，提高业务能力水平；及时对倾斜的支柱进行修正；温度发生变化时，重点对补偿装置进行巡视，及时调整、处理补偿装置各类问题。

2）外界原因。为预防异物侵入接触网限界引发弓网故障，需做到：日常巡视时，及时发现接触网设备异常情况；在发现接触网上挂有异物后，及时利用绝缘杆将其取下或采取降弓措施，再申请要点进行处理；加强周边环境的巡视检查，集中对线路附近的轻飘物进行处理。

（4）绝缘故障

1）绝缘件原因。为预防绝缘件绝缘性能下降引发绝缘故障，需做到：严把产品质量验收关，杜绝三无产品上线使用；建立绝缘件运行档案，及时对老化的绝缘件进行更换；严格检修工艺，杜绝在检修过程中对绝缘子进行敲击；对爬距不符合要求的绝缘子，及时更换爬距大的绝缘子。

为预防绝缘件脏污引发绝缘故障，需做到：严格按照《接触网运行检修规程》规定周期，定期对绝缘子进行清扫；严格使用检测合格统一的清洗剂；针对污染比较严重的地段，根据实际情况，缩短清扫周期；积极与运输部门联系，提高天窗兑现率。

2）环境原因。为预防恶劣天气、异物引起绝缘子击穿引发绝缘故障，需做到：对线路两边的轻飘物进行清理；对于雷击严重地段，应安装避雷器，定期对绝缘子进行清扫；加强与车务部门的联系，加强巡视，及时处理绝缘件上各类异物；加强巡视，及时将存在的鸟巢取下。

（5）关键设备

1）分段绝缘器状态不良。为预防分段绝缘器状态不良，需做到：按规定周期清扫绝缘部件；按规定周期检查分段绝缘器的技术状态，严格整修，使其符合技术要求；定期对分段绝缘器进行检查，对锈蚀严重或磨损严重的零部件立即进行更换；督促相关部门加强受电弓的检查，防止不良受电弓上线运行；新安装的分段绝缘器必须是组装后经试验合格的产品，且各部件状态良好，均符合技术标准；对污染比较严重地段、过车频繁地段的分段绝缘器缩短检修周期；采用结构简单、安装调整工艺简便、质量小、绝缘性能高的分段绝缘器。

2）避雷器状态不良。为预防避雷器状态不良，需做到：及时安排对脏污的避雷器、绝缘子进行清扫；定期对接地电阻进行测量，更换不合要求的接地线；在新线建设期间提前介入，检查产品准入证及合格证；按规定周期和试验项目对避雷器进行试验。

3）隔离（负荷）开关状态不良。为预防隔离（负荷）开关状态不良，需做到：日常巡视时要加强观察，检修时严格按检修周期和工艺要求进行检修，各项技术指标符合规定，对引线采取加固措施；定期对在线运行的隔离开关用红外线测温仪测量隔离开关主刀闸、引线的电连接线夹及引线的温度，以掌握隔离开关的运行状态。发现过热现象查明原，及时处理；定期测量主刀闸的动、静触头的过渡电阻，以确认其接触是否良好；操动机构及传动系统保持润滑良好，动作平稳，无卡阻、冲击等异常情况。

4）无交叉线岔状态不良。为预防无交叉线岔状态不良，需做到：按设计要求，调整无交叉线岔的参数；对始触区的线夹进行拆除或迁离；对无交叉线岔的交叉吊弦按要求进行检查及处理缺陷；制订无交叉线岔的作业指导书。

5）弹簧补偿装置失效。为预防弹簧补偿装置失效，需做到：安装补偿底座与线路方向一致进行检查调整；通过检查弹簧补偿出线处，确认是否与当时气温的数值一致；检查补偿的本体是否破损、裂纹；按要求处理补偿绳的脱槽跳槽的缺陷；更换新弹簧补偿；把弹簧补偿装置更换为棘轮补偿装置。

6）中心锚结状态不良。为预防中心锚结状态不良，需做到：对偏差比较大的重新进行调整，确保两边的长度和张力相等；对锚结绳进行调整或更换；严把材质关，对开裂的中心锚结线夹进行更换；对钢线卡子进行检查，按工艺标准进行紧固。

应急处置

1. 应急机构及其职责

（1）应急机构及职责

成立故障抢修领导小组：由段长任抢修领导小组组长，负责组织、协调事故抢修的全面工作。主管副段长为副组长，负责具体抢修指挥、组织、协调工作。安全科、牵引技术科、行办、供电车间等相关部门负责人为组员，负责抢修工作的具体实施。

（2）在车间和工区成立应急抢修指挥小组

车间主要职责：与现场相关班组、上级部门保持联系，进行现场抢修人员及车辆的组织调配，传达上级对现场抢修的重要指示，指挥现场开展抢险救援，并及时向上级部门汇报抢修进度及完成情况。

工区主要职责：进行现场抢险的具体组织、人员、车辆调配，及时向上级及段指挥中心汇报事故概况，根据现场具体情况向段指挥中心提出抢险建议方案；采取有效措施防止事态扩大；按照段指挥中心的方案抢险，并对事故现场取证。当有上级人员到场时直接听从上级人员的指挥。

2. 接触网应急抢修原则

（1）抢修原则

在接触网发生故障后，段各有关部门必须立即组织人力、物力，全力以赴进行抢修，遵循“先行供电”、“先通后复”和“先通一线”的基本原则，以最快速度满足滞留列车供电条件，尽快疏通线路并尽早恢复设备正常技术状态。为保证快速抢通，在确保安全前提下，允许接触网降低安全技术条件临时恢复供电开通运行。

“先行供电”即先使接触网带电体脱离接地并恢复送电，保证列车调度及时疏通故障供电臂范围内的动车组等重点列车。

“先通”即待列车调度员（车务应急值守人员）疏通动车组等重点列车后供电部门再组织开展故障抢修，并与列车调度员（车务应急值守人员）配合采取降弓、限速等措施临时开通线路。双线区间（或多线站场）应先通一线。

“后复”即待列车疏通后，供电部门在列车调度员（车务应急值守人员）安排下再次利用停电时间彻底修复故障设备至正常技术状态。

（2）抢修作业方式

接触网抢修作业优先采用垂停作业方式，除特殊地段外，也可采取“V”停方式，具体方式视情况而定。

抢修人员需进入防护栅栏防护网检查确认或处理故障时，应向列车调度员提出申请，在本线及邻线封锁或本线封锁、邻线列车限速160千米/时及以下进行。接触网设备技术状态不能满足列车常数运行时，应采取列车限速措施，由驻站联络员在相应车站登记行车条件，待确认接触网设备恢复正常技术状态后，恢复常数。需要限速或降弓时，限速范围原则上按故障指示地点前后各加2千米确定。故障地点不明确的，按整个供电臂（供电单元）限速。采取限速、降弓行车限制措施临时开通线路时，一般不设置降速、升降弓标志及手信号，由列车调度员发布调度命令。

现场抢修指挥人员要指定专人负责与供电调度保持联系，随时汇报故障进展情况，并及时传达上级领导对抢修的有关要求及指示。

3. 预案启动及响应

（1）牵引供电故障三级响应

Ⅰ级响应：发生接触网倒杆、断线、塌网等严重影响行车的故障，因供电设备故障影响专运和重点列车运行，牵引变电所全所停电造成接触网停电时间超过 30 分钟，接触网设备故障不能满足动车组降弓惰行运行条件。

Ⅱ级响应：弓网故障，接触网停电时间超过 10 分钟或对行车造成较大影响。

Ⅲ级响应：接触网导线覆冰需列车限速运行，列车运行过程中受电弓异常降弓，网上异物等供电其他原因影响行车。

（2）应急响应行动

故障发生后，段综合调度和供电车间应立即组织抢修力量查明故障点、破坏范围及影响范围，提出抢通处理方案所需的时间、线路使用要求，并告知行车调度，与行车调度办理接触网故障限制行车及确定抢修实施方案事宜。

发生Ⅰ级响应，应在第一时间内向段长、主管副段长、安全副段长报告并启动相应的故障抢修预案。主管段长召集有关人员以最快速度赶赴段综合调度或故障现场指挥故障抢修。

发生Ⅱ、Ⅲ级响应，启动相应级别的故障抢修预案。要在最短时间内报告主管副段长及安全副段长。Ⅱ级响应牵引技术科科长及相关人员赶赴段综合调度或故障现场指挥故障抢修。

供电调度应有故障抢修应急领导小组有关人员的固定电话、移动电话及 GSM-R 手持终端机号码。

4. 典型事故抢修方案

为缩短接触网的抢修时间，事故抢修现场指挥者在进行接触网事故抢修时可做以下变更和简化：接触网纵向悬挂吊弦之间间距可增大一倍；安装临时吊弦代替正式吊弦，承力索上可不装吊弦线夹；接触线最低高度为 5 150 毫米；隧道内接触网带电体对固定接地体的最小空气绝缘距离不小于 240 毫米；棒式绝缘子闪络未击穿时，可只进行清扫暂不更换。

（1）断线事故

1）承力索断线处理方案。在调查事故现场，明确仅系承力索断线而其他大型部件（支柱、腕臂等）没有损坏时，处理方案如下。

① 在承力索断头两侧装上卡线器，利用滑轮组或手扳葫芦将承力索紧起，倒入双钩紧线器或直接用手扳葫芦加以固定，并用一组电连接将接承力索断头电气导通。

② 检查确认无任何事故接地点和电气连接正常，机械连接可靠，无影响动车运行的障碍物后，即可消令送电。

③ 再次申请停电进行接头。

2）接触线断线处理方案。在查明仅接触线断线，其他大型部件未损坏，处理方案如下。

① 在接触线断头两侧装上卡线器，利用滑轮组或手扳葫芦将接触线紧起，直到能接头为止，然后进行接头。

② 若时间紧迫，可将滑轮组倒入双钩紧线器（若用手扳葫芦紧线，则可将其钢丝

绳盘好固定在承力索上），并用一组电连接器将接触线断头连接牢固，检查无其他接地点和影响行车的障碍物，并测量接触线高度不小于5 150毫米后，便可立即消令送电，让动车降弓通过接触网故障区段。

③ 再次申请停电做接触线接头，使接触网恢复正常状态。

3）承力索和接触线同时断线处理方案。

① 首先处理承力索，然后处理接触线。为了压缩抢修时间，当承力索紧起后（暂不进行接头），便可紧起接触线，进行接触线接头工作。

② 若时间紧迫，可待线、索紧起后，检查具备送电条件（即机械上连接牢固，电气连接畅通）和能保证动车通过故障区段，即可消令送电，让动车降弓通过故障点，然后再次申请停电处理接头，恢复接触网正常工作状态。

③ 若时间紧迫，可整理线路上断线残骸，将正馈线（AF线）残骸可靠固定于支柱或其他建筑物上，并进行有效接地断开变电所上网处AF线单极隔离开关及自耦变压器（AT）所、AT分区所处上网开关，将故障供电臂采用直接供电方式，再利用天窗点进行彻底恢复。

4）保护线（PW线）断线处理方案。

① 清理断线残骸，使其不侵入动车的正常运行界限，并有效固定。

② 利用天窗点彻底恢复。

5）AF线断线处理方案。将断裂的AF线清理出列车限界，捆绑牢固，确认AF线不影响列车正常运行时，甩开AF线，退出AT供电方式，改为直接供电方式恢复供电。同时调整变电所保护定值，限制列车对数。

① 断开牵引变电所侧AF线上网点方法如下。

a．AF线上网前设有单极隔离开关，在故障供电臂停电情况下断开该单极隔离开关。

b．AF线上网前未设单极隔离开关，但设有架空线与电缆过渡支柱时，可在故障供电臂停电情况下断开过渡支柱处AF线连接线。

② 断开故障供电臂范围的AT所、AT分区所内AF线相应断路器、上下行并联隔离开关及相应上网隔离开关（若不是处理电缆故障，可不断开上网隔离开关）。

③ AF线断线接续按照供电线断线接续方式处理。

6）供电线断线处理方案。

① 供电线断线时，优先考虑甩掉故障供电线或将供电线脱离接地，采取越区或迂回等方式恢复供电，同时调整保护定值，限制列车对数。

② 当不能实行越区或迂回供电时，必须将供电线接通。抢修时应松开故障点相邻几个跨距悬挂点，利用断线钳剪掉损伤部分，接入一段相同材质、规格、长度的新线，利用并沟线夹或压接管做好两端回头后，再重新拉起安装到位。

7）扩大弓网故障处理方案。若接触线抽头或断线未接地跳闸，发生扩大弓网故障，可按以下方法处理。

① 整理、检查被损坏的接触线（尽量不开断）。

② 根据接触线损伤情况，适当减少补偿张力（接触线张力可减至不低于550千克）。

③ 用紧线工具将接触线拉起，必要时进行接触线补强。

④ 将接触线用电连接线接通。

⑤ 收起接触线高度不小于 5 150 毫米。

⑥ 具备送电条件后消令送电。

⑦ 用天窗时间或申请特殊停电处理遗留问题。

8）长大隧道内弓网故障处理方案。

① 断开故障区间两端的开关，通过 AT 分区所施行上下行合环供电，采取 V 停反行措施。若上下行均故障，可采取断开故障两端开关，利用分区所越区的方式处置。

② 具体故障处理方法参照相关典型故障处理方案进行。

9）断线事故处理注意事项。

① 带补偿的承力索和接触线断线，在进行事故现场破坏情况调查时，应派人了解中心锚结和补偿器的损坏情况，以便同时进行抢修处理。

② 必须减小张力时，利用手锯对防盗螺栓进行处理，并减少坠砣，同时申请列车限速 160 千米/时通过该锚段。

③ 做接头时必须注意使断线锚段的支持定位装置及锚段关节的变形不能太大。

④ 事故锚段所涉及的线岔、分段器、锚段关节、开关、拉出值等应进行检查，必要时加以调整。

⑤ 临时降弓时间一般不超过 24 小时，在二次恢复中对接触线进行接头处理。接触线断线损坏范围较小，断口两侧无较大损伤、变形时（两断头之和不超过 200 毫米），可以直接紧线对接，遇弹性链形悬挂紧线前视情况先撤除弹性吊索。两断头之和大于 200 毫米时，必须加装一段同规格的新接触线，可视情况在地面先做好一个接头，将新旧线紧起后做另一个接头。利用接头线夹制作导线接头开通线路后，因制作接触线接头导致接触线张力不能满足设计要求时，应申请列车限速 160 千米/时通过该锚段。

（2）支柱事故

1）直线中柱折断处理方案。

① 拆除已断支柱上的接触悬挂，清除线路上断支柱残骸，并将接触线高度提高到不低于 5 150 毫米以上。当接触线高度满足不了时，清理支柱基础，检查地脚螺栓状况，在原有地脚螺栓上安装特制抢修支柱（条件允许时可根据支柱型号安装备用的永久 H 形支柱），临时固定接触悬挂，并将相邻定位拉出值调至零位。

② 观察 AF 线及 PW 线状态，确认其弛度及绝缘距离。当附加导线绝缘距离不能满足时，断开故障供电臂变电所上网点处 AF 线隔离开关，断开 AT 所、AT 分区所上网开关及上下行并联开关，改变故障供电臂 AT 供电方式为直接供电方式，修改相应整定值，检查具备送电条件后，消令送电。

③ 利用天窗时间或申请特殊停点立新支柱，将接触网恢复到正常状态。

2）曲线外侧中间柱折断处理方案。

① 拆除已断支柱上的接触悬挂及附加悬挂。

② 清除线路上断支柱残骸，清理支柱基础，检查地脚螺栓状况，在原有地脚螺栓

上安装特制抢修支柱（条件允许时可根据支柱型号安装备用的永久 H 形支柱），对接触悬挂进行支撑定位。

③ 观察 AF 线及 PW 线状态，确认其弛度及绝缘距离，当附加导线绝缘距离不能满足时，断开故障供电臂变电所上网点处 AF 线隔离开关，断开 AT 所、AT 分区所上网开关及上下行并联开关，改变故障供电臂 AT 供电方式为直接供电方式，修改相应整定值，检查具备送电条件后，消令送电。

④ 检查具备送电条件后，消令送电。

⑤ 当时间紧迫时，拆除接触悬挂及附加悬挂，清除断杆，临时固定附加悬挂后，改变 AT 供电为直接供电方式，检查具备送电条件后，立即消令送电，让动车降弓通过故障区段。

⑥ 利用天窗或申请特殊停电立新支柱，同时将接触网恢复正常状态。

3）曲线内侧中间柱折断处理方案。

① 拆除已断支柱上的接触悬挂及附加悬挂。

② 清除线路上断支柱残骸。

③ 对接触线、承力索进行定位或支撑定位。

④ 改变故障供电臂 AT 供电方式为直接供电方式。

方案 1：

① 利用邻线接触网支柱，在承力索座处通过硅橡胶绝缘子安装一单拉手定位装置对曲线内侧接触线进行定位；承力索任其飞出处于自由状态。

② 当曲线半径 $R≤800$ 米，拆除跨中悬挂吊弦（保留支柱旁第一吊弦）。

③ 当曲线半径 800 米$<R<$1 200 米时，在采用上述方式的同时，须在定位器上装一吊弦固定在承力索上，以确保导高或让动车降弓通过。

④ 当曲线半径 $R≥$1 200 米时，将接触线与承力索固定在一起，确保动车降弓通过。

方案 2（选用）：

① 检查具备送电条件后，消令送电。

② 若时间紧迫，拆除接触悬挂，清除断杆，改变故障供电臂运行方式，检查具备送电条件后，立即消令送电，让动车降弓通过故障区段。

③ 利用天窗或申请特殊停电立新支柱，同时将接触网恢复标准状态。

无论采用何种方案，新形成的跨距不得超过表 4-2 所列跨距。当超过时，必须利用两根支柱选用上述方案。

表 4-2 跨距

位置	跨距/米								
	300	400	450	500	600	700	800	≥1000	∞
正常跨距	42	47	50	52	57	60	62	65	65
风口地带	37	42	42	47	52	57	62	62	65

4）锚段关节锚柱折断处理方案。锚柱折断主要涉及下锚支的固定或锚段关节问题，其他方面和中间柱折断的处理大同小异：首先将悬挂与断支柱脱离，然后可按以下步骤进行处理。

① 将锚支承力索用三个钢线卡子固定在工作支承力索上（固定位置在两承力索交叉处），再从锚支绝缘子处（电分段锚段关节在分段绝缘子串处）将锚支承力索解开倒在工作支承力索上并用一钢线卡子与之固定。

② 将锚支接触线从下锚绝缘子处解开倒在工作支承力索上并与之固定。

③ 清除线路上的断支柱。

④ 检查接触线高度是否满足要求，拉出值、锚段关节能否保证受电弓安全通过，当完全具备送电条件后，改变故障供电臂运行方式，消令送电。

⑤ 若事故点拉出值不能保证，可让动车降弓通过。

⑥ 利用天窗时间立新支柱，并恢复接触网正常状态。

5）独立终端锚柱折断处理方案。选钢轨的适当位置系好钢丝套，同时将锚柱前面未损坏的第一棵中间柱的承力索和接触线降低 2～3 米，并通过绝缘隔离后，把悬挂临时锚在钢轨上；同时将隔离后的悬挂设法固定在邻近股道悬挂或盘起后固定在本锚段隔离绝缘子的带电侧。

6）硬横梁支柱折断处理方案。

① 清除接触悬挂上的硬横梁、吊柱和损坏的支柱，检查接触网线路受损情况，若出现断线情况，按断线方案先处理断线，使接触悬挂脱离接地。

② 调整接触线高度在 5 150 毫米以上，检查具备送电条件后消令送电。

③ 若接触线高度满足不了 5 150 毫米以上的要求，可收紧故障跨距内吊弦，提高悬挂高度，以达到接触线高度要求。当故障点处于曲线上，拉出值不能满足要求时，可让动车降弓通过故障区段。

④ 若该硬横梁支柱同时又是锚柱，则下锚悬挂可参照锚段关节锚柱处理方案或独立终端锚柱处理方案进行处理。

⑤ 临时固定附加导线（AF 线、PW 线），打开相关隔离开关，改故障供电臂 AT 供电运行方式为直接供电方式。

7）支柱事故处理注意事项。

① 接触线高度 5 150 毫米，仅能满足动车运行的最低高度，在可能的条件下，应将接触线高度尽量提高。否则，应告知供电调度通知有关部门，降弓通过故障区段。

② 处理锚柱折断事故应对锚段相关悬挂设备进行检查。

③ 关节式分相转换柱或中心柱折断时，宜采取越区供电并降弓通过的方式临时开通线路。

（3）隧道内吊柱损坏

方案 1：直线区段时，拆除受损吊柱及支撑，将邻近定位调至零位，临时采用可调吊弦提高接触线高度，送电开通线路。当位于曲线上时，可拆除受损吊柱及支撑，调整相邻两定位拉出值至极限位置，满足送电的空气绝缘间隙及跨中导线偏移值，若线索与隧道壁的空气间隙不满足要求，则可用ϕ4.0毫米铁线通过绝缘件临时固定在隧道壁上的其他埋入杆上。若拉出值不能满足要求，可先让动车降弓通过，然后设法处理。

方案2：拆除受损吊柱及支撑，采用另一线路的吊柱临时固定，送电开通线路。若两线吊柱均受损，可甩开该吊柱，按方案1处理。

（4）关节式分相事故

1）动车停于分相无电区时。

① 动车组在运行中，因故停于接触网关节式分相范围内，动车前部未越过分相"合"闸标志，动车驾驶员应禁止运行，在确认停车位置后，立即通知行车调度。

② 行车调度接到信息后，立即通知相关部门和领导，并通知供电调度。供电调度立即通知就近接触网工区，并立即确认动车停车位置，对照千米标，查找到杆号。

③ 行车调度通知驾驶员确认后端弓（运行弓）接触网电压，动车驾驶员在接到行车调度通知后立即确认。如确认接触网有电，则通知动车驾驶员换端操作，并将自动过分相装置置于手动操作位，反向退行300～500米停车，再换端操作，并将自动过分相装置置于自动操作位，提速重过电分相区。

④ 行车调度通知驾驶员确认后端弓（运行弓）接触网电压。如确认接触网无电，则通知动车驾驶员降后端弓，升运行方向的前端弓，确认接触网电压，动车驾驶员在接到行车调度通知后立即通知随车机械师，驾驶员在智能显示单元上切断运行方向的后弓，升运行方向的前弓；如确认前端弓接触网有电，则迅速通报行车调度，并将自动过分相装置置于手动位后，以前端弓取电正常运行驶出电分相区，驶出分相区后（"DH合"标位）将自动过分相装置恢复自动位。

⑤ 动车停于两变电所之间电分相时，供电调度也可按越区供电运行方式应急处理。

2）动车通过关节式分相造成跳闸时。

① 跳闸但未断线时，观察跳闸处所承力索的损伤情况，根据情况申请停电进行补强处理。

② 跳闸造成接触线或承力索断线，可将所断线索拉起，对所拉起线索进行电气沟通后，检查导高和两悬挂的绝缘参数是否符合规定，采取越区供电并降弓运行的方式送电通车。降弓范围必须包括整个关节式分相。

③ 在关节式分相进行事故抢修时，必须将关节式分相的两条馈线同时停电。为了消除中性区感应电，除按规定接挂地线外，必须在分相中性区内中性段加挂接地线。

（5）分段绝缘器事故

当上下行分段绝缘器绝缘击穿时，如采用全并联运行方式，上下行并联运行，则上、下行分段器绝缘击穿时不影响正常运行，可利用垂直天窗点更换处理。

当分段绝缘器出现物理损坏时，检查有无影响受电弓滑行的残骸，让受电弓能正常通过，无法满足时可采用降弓通过的方式。若情况严重，分段出现断裂脱落情况，则按断线情况处理。

（6）隔离开关事故

隔离开关绝缘件闪络，只将绝缘表面进行彻底清扫，检查无其他问题后，即可消令送电。

当常闭隔离开关刀闸烧坏时，将开关断开，并用电连接器将开关短接后，即可消令送电。若无电连接器，可将开关引线拆除，两端引线相连后，即可消令送电。

（7）电缆故障

当发生电缆故障时，可采取断开故障电缆供电臂上网开关，实施越区供电，快速恢复接触网送电运行。当故障电缆为AF线时，可断开上网点处AF线单极隔离开关，改为直接供电方式。

当电缆采用 N+1 热备运行方式，确认只有一根电缆及电缆头存在问题时，可甩开故障电缆，脱离接地后送电开通，再利用天窗点处理故障电缆或更换故障电缆头，恢复正常运行。

（8）避雷器故障

避雷器绝缘击穿时，将避雷器电连接从网上拆除，检查无其他影响送电故障，即可消令送电。

避雷器引线从网上脱落，检查无其他影响送电故障，请求电调直接送电。

避雷器引线从避雷器处脱落，将引线从网上拆除或将引线牢固固定于承力索上，检查无其他影响送电故障即可消令送电。

案例分析

案例1：运行中间断瞭望，造成接触网大面积损坏

事件概况：20××年9月24日，郑州局京广线，承力索发生断线事故，承力索断头距离轨面1.5米。丰台机务段×278次值乘驾驶员运行中精神不集中，瞭望不彻底，没有及时发现接触网承力索断线变化，在弓网故障发生异响和白光的情况下，仅仅采取减速措施，直至发现接触网无电后再次使用常用制动停车，造成发生弓网故障后继续运行了2450米，将承力索拉断，造成接触网承力索损坏300米，吊弦、电连接脱落，定位、挽臂严重偏移，波及800米接触网，中断繁忙干线行车4小时12分，构成一般A类事故。

（资料来源：佚名. 库尔勒机务段电气化线路事故案例汇编[EB/OL]. (2018-5-16)[2024-2-22]. https://max.book118.com/html/2018/0506/165040973.shtm.）

分析：虽然承力索机械损伤，承载能力下降是导致断线事故的主要原因，但作为驾驶员，首先间断瞭望未发现接触网故障，其次弓网在异响和白光情况下没有及时、果断采取措施直接导致了事故的扩大。

案例2：不确认网压盲目升弓，烧断接触网

事件概况：20××年3月12日，贵阳机务段SS3B-5009号机车到达沪昆线怀化东站7道停车，停车后因高压电压互感器故障导致车顶主断路器接地造成怀化变电所跳闸，跳闸后车站指示机车降下受电弓。变电所再次送电成功，因该机班升弓前未确认网压盲

目升弓，导致受电弓接近接触网时产生强烈电弧，将7道接触网烧断，构成铁路交通一般C类事故。

（资料来源：佚名. 库尔勒机务段电气化线路事故案例汇编[EB/OL].（2018-5-16）[2024-2-22]. https://max.book118.com/html/2018/0506/165040973.shtm.）

分析：机车乘务员一是违反了升弓前确认感应网压及总风压力在正常范围之内的规定，二是升弓前机班间未执行共同呼唤应答及开窗探头确认升弓状态的规定。

任务实施

吊弦脱落抢修模拟任务实施如下。

人员分工与材料

具体人员分工、抢修用主要材料、抢修用主要工具分别见表4-3～表4-5。

表4-3 人员分工

人员分工	人数	主要工作
座台防护	1	负责停送电命令的申请
抢修组领导人	1	负责抢修指挥及人员的安全
操作人员	2	负责上部抢修的全部作业
梯车人员	4	负责推动梯车及操作人员的安全
验电接地	2	负责验电接地防护
合计	10	

表4-4 抢修用主要材料

工具名称	单位	数量
吊弦线夹	套	若干
吊弦	根	若干
补强用接触线、承力索	米	若干
接触线、承力索补强用线夹	个	若干

表4-5 抢修用主要工具

工具名称	单位	数量
梯车（作业车）	台	1
大绳	条	1
钢卷尺	个	1
测量工具	套	1
安全带	条	每人
个人工具	套	每人
安全防护用品	套	每人

抢修方法及过程

1）模拟供电调度下达准许作业命令后验电接地并设好行车防护。

2）人员上梯车（或作业车平台）。

3）拆卸损坏的吊弦并妥善保管，以分析脱落原因（烧、磨、腐、剐、线夹裂、温度偏移导致脱落）。

① 检查是否需要更换吊弦线夹。

② 检查承力索是否烧断股。

③ 检查接触网是否烧伤。

4）换上吊弦。

5）吊弦安装在较长线路区段使用时，应加装电连接。

6）测量接触线的拉出值、导高，调整有关零件，使之符合条件，无其他问题结束作业，每根吊弦更换约需5分钟。

7）销令送电。

任务自测

1．导致接触网断线的原因主要为________________和________________两类。

2．在接触网发生故障后，各段有关部门必须立即组织人力、物力，全力以赴进行抢修，遵循________________、________________和________________的基本原则，以最快速度满足滞留列车供电条件，尽快疏通线路并尽早恢复设备正常技术状态。

3．接触网抢修作业优先采用________________方式，除特殊地段外，也可采取“V”停方式，具体方式视情况而定。

4．接触网设备技术状态不能满足列车常数运行时，应采取列车限速措施，由驻站联络员在相应车站登记行车条件，待确认接触网设备恢复正常技术状态后，恢复常数。需要限速或降弓时，限速范围原则上按故障指示地点前后各加________________千米确定。

5．为缩短接触网的抢修时间，事故抢修现场指挥者在进行接触网事故抢修时可做以下变更和简化：接触网纵向悬挂吊弦之间间距可增大一倍；安装临时吊弦代替正式吊弦，承力索上可不装吊弦线夹；接触线最低高度为________________毫米；隧道内接触网带电体对固定接地体的最小空气绝缘距离不小于________________毫米；棒式绝缘子闪络未击穿时，可只进行清扫暂不更换。

6．长大隧道内弓网故障处理时，断开故障区间两端的开关，通过AT分区所施行________________，采取“V”停反行措施。若上下行均故障，可采取断开故障两端开关，利用分区所越区的方式处置。

7．断线事故处理时，临时降弓时间一般不超过________________小时，在二次恢复中对接触线进行接头处理。接触线断线损坏范围较小，断口两侧无较大损伤、变形时

（两断头之和不超过________毫米），可以直接紧线对接，遇弹性链形悬挂紧线前视情况先撤除弹性吊索。

8．六氟化硫断路器（SF6）检修作业。其检修作业评分标准见表 4-6。

表 4-6　六氟化硫断路器（SF6）检修作业评分标准

工作项目	工作内容及标准	配分	扣分
断路器主体	高压引线及设备线夹应紧固，电气连接部分连接牢固	6	
	检查断路器的瓷体，瓷体应清洁、无破损和裂纹、无放电痕迹，使用卷尺测量瓷釉剥落面积，瓷釉剥落面积不超过 300 平方毫米	12	
	检查断路器基础及金属架构、接地牢靠。对锈蚀部分进行除锈补漆	8	
	检查本体分合闸指示是否正确时，如指示错误及时调整	6	
	观察 SF6 气体压力指针是否指在绿色区域，如果压力偏低（红色区域）要找出原因，用 SF6 气体检漏仪确认是否存在泄漏点（或是压力表计故障）。根据实际情况进行补充 SF6 气体	12	
操作机构	操作手动分、合闸按钮，是否动作可靠，无卡滞	6	
	分合闸操作 3 次，检查机构传动部分灵活。检查储能电机无放电、烧损痕迹	8	
	用 500 伏兆欧表测量分合闸线圈绝缘大于 2 兆欧，外观检查无烧损痕迹；衔铁有无偏移、卡滞，动作灵活。不符合要求及时调整或更换线圈	12	
	检查断路器辅助转换开关是否完好无损，动作灵活，准确可靠，接触良好	6	
	检查分、合闸指示牌指示应与断路器的实际位置相对应，且转换灵活可靠	6	
	储能指示牌的指示应与合闸弹簧的实际状态相应，且转换灵活可靠	6	
	检查电气回路闭锁应正确	6	
	操作机构箱内二次接线端子接触良好，连接可靠，无过热、烧伤痕迹；箱体应密封良好	6	
耗时：　　分钟		得分	
考评员签字：			

任务 4.3

高铁信号设备故障安全管理与应急处置

知识准备

一、事件描述

信号系统是高铁列车运行的“大脑”，尤其是在列车运行速度不断提高的条件下，信号设备的安全及出现信号设备故障时能否及时按规定迅速处理故障，直接关乎列车运行安全和行车效率。高铁包含信号机、转辙机、ZPW 2000 轨道电路、应答器、计轴器、

CTC、无线闭塞中心（radio blocking center，RBC）、TCC、CTCS 等众多信号基础设备和控制系统。

当现场发生信号设备故障时，抢修人员到达现场后，应积极查找，尽快判明故障原因。在故障判断时应注意测试设备的各项性能指标，并与最近一次正常测试时的数据进行分析比较，判断原因。对能够临时恢复的故障应临时恢复，临时恢复后再登记要点进行彻底处理，尽量减少故障延时。如判断故障属结合部问题造成的，必须立即通知相关单位共同处理。

无论故障难度、影响范围大小，车间值班干部必须组织应急抢险器材，迅速出动，并及时与现场抢修人员、车站保持联系，将故障影响降到最低，范围缩小到最小。故障处理完毕后，必须组织召开故障分析会，分析故障发生原因，制订防范措施并积极整改，对责任者进行考核，防止同类故障再次发生。

安全风险及预防控制

1. 安全风险

（1）室外设备隐患处置注意事项

1）工区上道处置设备隐患时，在上道前，必须向车间生产调度（或值班干部）申请临时上道作业命令，工区凭车间下发的作业计划及调度命令，在车站行车设备检查登记簿内登记，车站签字同意后，方可上道作业，上道作业执行室内设专职防护的规定。

2）动车运行时段上道处置设备隐患执行以下规定。

① 高速提速区段上道处置设备隐患安全风险由段调度、车间调度及值班干部共同卡控。

② 高速提速区段工区人员在上道前，必须将临时处理隐患申请单传段调度，经值班领导、电务处审核同意后，方可再在车站行车设备检查登记簿内登记要点，需登记本线封锁，临线限速 160 千米/时以下（临线速度超过 160 千米/时）。

③ 段调度受理现场工区临时处理隐患申请后，掌握现场人员上道时间、入网地点、行走路线和联系方式，并做好盯控。

④ 段调度、车间调度及值班干部在现场隐患处置期间，要通过集中监测设备、TDCS 设备、综合视频实时掌握隐患处理过程及进展、联锁试验情况，直至隐患处置完毕，人员全部撤回至安全区域。

3）上道进行隐患处置时，车间对工区全程进行卡控。将隐患处置人员上、下道（进出网）时间，上、下道（进出网）照片，隐患处置人员名单及分工情况，室内登销记照片、隐患处置情况等相关资料做好记录和保存，通过集中监测设备实时掌握隐患处置过程及进展，并将隐患处置情况上报段调度和分析中心。

（2）室内设备隐患处置注意事项

当室内设备发生预报警信息（或隐患）需要进入机械室进行处理时，必须严格执行以下规定。

1）进入机械室处理隐患时，做好“三控”“两互”。

2）进入机械室处理隐患，只能查看设备状态、测试设备特性，确需更换设备（器材）、改变配线、倒机切换、复位和重启设备时，必须先报告段调度同意，并按规定在车站申请要点后方可进行。

3）段调度、值班干部利用视频监控系统对隐患处理进行全过程盯控，防止违章作业。

2. 预防控制措施

信号设备故障应急处置由电务段调度指挥中心进行卡控，段指挥中心填写应急处置盯控表，要求在故障处理完毕 20 分钟内将应急处置盯控表上传局电务调度。

（1）登销记

1）应急处置必须坚持“先汇报、后登记”“先停用、后处置”的原则。现场应急处理人员到达运转室签到后，应先将草拟登记内容电话复诵给段调度，经段值班干部确认登记内容正确后，由调度通知现场应急人员在车站行车设备检查登记簿上进行登记，现场登记后立即将登记内容拍照发故障隐患处置群。未登记或未经车站值班员（列车调度员）签认同意，严禁进行故障处理。

2）销记前确认开通条件比照登记卡控措施进行办理。（注意：高铁区段若之前登记转为非常站控模式或邻线限速，销记时要注意将非常站控转回分散自律控制模式，取消邻线限速）。应急人员未到设备已确认恢复，需要口头销记的，由现场处置人员报告段调度，段调度通过公布的录音电话通知相关车站值班员进行销记，人员到达后在 24 小时内补办销记手续。

3）登销记照片（含封锁上道），在现场登销记后 20 分钟内上传局电务调度。

（2）信息传递

1）严格执行《铁路局电务安全管理实施办法》关于“安全信息管理”的相关规定。

2）接到故障信息通知后，段调度按照应急预案要求顺次通知相关人员。

（3）应急工器具

1）故障发生后，段调度在通知相关车间、工区的同时，电话提醒带齐应急器材备品。

2）每个车间配置应急抢险器材箱，由技术科明确器材仪表配置标准，平常将箱子放在车间应急抢险汽车上，一旦设备故障，应急抢险器材箱随车出动。车间指定专人管理，确保应急器材齐备、作用良好。

3）段调度指挥中心配备应急抢险器材箱，完整配齐有关仪表和一些特殊器材，生产调度室负责平常的检查试验，段值班领导、值班干部应急出动时，随车携带抢险箱。段应急抢险器材箱由生产调度室指定人员管理，确保应急器材齐备、作用良好。

（4）处置过程

1）接到故障的通知后，段应急指挥中心立即对故障设备进行集中监测调阅分析，根据调阅结果对故障原因进行初步判断，对现场故障处置给出指导性意见，利用综合视频系统对故障现场及运转室、机械室人员出动、到达及处置过程进行盯控。

2）处置全程进行音视频录制，对于测试数据，要进行手机拍照，照片上要清楚地反映表盘上的指针或数据显示，并将照片及时发段调度方便段调度指挥中心分析判断，科学制订应急技术方案。

3）段调度按照应急处置盯控表要求通知相关人员到位，严格按照流程指挥盯控，处置进度实时填写在盯控表中；段值班干部对段调度按盯控表过程盯控情况进行监督、提示，必须按照“处理一步，填写一项”的要求进行卡控。

4）段值班领导、值班干部对整个故障处理过程全程进行盯控，应重点盯控现场作业的劳动人身安全、联锁试验方案审查、联锁试验是否彻底，盯控应急处置过程中是否违章违纪，盯控登销记是否规范及开通条件确认，确保故障处理的劳动安全和行车安全。

（5）联锁试验

1）表格编制。车间值班干部到现场的，由车间值班干部负责编制；车间值班干部未到现场的，由车间值班干部确认试验项目和范围，指定现场人员编制，车间值班干部复核。

2）表格审核。现场编制完成后将表格传真至段调度（特殊情况下现场电话报告段调度），经段值班干部审核，值班领导批准后，段调度回传现场（特殊情况下段值班调度使用录音电话通知现场）进行联锁试验。

3）现场试验。现场按照段批准的联锁试验方案进行试验，试验一项在试验表格上确认一项，做到试验不漏项。涉及联锁电路配线变动的故障处理，由现场具有联锁试验资质的人员组织联锁试验。车间和段值班干部应通过集中监测、TDCS、综合视频等监控设备对联锁试验进行全过程盯控，确保联锁试验正确彻底。

4）故障处理完毕20分钟内将试验结果上传局电务调度。

5）资料归档。设备开通后，车间值班干部应对试验资料进行检查，确认联锁试验内容正确、签字手续齐全后传至段调度，由段值班干部和值班领导检查确认，联锁试验资料由车间和生产调度室分别保存。

6）联锁试验进行全过程视频摄录。

7）故障联锁试验涉及二次试验的必须按照上述流程重新进行试验。

（6）结合部问题处置

1）结合部问题引发的故障，现场处置人员通过照相、视频摄录等方式进行取证，并及时向段调度汇报，由段调度通知结合部单位。

2）需要其他单位配合处理故障时，要严格遵守“先通知、后联合处理”的原则，严禁擅动结合部对方设备，确属原因明确，在确保不危及行车安全的前提下，报告段调度，经段调度审批同意后，可以先临时处理，但电务人员不得离开现场，必须等相关单位人员到场确认后，方可离开。

3）对于工电结合部，故障处理完毕后，段调度负责收集相关设备病害照片，《电务工务施工配合通知单》照片及送达情况，工电联合整治情况、设备待修记录等并纳入故障分析报告进行说明。

（7）高铁上道

1）做好登记，行调下令后方可上道。段调度询问现场处置人员拟申请封锁及限速里程，并与值班领导、值班干部共同核实封锁及限速里程正确后，通知现场登记。需登记本线封锁，临线限速 160 千米/时以下（临线速度超过 160 千米/时）。段调度做好登记内容的确认和卡控，掌握人员上道时间、入网地点、行走路线和联系方式，并做好盯控。

2）高铁上道工器具检查，通过音视频录制或手机拍照，在上道前对工器具进行清点。

（8）音视频录制

1）车间、工区常备一台完好的作业记录仪，以利于故障处理时录制。

2）故障处理完毕 24 小时内（上传时间达不到要求，且确需上传视频的，派人将视频文件送达指定部门），故障处理的音视频资料必须上传或交段，由段安排专人进行调阅分析。

3）属于结合部问题引发的故障，对结合部对方的处置情况必须全过程录制。

（9）开通条件确认

现场故障、隐患处理完毕后，室内防护人员应立即向段调度汇报处置情况、试验情况、故障原因、人员机具下道情况，段值班干部通过集中监测、TDCS、综合视频等监控设备进行确认后，由段调度通知现场办理销记（高铁区段，现场人员必须返回或撤出防护网外方可办理销记）。在没有得到段调度允许的情况下，现场严禁擅自销记。

应急处置

1. 应急抢险领导小组

1）电务段成立高铁信号设备故障应急抢修领导小组。

组长：段长。

副组长：主管现场及基地生产副段长、主管安全副段长。

成员：信号技术科科长、安全调度科科长、各车间主任。应急抢险办公室设在电务段调度室，负责应急领导小组的日常工作。

2）应急领导小组主要职责如下。

① 指导、督促电务段各部门落实应对高铁信号设备故障的日常管理工作。

② 按照铁路局、电务处相关单位通知要求，启动相应的应急预案。

③ 负责协调与单位配合抢险。

④ 贯彻落实部、局、电务处布置的应急救援方案，调动电务段人员、机具、材料、交通工具，指挥抢险工作。

⑤ 应急抢修工作结束后，清理损失、补充各种应急抢修器材，分析总结应急抢险（抢修）工作存在的问题，完善相关应急抢险机制。

2. 应急抢险响应和启动制度

1）应急启动条件。根据动车组故障情况和影响程度，高铁信号设备故障按电务段值班领导、电务段值班调度两级分别响应和启动，当达到本级预案应急响应条件时，各级应分别启动相应预案。

2）高铁信号设备故障应急响应范围划分如下。

A 类：动车组运行径路上信号设备发生故障 30 分钟及以上，由电务段值班（或备班）领导负责指挥处理。

B 类：动车组运行径路上信号设备发生故障或影响动车组运行，由电务段值班调度负责指挥处理。

高铁信号设备故障处理涉及其他情况时，在启动预案的同时，根据需要启动相应的应急预案，并在启动相应级别预案的同时启动下级预案。

影响动车组运行的信号设备故障信息必须在第一时间由现场信号车间派员进行核实，并由车间主任立即组织相关人员进行先期处置。

3. 信息通报

1）动车组运行径路上信号设备发生故障时，现场信号值班人员立即报告电务段值班调度。电务段值班调度应在第一时间通知电务段值班领导、干部，并立即向铁路局电务调度汇报。

2）现场抢修负责人接到电务段值班调度告知的调度台联系电话号码后，应立即与铁路局调度所 CTC 工区值班人员联系，通报车站电务防护人员的联系方式和电话号码。

3）现场抢修人员需要上道进行故障处理时，必须按照规定提出上道处理及本线和邻线的行车限制条件申请。

4）现场抢修人员确认本线和邻线的行车限制条件满足（调度命令下达且执行）后方可上道，并应设好防护，严禁单人上道作业。作业过程中车站电务防护人员随时与调度所 CTC 工区值班人员、现场抢修人员保持联系。现场抢修人员在接到列车接近通知后，及时按照规定的安全距离下道避车。

5）信号维修人员确认车站列控中心、地面电子单元（lineside electronic unit，LEU）设备故障不能及时恢复时，应立即通知铁路局调度所 CTC 工区值班人员。

4. 设备故障应急处置措施

1）地面设备故障应急处置。

① 当发生与信号设备有关联的机车车辆脱轨、冲突、颠覆事故时，现场维修人员应记录设备状态，派人监视，保护事故现场，不得擅自触动设备，并立即报告电务段调度。

② 信号设备应急处理应遵循“了解情况→登记→检查试验→应急处理→试验→销记→汇报”的程序进行。

③ 电务应急抢修人员必须搭乘动车组、列车（轨道车）进行抢修时，电务段调度须将搭乘人数、负责人、联系方式、上车点、下车点等提报调度所，根据调度命令及时赶赴现场。

④ 调度集中系统、列车运行控制系统等涉及两个及以上铁路局的设备应急处理及抢修，当暂不能判别故障发生的地点时，CTC 中心、RBC、TSRS 等设备所在铁路局负责指挥协调相关单位进行故障处理。当判明故障发生的地点后，故障发生地的铁路局负责指挥协调相关单位进行故障处理。

⑤ 必须上道处理的设备故障，现场抢修人员必须通过驻调度所联络员或综合设施

调度办理同意上线检查作业的手续，并确认本线封闭及设置好邻线160千米/时及以下限速后（穿越邻线时必须封闭邻线）方可上道处理。

⑥ 遇CTC中心和中间站CTC设备同时发生故障时，优先抢修CTC中心设备。

⑦ 遇有多点设备故障时，优先抢修恢复正线设备。

⑧ 自动闭塞上、下行设备均故障时，根据运输需要，优先抢修恢复一个方向的设备。

2）（TCC）主系故障，备系不能升级为主系应急处置。

① 检查切换面板上的钥匙开关是否在“自动”位，若不在“自动”位置则将钥匙开关放在“自动”位。

② 若故障未修复，则查看备系主控单元面板上的“STANDBY”指示灯是否点亮黄灯。若点亮黄灯，则通过切换面板上的钥匙开关对列控中心进行人工倒机。

③ 若故障仍未修复，则对TCC断电重启[注意：TCC断电重启后，必须按照CTC（TDCS）车务终端用户手册有关说明对其进行初始化操作才能投入正常使用]。

④ 完成上述步骤后，故障仍未修复时，立即联系相关厂家技术人员，并在厂家技术人员的指导下进行故障处理。

3）TCC与计算机联锁通信故障应急处置。

① 查看对应通信板与联锁的通信指示灯状态，如果灭灯则应检查设备间通信线缆是否连接正常。

② 若故障未修复，则更换对应通信板（不断电插拔）。

③ 若故障仍未修复，则对TCC进行人工倒机。

④ 若TCC人工倒机后故障仍未修复，则对TCC断电重启[注意：TCC断电重启后，必须按照CTC（TDCS）车务终端用户手册有关说明对其进行初始化操作才能投入正常使用]。

⑤ 若TCC断电重启后故障仍未修复，则对联锁进行人工倒机。

⑥ 完成上述步骤后，故障仍未修复时，立即联系相关厂家技术人员，并在厂家技术人员的指导下进行故障处理。

4）TCC与CTC/TDCS 通信故障应急处置。

① 检查CTC/TDCS通信端口及与TCC通道情况是否正常。

② 若故障未修复，则更换对应通信板（不断电插拔）。

③ 若故障仍未修复，则重启CTC/TDCS自律机或通信机。

④ 若CTC/TDCS自律机或通信机重启后故障仍未修复，则对TCC断电重启[注意：TCC断电重启后，必须按照CTC（TDCS）车务终端用户手册有关说明对其进行初始化操作才能投入正常使用]。

⑤ 完成上述步骤后，故障仍未修复时，立即联系相关厂家技术人员，并在厂家技术人员的指导下进行故障处理。

5）TCC与轨道电路单元通信故障应急处置。

① 检查TCC与轨道电路单元的通道情况是否正常。

② 若故障未修复，则更换对应通信模块（不断电插拔）。

③ 若故障仍未修复，则检查轨道电路单元通信盘。

④ 轨道电路单元通信盘检查正常后故障仍未修复，则对TCC断电重启［注意：TCC断电重启后，必须按照CTC（TDCS）车务终端用户手册有关说明对其进行初始化操作才能投入正常使用］。

⑤ 完成上述步骤后，故障仍未修复时，立即联系相关厂家技术人员，并在厂家技术人员的指导下进行故障处理。

6）TCC与LEU通信故障应急处置。

① 更换对应的通信模板（不断电插拔）。

② 若故障未修复，则对TCC进行人工倒机。

③ 若故障仍未修复，则切断LEU电源将外接应答器倒接至备用LEU。

④ 完成上述步骤后，故障仍未修复时，立即联系相关厂家技术人员，并在厂家技术人员的指导下进行故障处理。TCC故障处理流程见图4-3。

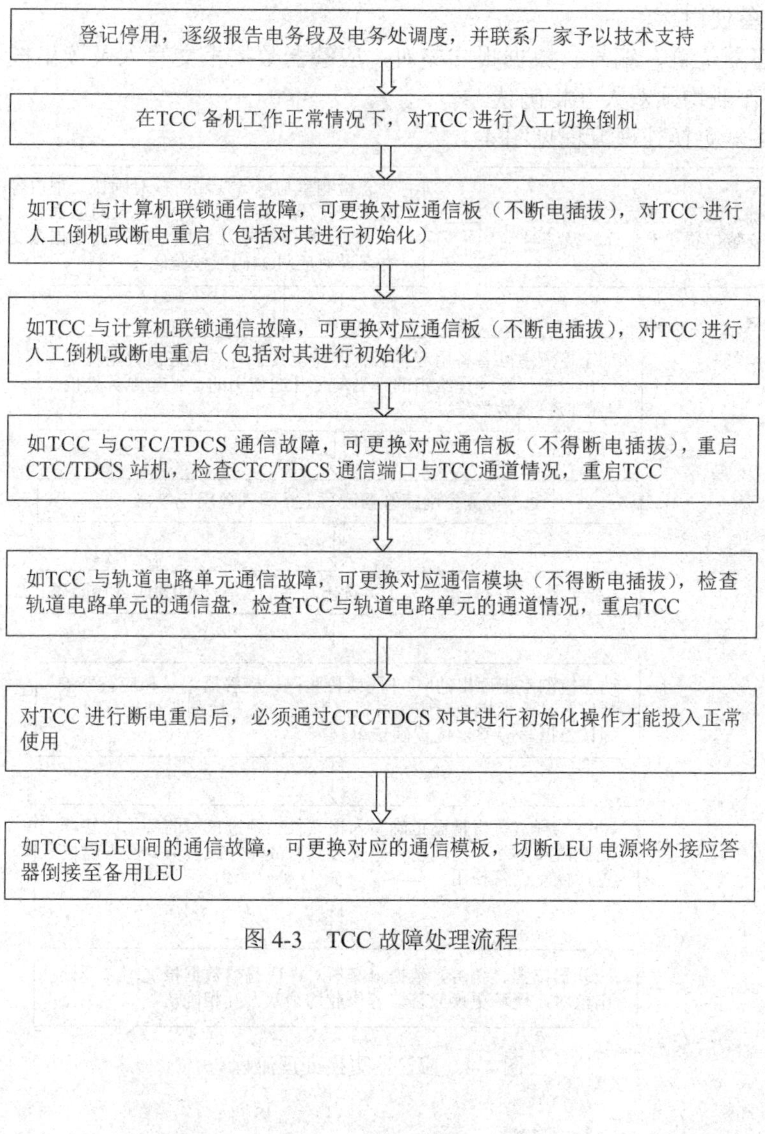

图4-3　TCC故障处理流程

7）应答器故障应急处置。

① 电务段备用空白有源应答器，在发现有源应答器本身损坏或丢失时，可直接用空白有源应答器临时替代使用，以保证动车组正常控车，待电务段电子设备车间将写入默认报文后的备用有源应答器送至现场，再由现场信号车间予以更换。

② 由电务段现场信号车间确认故障（或丢失）应答器安装位置（千米标）及编号。

③ 电务段值班调度填写应答器位置确认单向铁路局电务值班调度报告。

④ 电务段电子设备车间组织将铁路局电务检测所提供的报文数据写入备用应答器。

⑤ 电务段技术科主管列控工程师组织电子设备车间对已写入报文数据的应答器进行报文读取操作，并将回读的 MD4 码报告铁路局电务检测所。

⑥ 在收到铁路局电务检测所向电务段发送恢复正确确认后，由电务段技术科主管列控工程师组织将已写入报文数据的应答器送往现场安装到原故障（或丢失）应答器位置，恢复设备使用。

⑦ 应答器位置、编号、数据报文核对，应答器数据报文写入及读出核对，现场更换应答器等作业均须双人互相确认。

⑧ 应答器更换处理流程见图 4-4。

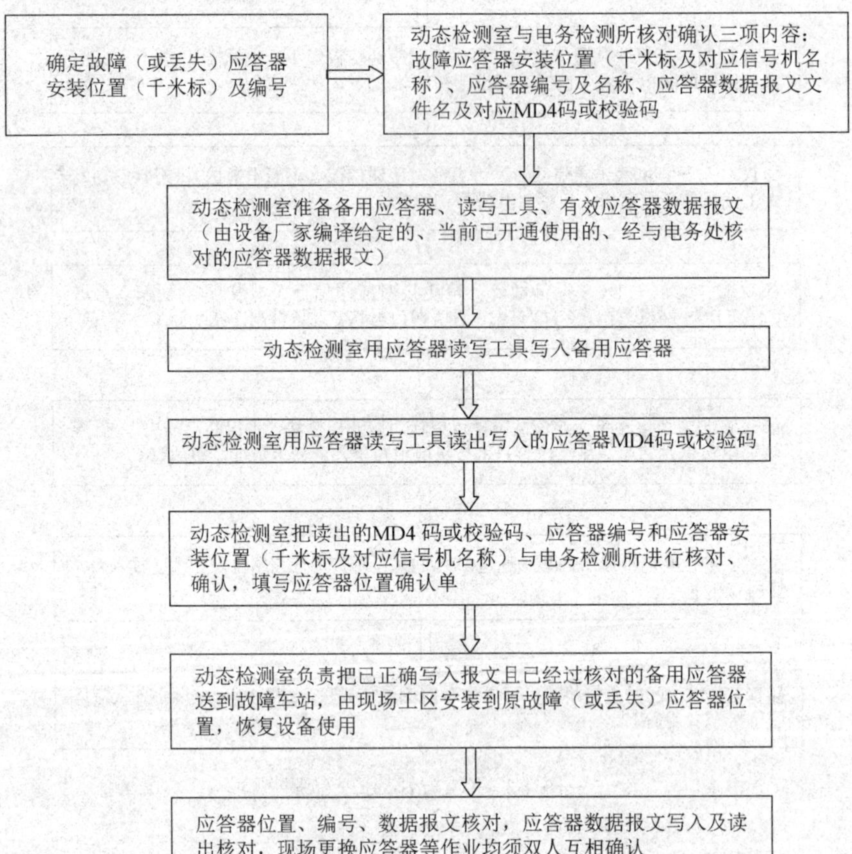

图 4-4　应答器更换处理流程

8）CTC 系统设备故障应急处置。

① 车站通信中断或自律机故障时。车站实时信息中断，调度命令、阶段计划无法下达时，列车调度员应立即通知电务维护人员处理。如无法及时恢复或其他情况必要时，列车调度员立即通知车站转入非常站控控制模式，调度台对于故障车站采取人工作业、电话指挥方式。

② 当调度台工作站发生单机故障时。列调台机器死机或终端软件无法操作时，列车调度员应立即通知电务维护人员更换设备或启用备用调度台。如无法及时恢复正常使用，则通知所管辖车站转入非常站控控制模式，通过电务维护台打印本班运行图，调度台启用人工作业、电话指挥方式。如果调度台管内有尚未设置的临时限速，列车调度员应及时通知驾驶员按调度命令限速运行。

③ 当数据库服务器故障时。CTC 数据库相关动能失效，调度台显示界面上显示数据库连接中断时，列车调度员应立即通知电务维护人员处理，并立即打印本班运行图，启用 CTC 调度台离线工作方式。如无法及时恢复正常使用，通知车站转入非常站控，调度台启用人工作业、电话指挥方式。

④ 当应用服务器故障、中心网络瘫痪、电源故障时。所有实时信息中断，调度命令和阶段计划无法下达时，列车调度员应立即通知电务维护人员处理，立即打印本班运行图，启用 CTC 调度台离线工作方式。同时通知车站转入非常站控控制模式，调度台启用人工作业、电话指挥方式。如有尚未设置的临时限速，列车调度员应及时通知驾驶员按调度命令限速运行。

案例分析

案例 1：CTC 自律机电源板故障

事件概况：2012 年 7 月 5 日 22 时 27 分，苏州城际站下行 3G 出站信号不能开放（CTC 分散自律控制模式），CTC 车务终端灰屏，对 CTC 自律机 B 机重启，未恢复。第二次重启 CTC 自律机 B 机在关闭电源板时，故障现象消失，开启后恢复原来的故障现象。23 时 3 分将 CTC 自律机 B 机电源板拔下后，CTC 自律机倒向 A 机工作，B 机停用，设备恢复使用。

（资料来源：上海客专基地高铁部. 高铁信号故障案例分析[EB/OL].（2016-04-27）[2017-12-19]. https://wenku.baidu.com/view/c899372e81c758f5f71f6715.html.）

分析：CTC 自律机 B 机电源板电源电压由 5 伏上升至 6.1 伏，造成 STBY 背插板及与列控连接通信的 COM 背插板不良，导致 CTC 自律机 B 机不能正常工作，且无法自动倒至 CTC 自律机 A 机。

案例 2：温州动车事故

事件概况：2011 年 7 月 23 日 20 时 30 分 5 秒，甬温线浙江省温州市境内，由北京南站开往福州站的 D301 次列车与杭州站开往福州南站的 D3115 次列车发生动车组列车追尾事故。

（资料来源：国务院“7·23”甬温线特别重大铁路交通事故调查组．“7·23”甬温线特别重大铁路交通事故调查报告[EB/OL]．（2011-12-29）[2017-12-19]. http://www.gov.cn/gzdt/2011-12/29/content_2032986.htm.）

分析：当温州南站列控中心采集驱动单元采集电路电源回路中保险管 F2 遭雷击熔断后，采集数据不再更新，错误地控制轨道电路发码及信号显示，使行车处于不安全状态。雷击也造成 5829AG 轨道电路发送器与列控中心通信故障，使从永嘉站出发驶向温州南站的 D3115 次列车超速防护系统自动制动，在 5829AG 区段内停车。因轨道电路发码异常，驾驶员三次转目视行车模式起车受阻，7 分 40 秒后才转目视行车模式以低于 20 千米/时的速度向温州南站缓慢行驶，未能及时驶出 5829 闭塞分区。因温州南站列控中心未能采集到前行 D3115 次列车在 5829AG 区段的占用状态信息，使温州南站列控中心管辖的 5829 闭塞分区及后续两个闭塞分区防护信号错误地显示绿灯，向 D301 次列车发送无车占用码，导致 D301 次列车驶向 D3115 次列车并发生追尾。

任务实施

ZPW2000A 型轨道电路故障处理实训如下。

实施工具

ZPW2000A 型轨道电路模拟实训设备、万用表、移频表。

任务内容

1）不同区段被占用时，利用移频表对移频信息码（信息码指 L 码、LU 码、U 码、HU 码及 F 码，对应的低频分别是 11.4 赫兹、13.6 赫兹、16.9 赫兹、26.8 赫兹及 27.9 赫兹）进行测试，测试内容包括发送电源、接收电源、轨入、轨出 1、轨出 2、发送功出、GJ（Z）、GJ、*GJ 等相关信息。

2）在 ZPW2000A 型轨道电路模拟实训设备中设置不同断线故障点，要求学生根据衰耗盒各指示灯位现象，利用万用表测试各接点电压数据是否正常，从而对故障进行查找。

3）故障点包括发送盒故障、正向大通道故障、正向小通道故障、反向大通道故障、反向小通道故障、正反方向指示灯故障、辅助电路故障、通过信号机灯位显示故障等。

任务评价

以学生在规定时间内数据测试、故障处理正确率和速度综合进行评价。设备故障处理示意见图 4-5。

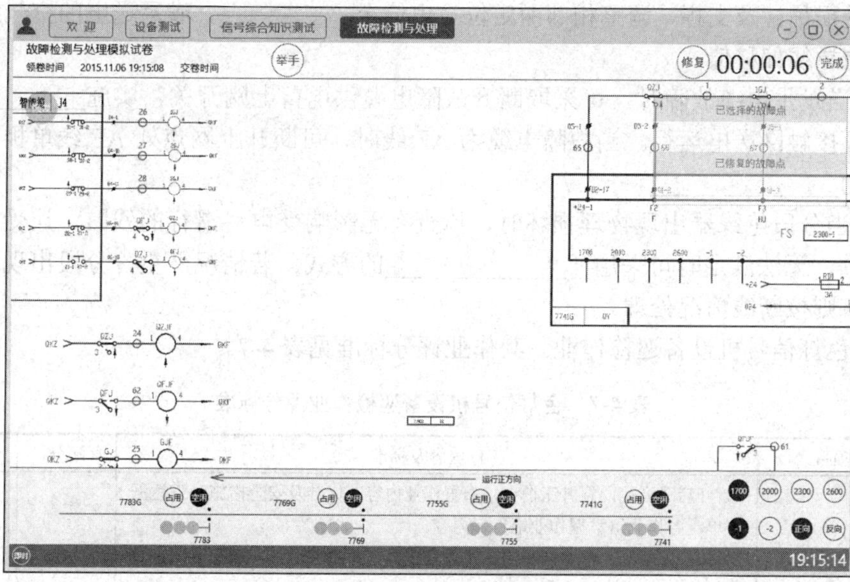

图 4-5　设备故障处理示意

任务自测

1．工区上道处置设备隐患时，在上道前，必须向车间生产调度（或值班干部）申请临时上道作业命令，工区凭车间下发的作业计划及________________，在车站行车设备检查登记簿内登记，车站签字同意后，方可上道作业，上道作业执行室内设专职防护的规定。

2．高速提速区段工区人员在上道前，必须将临时处理隐患申请单传段调度，经值班领导、电务处审核同意后，方可再在车站行车设备检查登记簿内登记要点，需登记本线________________，临线________________（临线速度超过 160 千米/时）。

3．进入机械室处理信号设备隐患时，只能________________、________________，确需更换设备（器材）、改变配线、倒机切换、复位和重启设备时，必须先报告段调度同意，并按规定在车站申请要点后方可进行。

4．现场应急处理人员到达运转室签到后，应先将草拟登记内容电话复诵给段调度，经段值班干部确认登记内容正确后，由调度通知现场应急人员在车站________上进行登记，现场登记后立即将登记内容拍照发故障隐患处置群。未登记或未经车站值班员（列车调度员）签认同意，严禁进行故障处理。

5．销记前确认开通条件比照登记卡控措施进行办理。高铁区段若之前登记转为非常站控模式或邻线限速，销记时要注意将非常站控转回分散自律模式，取消________。

6．隧道内吊柱损坏，在直线区段时，拆除受损吊柱及支撑，将邻近定位调至__________，临时采用可调吊弦提高接触线高度，送电开通线路。当位于曲线上时，可拆除受损吊柱及支撑，调整相邻两定位拉出值至__________，满足送电的空气绝缘间隙及跨中导线偏移值。

7．当发生电缆故障时，可采取断开故障电缆供电臂上网开关，实施__________，快速恢复接触网送电运行。当故障电缆为 AF 线时，可断开上网点处 AF 线单极隔离开关，改为______________。

8．当分段绝缘器出现物理损坏时，检查有无影响受电弓滑行的残骸，让受电弓能正常通过，无法满足时可采用_______________的方式。若情况严重，分段出现断裂脱落情况，则按断线情况处理。

9．色灯信号机设备巡检作业。其作业评分标准见表 4-7。

表 4-7　色灯信号机设备巡检作业评分标准

工作项目	工作内容及标准	配分	扣分
工前准备凭令上道	1）开启录音笔，召开工前会，布置作业内容、标准及安全措施，下达派工单，各作业组掌握作业地点、内容。 2）按规定着装，准备防护用具及作业工具、材料并清点，填写上道工具材料清点单。 注意：提前登记，凭调度命令上道作业，保持联络畅通	20	
巡检设备	1）检查机构、机柱、梯子外观完好，蛇管不脱落，基础稳固、油饰良好、限界标记清晰、机构加锁良好。 2）透镜玻璃无破损，保持清洁。 3）检查箱盒外观有无损伤、漏水，加锁良好。 4）信号机构和钢基础不掉漆、不生锈。 5）各部螺栓、开口销检查，活动部位注油。 6）检查矮柱信号机遮檐螺丝紧固，防脱措施良好；检查高柱信号机与接触网带电部位距离符合要求。 7）检查地线连接良好。 8）基础硬化台面整洁、无破损、无杂物。 9）检查挡墙（防撞墙）上的设备固定螺栓紧固	50	
确认撤离办理销记	1）确认所有人员、机具、材料全部撤离。 2）确认所有作业设备试验良好，显示无异常。 3）驻站联络员办理销点手续，结束联络工作。 4）清点工具，按规定位置摆放，填写相关资料。注意：确认试验完毕、设备正常、人员机具全部撤离，方可办理销点	12	
工后小结	1）开启录音笔。 2）点名；各作业组汇报作业情况，汇报机具材料清点情况；记录上报问题；各作业组汇报完后上交作业单、上道工具、材料清点单。 3）驻站联络员、安全防护员汇报情况。 4）作业负责人员对当次施工（天窗）作业质量标准、安全措施执行、联络防护等情况进行小结、点评。 5）提出注意事项，相关资料归档。 6）关闭录音笔，结束完工会	18	
耗时：　　分钟		得分	
考评员签字：			

任务 4.4
高铁通信设备故障安全管理与应急处置

知识准备

事件描述

对于高铁而言，可靠高效的铁路通信系统是其发展的前提。现代铁路通信系统是一个高度复杂、高度冗余的网络，高铁通信系统并不是可有可无的，它是高铁系统运行中不可或缺的一部分，对铁路安全可靠的运行起到极大的保障作用。

为了满足高铁系统的安全性和可靠性，高铁通信系统必须实时满足列车控制安全数据传输业务和安全监控数据业务需求，确保铁路通信系统满足实时的可测性、可控性、可靠性、有效性、可维护性、安全性、保密性等需要。因此，铁路通信系统需要提供大的数据吞吐量，以及更高的通信效率。例如，GSM-R 能够满足区间公务移动、紧急救援、调车编组作业、站场无线等移动语音通信的高铁业务需求，已成为高铁运输系统安全可靠运行的保障。

安全风险及预防控制

1. 安全风险

1）系统设备研发过程不成熟，质量低下，性能不稳定，容易发生故障或损坏，轻则造成使用人员或站点失去通信联系，重则造成系统线路瘫痪。此外，主用设备与配套设备不是同一厂家，未经过充分试验就投入使用，造成不匹配，使数据难以准确提取。

2）无线设备抗干扰能力差，容易受到外界电磁波、不明原因电场干扰或破坏，引起电台通信失效，造成通信中断。

3）铺设在机房及正线地下区段的通信系统内外电缆防护措施不强，一旦遇明火、老鼠啃咬等外界破坏，就会引起火灾或线路短路，造成安全事故。

4）通信机房设备的各种配套设施、电器，长期运行致散热不良或电气线路老化发生故障，以及用电不当等因素引起火灾，都会造成安全事故。

5）通信系统的计算机网络存在安全漏洞，很容易受到恶意软件、木马、病毒的破坏或黑客的攻击，或者年限已长可能造成网络系统故障、数据丢失或错乱严重至系统瘫痪。

6）交流转换装置不能自动切换，蓄电池失效，传输设备电源机框故障等各种设备原因造成系统电源断电。

7）意外天气（如大风或雷击等因素）引起设备失效，严重者造成大通道中断，影响行车安全。

8）接近年限的通信设备，已经老化但仍旧使用而没有及时更新，使故障频发或严重失效，成为设备隐患。

2. 预防控制

（1）强化设备质量

应把加大设备科技含量，增大设备投入，强化设备整治作为安全管理必须长期坚持的方针。随着铁路的快速发展，通信设备不断升级更新，新技术装备的运用使维护体系需要进一步磨合和完善，设备安全管理面临的考验前所未有。因此，相关部门必须完善引进、使用、管理制度，对设备厂家的安全资质进行审核，对设备进行安全可靠性评估，任用有资质的人员对施工过程进行监督，以及对设备使用过程中的问题实施跟踪检查；选用技术先进，安全成熟的通信设备，使各项设备始终处于良好状态，减少故障率，为安全生产打下良好基础；逐渐淘汰接近年限的通信设备，以保障通信设备安全。同时，也要切合实际地处理好成本控制与设备投入的关系，把有限的资金投入保障安全的关键设备上。这同样是安全管理的一项重要内容。

相关部门要规范对通信设备的维护、检修和运行的管理，推广设备检修维护的标准化，做好维护工作。对机房配套设备也要定期检查，防止出现火灾等隐患；要加强对传输线路及各个基站、机房的防护，保障系统电源不中断；做好预防恶劣天气对设备造成危害的预防工作。单位要建立防止设备故障和通信中断的完善措施，对组织管理、工作流程、工作标准、工作要求、基础管理、运行管理、检查维修及工作考核作出规范要求，提高设备维护水平，减少设备事故的发生。

（2）加强安全监测

我国铁路运输的特点是大联机动，这就决定了安全监测必须是全方位的，不允许存在不受监督的死角。随着无人机房、GSM-R 基站等的普及，安全监测的作用更是非常重要。铁路工作人员要充分发挥安全监测在安全生产中的实效、快捷、准确处理功能，以便及时发现严重的和有倾向的问题，并采取相应措施及时解决。单位应利用传输网络通道和信息自动处理等技术，对重要通道，重要设备做好备用措施，并重点监测；定期测试通道指标，定期进行系统诊断，检测工作状态，及时分析问题数据，以发现故障根源；及时复制数据库资料，并做好保管工作；加强对机房动力环境监控；做好软件的防病毒和杀毒工作。在日常工作的基础上建立起一套可有效消除危及行车安全的各类设备隐患的长效机制。

完善安全应急预案

（3）完善应急预案

根据铁路运输安全的新情况、新变化，修订应急救援预案，使之细化到每台设备，并保证预案操作切实可行。畅通部门之间信息沟通渠道，优化作业流程，增强可操作性。统一抢险救援队伍的组织管理、人员构成、设备配置、培训演练等相关内容，实行专业管理、逐级负责、单一指挥，确保通信应急救援工作科学有效。

应急处置

1. 处置原则

1）在发生通信设备故障后，通信各级部门要严格执行有关规章制度，积极配合运输部门，采取倒代、迂回等有效措施，减少影响，尽快消除故障。

2）根据通信设备故障严重程度和影响范围，故障修复分为紧急要点处理和天窗点内处理两种方式。

① 当通信设备出现系统瘫痪或服务能力丧失，影响列车运行控制或行车指挥时，应采用紧急要点处理。

② 当通信设备出现系统性能劣化或服务能力部分丧失，存在影响正常通信的隐患时，应在天窗点内组织处理。

无论是紧急要点处理还是天窗点内组织处理，凡涉及上道的，必须按照规定办理相关手续。

3）当发生与通信设备有关联的动车组（机车）脱轨、冲突、颠覆等事故时，通信人员应会同有关人员记录设备状态，派人监视，保护现场，不得擅自触动设备，并立即报告通信（电务）段调度。

4）在应急处置过程中，通信人员必须严格执行高铁安全管理的各项规定，确保人身安全。

2. 处置程序

通信故障处置应遵循“受理→确认故障现象和影响范围→登记并正确停用行车业务→汇报→处理→试验→销记”的程序。

（1）通信故障的受理和确认

接到设备故障通知，值班人员应做好记录，向相关人员了解故障情况（发生时间、地点、现象等），确认故障现象和影响范围，初步判断原因，做好处理准备。

（2）登记并正确停用行车业务

通信设备发生故障后，通信人员应在调度所（或车站）的行车设备检查登记簿内登记停用，经调度员（或车站值班员）同意签认后，方可进行故障处理。

（3）故障汇报

在明确故障发生时间、地点和影响范围并完成故障登记后，立即将有关情况逐级汇报。

（4）故障处理

1）故障处理必须严格执行“三不动”“三不离”。“三不动”即未登记联系好不动，对设备性能、状态不清楚不动，正在使用中的设备不动。“三不离”即工作完成，不彻底试验好不离；影响正常使用的设备缺点未修好前不离；发现设备有异状时，未查清原因不离。防止故障处理中扩大影响范围和重复发生。发现明显外界因素损坏通信设备的，应通知有关部门确认处理；对外界破坏导致通信设备损坏的应报公安部门。

2）根据故障影响范围和紧急程度，各级干部要组织人员或亲自赶赴现场处理；各级电务调度要随时掌握现场处置情况。

（5）试验销记

试验要完整彻底，做好记录。确认良好后办理销记手续，交付使用。

3. GSM-R 系统设备

（1）GSM-R 系统共用设备

1）业务控制点（service control point，SCP）。正常情况下，北京 SCP 为主用，武汉 SCP 为备用。

当北京 SCP 设备发生故障需北京、武汉主备倒换时，由北京核心机房指挥实施，武汉核心机房配合，将北京 SCP 同步状态由主用修改为备用，再将武汉 SCP 同步状态由备用修改为主用，完成两地 SCP 设备主、备用状态倒换。

2）归属位置寄存器（home location register，HLR）。HLR 信令层设备（FE）采用负荷分担方式，正常情况下，北京、武汉四个 FE 设备都承担业务。HLR 数据库层采用 1+3 工作方式，正常时北京数据库节点 P、PS 为主用，武汉 SS（两个）为备用。

当北京 HLR 设备发生故障需北京、武汉主备倒换时，由北京核心机房进行操作，将武汉的两个数据库节点设置为 P、PS。

3）远程接入认证服务器（remote authentication dial in user service，RADIUS）正常情况下，北京 RADIUS 为主用，武汉 RADIUS 为备用。

当北京 RADIUS 故障时，北京核心机房应将北京 RADIUS 双机设置为离线状态，障碍处理完毕后再恢复为在线状态。恢复前，北京、武汉应通过人工方式进行数据核对和同步。

4）域名服务器（domain name system，DNS）正常情况下，北京 DNS 为主用，武汉 DNS 为备用。

当北京 DNS 故障时，北京核心机房应停止 DNS 的业务进程，故障处理完毕后再恢复北京 DNS 业务进程。恢复前，北京、武汉应通过人工方式进行数据核对和同步。

5）GPRS 归属服务器（GPRS home server，GROS）正常情况下，北京 GROS 为主用，武汉 GROS 为备用。

当北京 GROS 障碍时，北京核心机房断开北京 GROS 的网络连接，恢复前，北京、武汉应通过人工方式进行数据核对和同步。

（2）移动交换中心（mobile switching center，MSC）

1）当 MSC 宕机时，影响本交换机 GSM-R 全部业务，应首先检查供电情况，如无异状再根据故障现象定位故障点，则采用主备主控板切换、软复位和再启动、更换板卡等方法排除故障，同时联系厂家进行技术支持。

2）MSC 对重要局向［STR、调度交换机、基站控制器（base station controller，BSC）等］业务中断时，根据故障现象定位障碍点，并采取相应措施排除故障。

MSC 与调度交换系统全部中继阻断时，通知列车调度员或车站值班员采用自动电话、GSM-R 手持终端等手段保持与驾驶员的应急联络。

MSC 与 BSC［速率适配单元（transcoding rate adaptation unit，TRAU）］通信中断时，应判别 MSC、BSC 或传输电路故障，定位故障点，采取相应措施立即排除故障。

（3）通用无线分组业务系统（general packet radio service，GPRS）

1）当业务支持节点、网关业务支持节点、接口服务器设备宕机时，通信人员应在调度所的行车设备检查登记簿内登记停用调度命令信息无线传送业务，立即检查相关设备运行状况和网络互通情况，定位故障点，采取相应措施排除故障。

2）当 GPRS 设备故障时，应通过检查数据、软复位或更换板件等方式及时处理。

3）当结合部接口设备故障引起 GPRS 业务部分中断时，应首先分段定位故障，对故障设备或网络进行排查，采取相应措施排除故障。

（4）无线子系统设备

1）当 BSC、编译码和 TRAU 故障时，影响其所下挂基站的 GSM-R 业务，应对无线子系统设备、传输电路逐项排查，定位故障原因并处理。传输故障应采取倒代、迂回措施恢复；BSC 及 TRAU 设备故障，可采取复位、更换板件等相应措施排除。

2）当基站（BTS）或区间直放站故障时，GSM-R 单网交织或双网覆盖区段，应及时锁闭故障基站，在天窗点内要点处理；GSM-R 单网覆盖区段，应明确影响范围，在调度所的行车设备检查登记簿内登记停用，视情况紧急要点或天窗点内处理。

（5）CIR

1）CIR 故障时，影响车机联控业务和调度命令、进路预告接收业务。通信人员应了解故障现象，初步判断终端语音、数据模块工作情况，可通过驾驶员 GSM-R 手持终端联络驾驶员，指导复位 CIR。

2）CIR 语音模块故障不能通过复位恢复时，列车调度员和驾驶员间可通过驾驶员 GSM-R 手持终端进行语音联络；CIR 数据模块故障不能通过复位恢复时，影响该动车组（机车）车次号、进路预告和调度命令信息无线传送业务，应及时在调度所的行车设备检查登记簿内登记停用，动车组入库后处理。

4. 通信光缆线路

1）当单侧光缆中断不影响业务时，需要上道处理的，应安排在天窗内进行修复。

2）当双侧光缆同时中断时，应紧急要点抢通一侧光缆，根据业务抢通和恢复顺序恢复各项业务，需要上道作业时，按照规定办理相关手续。

5. 传输设备

1）当传输设备故障不影响业务时，原则上应安排天窗内进行修复。

2）当传输设备故障影响相关业务时，应先将重要业务列出，根据影响范围视情况要求紧急要点或在天窗点内处理。

6. 数据网设备

1）当数据网设备宕机时，应确认故障现象、影响范围，查明宕机原因，重点检查设备运行状态，单板运行情况和网络管理系统告警情况，在网络管理员指挥下进行相应操作，及时排除故障。

2）当数据网核心、汇聚、接入层节点链路部分中断时，应确认故障现象、影响范围，排查定位故障点。在排除传输电路故障后，在网络管理员指挥下进行相应操作，进一步排查、处置故障。

3）当数据网设备故障不影响业务时，原则上应安排天窗点进行修复。

7. 数字调度系统

调度通信系统故障应立即处理，尽快恢复。

1）车站型调度交换机业务全部中断时，影响本站调度通信业务。车站值班员可通过专网自动电话或GSM-R手持终端与列车调度员、驾驶员等进行应急联络。

2）调度通信车站值班台故障时，车站值班员应启用应急分机进行通信联络，也可利用专网自动电话或GSM-R手持终端进行应急联络。

3）通信调度台故障时，调度员应利用专网自动电话或GSM-R手持终端进行应急联络。

8. 电话接入网设备

电话接入网设备影响使用时，应及时处理。自动电话不能使用时，可用GSM-R手持终端进行通信联络。

9. 通信电源

通信电源障碍时，首先应判断是外供电问题或通信电源设备问题，采取相应措施解决。

（1）外部供电异常

通信机房（基站）交流输入中断或发生断相、相序变化时，应立即联系电力部门处理。

（2）通信电源设备异常

1）输出电压异常：应立即处置，现场复测电压，检查电源设备运行情况，采取更换模块等方法消除障碍。

2）配电分路跳闸：分负载过载和电源驱动能力不足两种情况，采取相应措施处置。

10. 轨旁通信设备

高铁轨旁通信设备主要包括光电缆、漏缆、杆路及铁塔等防护栅栏内或虽处于栅栏外但倒覆后可能侵入限界的通信设备。

1）轨旁设备出现强度下降、紧固松动、杆路铁塔倾斜等可能危及高铁行车的安全隐患，应立即报告列车调度员（或车站值班员）及上级有关部门，申请立即上道处理。

2）其他不危及行车安全的轨旁通信设备隐患，应安排在天窗内修复。

案例分析

案例 1：5164 号机车无线电台故障

事件概况：2011 年 11 月 10 日 9 时 54 分，牡电（哈尔滨机务段）DF4C-5164 号机车牵引 40110 次列车运行至浩良河站，列车无线调度电话有接收无发送，驾驶员更换送话器无效后，浩良河站内停车请求调度命令 10 时 4 分发车。

（资料来源：哈尔滨铁路局电务处. 电务系统近些年典型事故（故障）案例教育汇编[EB/OL].（2013-11-1）[2017-12-19]. http://www.doc88.com/p-7502068286714.html.）

分析：送话器螺旋线 7、8 芯在插头处断线（佳木斯 11 月 2 日整治出所），导致发射呼叫信令不通。

存在问题如下。

1）牡电配线焊点焊接后热缩管防护未按标准进行。

2）牡电电台轮修后，质量验收人员工作不负责任，未能及时发现设备工艺存在的问题，致使设备带着隐患出所，导致故障发生。

3）牡电车间干部、电务段通信技术科对日常出所质量抽查不到位，未及时发现设备入所修存在的施工工艺不良隐患。

4）哈电故障处理人员，对故障现象判断不准，试验不彻底，故障原因未能及时准确找到。

案例 2：山底站至磨刀石站间光缆故障

事件概况：2011 年 10 月 17 日 12 时 50 分～14 时 45 分，牡电山底站 TDCS、闭塞电话、列车调度电话中断。

（资料来源：哈尔滨铁路局电务处. 电务系统近些年典型事故（故障）案例教育汇编[EB/OL].（2013-11-1）[2017-12-19]. http://www.doc88.com/p-7502068286714.html.）

分析：山底至磨刀石间距离山底站 3 千米处（滨绥线 378 千米 500 米处，9 号和 10 号杆间）光缆接头盒因大风刮线摇摆，将 8 芯光纤从光缆接头盒内拽出，造成光缆中断。

存在问题如下。

1）施工作业中光缆接续未按标准进行施工。

2）对临时过渡施工，车间干部工作标准低，安全第一思想树立的不牢，没有从源头控制住施工标准和质量。

3）日常巡检质量不高，未及时发现设备存在不良隐患。

任务实施

光缆接续任务实施如下。

任务目标及要求

1）掌握光缆的开剥及接头盒内的固定方法。

2）掌握应用光纤切割刀制作光纤端面的方法。

3）掌握光纤熔接机的使用方法及接续步骤。

4）掌握余留光纤在接头盒内的收容方法。

任务内容

1）开剥光纤，识别光纤端别和纤序。

2）光纤接头盒的安装。

3）光纤端面的制备。

4）光纤熔接机的操作及光纤接续。

器材和工具

1）器材：光纤接头盒、光缆、热缩套管、酒精及棉球、密封胶带。

2）工具：光纤熔接设备三套、光缆护层开剥刀、束管钳、卡钳、扳手光纤端面切割刀。

教学方法

实训教师集中讲解后分组练习。

实施方法及步骤

1）打开光纤接头盒：开剥光缆，了解组成结构，识别光缆的纤序和光缆的 A、B 端。

2）打开光缆缆芯，将加强芯固定在接头盒的加强芯固定座上，接头盒进缆孔处的光缆包一层密封胶带。

3）将光缆芯线进行纤序编制。

4）端面制备：清洁光纤涂覆层，套光纤热缩管，去除涂覆层和清洁裸纤，光纤端面切割。

5）将对应纤序的光纤进行熔接，进行熔接损耗估算，如合格则将热缩套管滑至熔接处的中心并加热。

6）盘纤，然后将接头盒盖上并固定。

任务自测

1. 根据通信设备故障严重程度和影响范围，故障修复分为______________和______________两种方式。当通信设备出现系统瘫痪或服务能力丧失，影响列车运行控制或行车指挥时，应采用______________处理；当通信设备出现系统性能劣化或服务能力部分丧失，存在影响正常通信的隐患时，应______________处理。

2. 通信故障处置应遵循“____________→____________→____________→____________→____________→____________→____________”的程序。

3．故障处理必须严格执行“三不动”“三不离”。“三不动”即________________不动，对________________________________不动，________________________________不动。“三不离”即____不离；____不离；____不离。

4．当 GPRS 设备故障时，应通过____________________、____________________或____等方式及时处理。

5．BSC、编译码和 TRAU 故障时，影响其所下挂基站的 GSM-R 业务，应对无线子系统设备、传输电路逐项排查，定位故障原因并处理。传输故障应采取______________________________、______________________________措施恢复；BSC 及 TRAU 设备故障，可采取____、________________________________等相应措施排除。

6．CIR 故障时，影响______________业务和______________、______________业务。通信人员应了解故障现象，初步判断终端语音、数据模块工作情况，可通过驾驶员 GSM-R 手持终端联络驾驶员，指导复位 CIR。

7．车站型调度交换机业务全部中断时，影响本站调度通信业务。车站值班员可通过________________________________或____与列车调度员、驾驶员等进行应急联络。

8．1/2 英寸同轴电缆的制作。其制作评分标准见表 4-8。

表 4-8 1/2 英寸同轴电缆的制作评分标准

工作内容及标准	配分	扣分
将安装接头一端的馈线约 150 毫米捋直，用安全刀具把距端口 50 毫米处馈缆外皮切割并剥掉	10	
把馈缆放入切割工具的槽口里，在主刀片后部保留 4 个波纹长度，合上刀具护盖把柄，因为刀具的位置由馈线外部铜导皮波纹所确定，主刀片应正好对准馈线一个波纹的中间波峰处	20	
按刀具上标出的旋转方向旋转刀具，直到刀具的护盖把柄全部合拢，使得馈线内外铜导体全部割断；同时后面辅助小刀片会将馈线外部塑料保护套割断	15	
检查尺寸是否合适，绝缘套剥离尺寸为 32 毫米左右（约 6 个波峰）	10	
将馈头前面部分和后面部分分开，并将馈线插入后部，直到后部和馈线第一个波纹接触	10	
用刀具自带的扩管器插入馈线，顶牢，左右旋转，使得馈线外部铜导体张开，顶住馈头后部	15	
检查有没有多余的铜屑残留；检查外铜皮应均匀扩张，无毛刺；用手向外拉动馈头后部，馈头后部不得从馈线上滑脱；如不符合要求，应重新制作	10	
将馈头前部和后部相连接。馈头前部拧到位后，用合适的扳手握牢、固定前部馈头，并保持前部馈头不与馈线有相对转动，用扳手拧动馈头后部分，直至牢固	10	
耗时： 分钟	得分	
考评员签字：		

参考文献

包得海，2012．关于铁路售票系统的故障分析及改进策略[J]．智能计算机与应用，2（1）：71-72．

陈锦治，等，2005．突发公共卫生事件预防与应急处理[M]．南京：东南大学出版社．

陈睿颖，2012．浅议动车组列车的消防对策[J]．铁道警官高等专科学校学报，22（6）：26-28．

程阳春，2011．浅议高速铁路消防安全管理工作[J]．铁道警官高等专科学校学报（4）：11-13．

杜振军，2008．铁路车站安全管理的分析与探讨[J]．内蒙古科技与经济（15）：59-60．

高峰，2015．新常态下加强高铁反恐防范工作的思考[J]．铁道警察学院学报，25（6）：16-21．

韩国兴，2014．突发事件下列车大面积晚点分析与应急处置系统研究[D]．北京：北京交通大学．

韩买良，2003．铁路行车安全管理[M]．北京：中国铁道出版社．

回振国，王劲松，2004．铁路运输行业食品卫生管理存在问题及对策[J]．中国公共卫生，20（4）：415．

李慧玲，刘冰，2011．城市轨道交通安全管理[M]．北京：人民交通出版社．

李晓，2012．铁路通信系统安全管理问题的探索[C]．第三届铁路安全风险管理及技术装备研讨会．

连义平，2011．城市轨道交通安全管理[M]．成都：西南交通大学出版社．

刘涛，隋东旭，2018．高速铁路乘务安全管理与应急处置[M]．北京：北京交通大学出版社．

刘铁男，等，2016．危险品航空运输旅客公众意识现状调查[J]．中国民用航空（5）：38-39．

刘小闪，陈国强，施红生，2015．铁路站车传染病风险评估研究[J]．铁路节能环保与安全卫生，5（1）：20-22．

马成正，2016．城市轨道交通运营安全管理理论题库与技能训练[M]．北京：中国电力出版社．

马成正，张明春，2015．城市轨道交通运营安全管理[M]．北京：中国电力出版社．

马海漫，宋玉佳，2015．高速铁路客运组织[M]．成都：西南交通大学出版社．

邱福东，2007．浅谈福建铁路处置食物中毒现状与对策[J]．海峡科学（11）：99-100．

任萍，2015．城市轨道交通运营安全管理[M]．北京：机械工业出版社．

上海铁路局职教处，上海铁路局工务处，2012．铁路道口安全管理[M]．北京：中国铁道出版社．

宋雅辉，黄鸿基，2006．铁路突发传染病事件的案例分析与应急处理[J]．铁道劳动安全卫生与环保，33（2）：86-88．

宋玉佳，2016．浅谈大客流情况下铁路车站旅客乘降安全的问题[J]．科技资讯，14（19）：127-128．

孙桂岩，2014．高速铁路运输组织[M]．成都：西南交通大学出版社．

王芳梅，刘杰，2017．城市轨道交通应急与安全管理[M]．北京：清华大学出版社．

王洪业，等，2012．铁路客票系统突发故障处理方法[J]．铁路技术创新（4）：71-74．

王军，2013．铁路安全管理新视觉[M]．成都：西南交通大学出版社．

王腾飞，2014．试论铁路车站安全经营管理工作[J]．知识经济（4）：97-98．

王艳艳，2021．高速铁路客运安全与应急处置[M]．北京：中国铁道出版社．

王缨军，2012．列车旅途性精神病伤害案（事）件防控研究[J]．中国铁路（5）：52-54．

王钰，2016．高速铁路行车组织[M]．成都：西南交通大学出版社．

翁心华，周明行，2002．21 世纪重大的课题：重视感染病的防治[J]．中华传染病杂志，20（1）：5-6．

杨化，段武华，2012．旅客列车上精神病杀人案 3 例[C]．中国法医学会全国第十五次法医临床学学术研讨会．

杨力，赵德钦，2016．城市轨道交通安全管理[M]．成都：西南交通大学出版社．

杨松尧，2015．铁路运输安全管理[M]．北京：人民交通出版社．

杨松尧，孙建晖，2015．铁路行车规章[M]．成都：西南交通大学出版社．

姚宏，2009．我国铁路防范恐怖主义犯罪的形势和对策探析[D]．北京：中国政法大学．

英军，2013．铁路公安机关特警队伍正规化建设探讨[J]．铁道警官高等专科学校学报，23（1）：5-8．

于福权，2015．城市轨道交通运营安全与应急处理[M]．北京：北京理工大学出版社．

张开冉，王建军，2015．高速铁路运营安全管理[M]．成都：西南交通大学出版社．

张开冉，张南，2014．铁路运输安全管理[M]．成都：西南交通大学出版社．

张征，2012．动车组列车开门安全措施探讨[J]．上海铁道科技（1）：22-23．

赵伯旭，2016．城市轨道交通运营安全[M]．北京：中国铁道出版社．

附录　台　账

1. 客运记录

（1）客运记录简介

客运记录是铁路站、车之间办理交接事项的文字凭证，是处理旅客及行李包裹运输过程中具体业务事项的原始依据。编制客运记录时应注意以下要点。

1）据实填写，信息齐全：①编写的客运记录应内容准确、具体、详细、齐全、完整，如实反映情况，不得虚构、假想、臆测；②涉及旅客车票时，应有发到站、票号、车次、车厢号、座席号、身份证号码；③涉及行李、包裹票时，还应有旅客、发（收）货人姓名、单位、物品名称、数量、质量等，不得漏项。

2）语言简练，书写清楚：①语言要简练，条理要清晰，能说明问题；②字体要规范，不潦草，不写自造简化字。

3）客运记录应有顺序编号，加盖编制人名章。

4）客运记录一般一式两份，一份交接收人，另一份由接收人签字后自己留存。对留存页应装订成册，妥善保管，以备存查，客运记录的保管期限为 1 年。

（2）客运记录模板

1）移交精神异常旅客的客运记录见附图 1。

×　×　铁　路　局　　　　　　客统-1

客　运　记　录

第 12 号

记录事由：移交精神异常旅客

××站：

××××年×月×日，××次列车运行至××站至××站间，旅客×××，身份证号码××××××，××市××镇××村人，持××站至××站的车票，票号××××××，×车×号（铺），突然精神异常，攻击周围旅客，列车工作人员及时赶到，将其制服，经询问周围的旅客无护送人员，现移交您站，请按章办理。

特此记录

注：有同行人时，在记录中附上同行人的车票、票号。

无同行人时，附上旅客车票、身份证、携带品清单。

注：

1. 站、车需要编制记录时适用。
2. 本记录不能作为乘车凭证。

站段　编制人员××　　（印）

站段　签收人员××　　（印）

××××年×月×日编制

附图 1　移交精神异常旅客的客运记录

2）移交疾病旅客的客运记录见附图2。

× × 铁 路 局　　　　客统-1

客 运 记 录

第12号

记录事由：移交疾病旅客
××站：
××××年×月×日，××次列车××站开车后，旅客××，身份证号码××
××××，持一张××站至××站车票，×车×号（铺），票号××××××，突，
发疾病车已广播找医生救治，该旅客要求下车治疗，现交您站，请按章办理。
特此记录
注：有同行人时，在记录中附上同行人的车票、票号。
无同行人时，附上旅客车票、身份证、携带品清单。
注： 1．站、车需要编制记录时适用。 2．本记录不能作为乘车凭证。 站段 编制人员××　（印） 站段 签收人员××　（印） ××××年×月×日编制

附图2　移交疾病旅客的客运记录

3）移交烫伤旅客的客运记录见附图3。

× × 铁 路 局　　　　客统-1

客 运 记 录

第12号

记录事由：移交烫伤旅客
××站：
××××年×月×日，××次列车××站开车，旅客××，身份证号码××××××，
持××站至××站的车票，×车××号（铺），票号××××××，在为同行儿子×
××，男，×岁，持××站至××站的半价车票，×车××号，票号××××××，
泡面时，不慎将面碰倒，造成儿子大腿内侧烫伤，列车已采取简单的包扎处理，现
移交您站，请按章办理。
特此记录
注：有同行人时，在记录中附上同行人的车票、票号。 无同行人时，附上旅客车票、身份证、携带品清单。
注： 1．站、车需要编制记录时适用。 2．本记录不能作为乘车凭证。 站段 编制人员××　（印） 站段 签收人员××　（印） ××××年×月×日编制

附图3　移交烫伤旅客的客运记录

4）移交不明物体击伤旅客的客运记录见附图4。

××铁路局　　客统-1

客运记录

第12号

记录事由：移交不明物体击伤旅客
××站：
××××年×月×日，××次列车大约5分钟到达××站时，运行方向左侧机次第×第×个车窗外层玻璃被不明物体击碎，将旅客×××，持××站至××站硬座客快联合票，票号××××××，身份证号码××××××，头部击伤，大约有×厘米的口子，血流不止，列车进行了简单包扎处理，该旅客要求下车治疗，现移交您站，请按章处理。
附：证实材料2份
注： 1．站、车需要编制记录时适用。 2．本记录不能作为乘车凭证。 站段 编制人员××　（印） 站段 签收人员××　（印） ××××年×月×日编制

附图4　移交不明物体击伤旅客的客运记录

5）移交孕妇旅客的客运记录见附图5。

××铁路局　　客统-1

客运记录

第12号

记录事由：移交孕妇旅客
××站：
××××年×月×日，××次列车××站开车后，×时×分，列车运行到××线，××区间，××车××席位一名孕妇旅客××岁，×族，××××工作单位（或职业），家住×省×市×区×街×号，持××站至××站有效客票，票号××××××，身份证号码××××××，携带××行李物品，在列车上出现临产征兆（或在列车上已分娩；或在临产时出现难产；或其他意外情况），须下车就医。特编此记录，交贵站请按章处理。
注： 1．站、车需要编制记录时适用。 2．本记录不能作为乘车凭证。 站段 编制人员××　（印） 站段 签收人员××　（印） ××××年×月×日编制

附图5　移交孕妇旅客的客运记录

6）移交弃婴的客运记录见附图6。

××铁路局　　　　客统-1

客运记录

第12号

记录事由：移交弃婴
××站：
××××年×月×日，××次列车××站开车后，×车厢乘务员发现在××号座席上有一名无人认领的女婴。该女婴身裹的小棉被中有一注明××××年×月×日出生的红纸条，经向周围旅客了解该女婴是一名在××站上车、约30岁男子带上车的，××站开车后该男子不知去向，现移交您站，请按章办理。
特此记录
注： 1. 站、车需要编制记录时适用。 2. 本记录不能作为乘车凭证。 站段 编制人员××　（印） 站段 签收人员××　（印） ××××年×月×日编制

附图6　移交弃婴的客运记录

7）移交危险品的客运记录见附图7。

××铁路局　　　　客统-1

客运记录

第12号

记录事由：移交危险品
××站：
××××年×月×日，××次列车××站开车后，发现×车厢连接处有一名旅客×××，身份证号码××××××，持××站至××站的车票，票号××××××，携带×个黑色摩托车汽油桶，列车已加倍补收此类包裹运费，现移交您站，请按章办理。
特此记录
注： 1. 站、车需要编制记录时适用。 2. 本记录不能作为乘车凭证。 站段 编制人员××　（印） 站段 签收人员××　（印） ××××年×月×日编制

附图7　移交危险品的客运记录

8）移交正常到站的挂失补票的客运记录见附图8。

××铁路局　　客统-1

客运记录

第12号

记录事由：　移交正常到站的挂失补票

×站（旅客车票到站）：

××××年×月×日，××次列车，××站上车旅客×××，持××站至××站的挂失补票×车×号（铺），票号××××××，身份证号码××××××，经确认席位使用正常，可以办理退票。现移交您站，请按章办理。

特此记录

注：

1．站、车需要编制记录时适用。

2．本记录不能作为乘车凭证。

站／段 编制人员××　（印）

站／段 签收人员××　（印）

××××年×月×日编制

附图8　移交正常到站的挂失补票的客运记录

9）移交越站乘车的挂失补票的客运记录见附图9。

××铁路局　　客统-1

客运记录

第12号

记录事由：移交越站乘车的挂失补票

××站：

××××年×月×日，××次列车，××站开车，旅客×××，持××站至××站的挂失补票×车×号（铺），票号××××××，身份证号码××××××，自××站至××站区间席位使用正常，可办理退票；自××站至××站区间越站乘车，车票号××××××，现移交您站请按章办理。

特此记录

注：

1．站、车需要编制记录时适用。

2．本记录不能作为乘车凭证。

站／段 编制人员××　（印）

站／段 签收人员××　（印）

××××年×月×日编制

附图9　移交越站乘车的挂失补票的客运记录

10）移交中途下车的挂失补票的客运记录见附图10。

× × 铁 路 局　　　　客统-1

客 运 记 录

第12号

记录事由：　移交中途下车的挂失补票
××站（中途下车站）：
××××年×月×日，××次列车，××站开车，旅客×××，持××站至×
×站的挂失补票×车×号（铺），票号××××××，身份证号码××××××，要
求在您站下车，经确认席位使用正常，可办理退票，现移交您站请按章办理。
特此记录
注： 1. 站、车需要编制记录时适用。 2. 本记录不能作为乘车凭证。 站 编制人员××　　（印） 段 站 签收人员××　　（印） 段 ××××年×月×日编制

附图10　移交中途下车的挂失补票的客运记录

11）移交未换取纸质车票旅客的客运记录见附图11。

× × 铁 路 局　　　　客统-1

客 运 记 录

第12号

记录事由：　移交未换取纸质车票旅客
××站：
××××年×月×日，××次列车，××站开车，旅客×××，身份证号码×
×××××，持手机购票短信（订单号码××××××）自述因××站售票机故障，
造成网购××站至××站的车票，×车×号（铺），未能换取纸质车票，通过站、车
无线交互系统查询情况属实，现交您站，请按章办理。
特此记录
注： 1. 站、车需要编制记录时适用。 2. 本记录不能作为乘车凭证。 站 编制人员××　　（印） 段 站 签收人员××　　（印） 段 ××××年×月×日编制

附图11　移交未换取纸质车票旅客的客运记录

12）移交送站拒绝补票旅客的客运记录见附图12。

× × 铁 路 局　　　　客统-1

客 运 记 录

第12号

记录事由：　移交送站拒绝补票旅客
××站：
××××年×月×日，××次列车，××站开车后，在×号车厢发现该送站人
员×××，身份证号码××××××，未下车，但拒绝补票，现交您站，请按章办理。
特此记录
注： 1. 站、车需要编制记录时适用。 2. 本记录不能作为乘车凭证。 站段 编制人员××　（印） 站段 签收人员××　（印） ××××年×月×日编制

附图12　移交送站拒绝补票旅客的客运记录

13）移交无票人员乘车拒绝补票的客运记录见附图13。

× × 铁 路 局　　　　客统-1

客 运 记 录

第12号

记录事由：　移交无票人员乘车拒绝补票
××站：
××××年×月×日，××次列车，××站开车后验票，在×车×号座席发现
一无票人员自述从××站上车，但拒绝补票，现移交您站，请按章办理。
特此记录
注： 1. 站、车需要编制记录时适用。 2. 本记录不能作为乘车凭证。 站段 编制人员××　（印） 站段 签收人员××　（印） ××××年×月×日编制

附图13　移交无票人员乘车拒绝补票的客运记录

14）移交误乘旅客的客运记录见附图 14。

××铁路局　　　　客统-1

客运记录

第 12 号

记录事由：　移交误乘旅客
××站：
××××年×月×日，××次列车××站开车后，发现旅客×××，身份证号码××××××，持当日××次××站的车票，票号××××××，误乘本趟列车，现移交您站，请按章办理。
特此记录
注： 1．站、车需要编制记录时适用。 2．本记录不能作为乘车凭证。 站段 编制人员××　（印） 站段 签收人员××　（印） ××××年×月×日编制

附图 14　移交误乘旅客的客运记录

15）移交过站旅客的客运记录见附图 15。

××铁路局　　　　客统-1

客运记录

第 12 号

记录事由：　移交过站旅客
××站：
××××年×月×日，××次列车××站开车后，旅客×××，身份证号码××××××，持××站至××站的车票，票号×××××，找到列车长，称坐过站，现移交您站，请按章办理。
特此记录
注： 1．站、车需要编制记录时适用。 2．本记录不能作为乘车凭证。 站段 编制人员××　（印） 站段 签收人员××　（印） ××××年×月×日编制

附图 15　移交过站旅客的客运记录

16）移交列车晚点中转换乘旅客的客运记录见附图16。

××铁路局　　　　客统-1

客运记录

第12号

记录事由：移交列车晚点中转换乘旅客

××站：

××××年×月×日，××次列车，××站开车后列车晚点，旅客×身份证号码××××××××，持一张××站至××站车票，×车×号，票号×××××××，另持一张××站至××站的××次车票×车×号（铺），票号××××××，找到列车长问是否赶上中转换乘列车，经查实未能赶上中转换乘××次列车，现移交您站，请按章办理。

特此记录

注：

1. 站、车需要编制记录时适用。
2. 本记录不能作为乘车凭证。

站段 编制人员××　（印）

站段 签收人员××　（印）

××××年×月×日编制

附图16　移交列车晚点中转换乘旅客的客运记录

17）丢失车票补票后又找到原票旅客的客运记录见附图17。

××铁路局　　　　客统-1

客运记录

第12号

记录事由：到站退款

××站：

××××年×月×日，××次列车××站开车后，旅客×××，身份证号码××××××，发现在××站购买的车票丢失后，经查找无果的情况下，列车按规定补××站至××站的车票（票号××××××），××站开车后该旅客又找到原票（××站至××站的车票，票号××××××）现移交您站，请按章办理。

特此记录

注：

1. 站、车需要编制记录时适用。
2. 本记录不能作为乘车凭证。

站段 编制人员××　（印）

站段 签收人员××　（印）

××××年×月×日编制

附图17　丢失车票补票后又找到原票旅客的客运记录

18）移交旅客遗失物品的客运记录见附图18。

××铁路局　　　　客统-1

客运记录

第12号

记录事由：　移交旅客遗失物品

××站：

××××年×月×日，××次列车到达××站时，车站客运值班员通知列车长，××站来电话称一名旅客在××站下车时将一个黑色提包遗失在×车×号（铺）下，请列车协助查找，找到后将物品移交到××站，返还××站，现移交您站，请按章办理。

特此记录

注：

1. 站、车需要编制记录时适用。
2. 本记录不能作为乘车凭证。

站段 编制人员××　　（印）

站段 签收人员××　　（印）

××××年×月×日编制

附图18　移交旅客遗失物品的客运记录

2. 电报

（1）电报简介

电报是处理铁路运输生产紧急公务通信联络的专用工具。编制时，应注意以下要点：

1）凡是口头、书面、电话能联系解决的问题，不准拍发电报。

2）拍发电报要写明主送、抄送单位。其中，主送是指收电报的直接负责单位，也就是这个事主要由哪个单位办（无论单位大小，主要受理单位排列最前位）；抄送是指知晓、协助办理、督促、备案、仲裁的单位（一般先上级后下级依次排列，本段排列最后），也就是这个事还需要哪个单位知道，它起到备案、汇报的作用，抄送的单位不宜过多，可以不抄送的应免去。

3）拍发电报应盖章、签字留存。

4）电报反映情况要真实。

列车只能在乘务中发电报，同一区段内不得重复拍发同一内容的电报。

（2）电报模板

1）旅客突发疾病电报见附图19。

铁路局						
铁　路				电　报		第 15 号
发报所 fbi	电话号码 xo	组数 zs	等级 dj	日期 rq	时分 sf	附注 fz
主送：××站（移交站）						
抄送：××铁路局客运外、客调、××车务段（处理站所在），××客运段						
电文：××××年×月×日，××站开××次列车，列车运行到××站至××站间，××车厢×旅客身患××疾病，现病情危急，需下车进行抢救（治疗），请贵站接报后联系医疗单位，派救护车进站接车，我车×时×分到达贵站。列车编制×号客运记录，交××站按章处理。特此电告。						
××次列车长于××站						
××××年×月×日						

附图 19　旅客突发疾病电报

2）孕妇旅客分娩电报见附图 20。

铁路局						
铁　路				电　报		第 15 号
发报所 fbi	电话号码 xo	组数 zs	等级 dj	日期 rq	时分 sf	附注 fz
主送：××站（处理站）						
抄送：××铁路局客运处、客调、××车务段（处理站所在）××客运段						
电文：××××年×月×日，××次列车，××站开车后，×时×分，列车运行到××线、××区间，××车××席位一名孕妇旅客在列车上分娩时发生难产（或××意外情况），病情十分危急，列车上进行了××方法的急救后，编制×客运记录，已移交××站按章处理。孕妇旅客××，女，×岁，×族，×××××（工作单位或职业），家住×省×市×区×街×号，持××站至××站有效客票，票号××××××，身份证号码×××××。特此电告。						
××次列车长						
××××年×月×日						

附图 20　孕妇旅客分娩电报

3）旅客列车发生烫、砸、摔、碰等一般旅客伤害电报见附图21。

<table>
<tr><td colspan="7">铁路局
铁 路　　　　　　电 报
第15号</td></tr>
<tr><td>发报所 fbi</td><td>电话号码 xo</td><td>组数 zs</td><td>等级 dj</td><td>日期 rq</td><td>时分 sf</td><td rowspan="2">附注 fz</td></tr>
<tr><td></td><td></td><td></td><td></td><td></td><td></td></tr>
<tr><td colspan="7">主送：××站（移交站）</td></tr>
<tr><td colspan="7">抄送：××铁路局客运外、客调、××车务段（处理站所在），××客运段</td></tr>
<tr><td colspan="7">电文：××××年×月×日，××次列车××站开车后，×时×分，列车运行到××线、××区间，×车××号××旅客，由于×××原因，使该旅客××部位受伤（直观的伤害程度）。××（旅客姓名），男（女），×族，×××（工作单位或职业），家住×省×市×区×街×号，持××站至××站有效客票，票号××××，身份证号××××。列车进行了简单××方法的救治后，编制×号客运记录交××站按章处理。特此电告。</td></tr>
<tr><td colspan="7">××次列车长</td></tr>
<tr><td colspan="7">××××年×月×日</td></tr>
</table>

附图21　旅客列车发生烫、砸、摔、碰等一般旅客伤害电报

4）旅客列车手指夹伤电报见附图22。

<table>
<tr><td colspan="7">铁路局
铁 路　　　　　　电 报
第15号</td></tr>
<tr><td>发报所 fbi</td><td>电话号码 xo</td><td>组数 zs</td><td>等级 dj</td><td>日期 rq</td><td>时分 sf</td><td rowspan="2">附注 fz</td></tr>
<tr><td></td><td></td><td></td><td></td><td></td><td></td></tr>
<tr><td colspan="7">主送：××站</td></tr>
<tr><td colspan="7">抄送：客运处（移交车站和列车所属铁路局客运处），吉林客运段</td></tr>
<tr><td colspan="7">电文：××××年×月×日，××次列车，××站到站前，×号硬座车厢一名旅客持××至××站硬座客运快速联合票，票号×××××××，上厕所关门时不慎将旅客×××（持××站至××站硬座客特快联合票，票号××××××，）的左手中指夹破伤势较重，列车进行简单包扎治疗，编制了××号客运记录将旅客移交××站。特此电告。</td></tr>
<tr><td colspan="7">××次列车长于××站</td></tr>
<tr><td colspan="7">××××年×月×日</td></tr>
</table>

附图22　旅客列车手指夹伤电报

5）死亡旅客速报见附图23。

<table>
<tr><td colspan="7">铁路局
铁　路　　　　电　报
第15号</td></tr>
<tr><td>发报所 fbi</td><td>电话号码 xo</td><td>组数 zs</td><td>等级 dj</td><td>日期 rq</td><td>时分 sf</td><td rowspan="2">附注 fz</td></tr>
<tr><td></td><td></td><td></td><td></td><td></td><td></td></tr>
<tr><td colspan="7">主送：××站</td></tr>
<tr><td colspan="7">抄送：客运处（移交车站和列车所属铁路局客运处），吉林客运段</td></tr>
<tr><td colspan="7">电文：×月×日×时×分旅客×（男或女，×岁，住址，身份证号）在×处昏倒，×时×分×被发现，×时×分××拨打120急救电话，×时×分120急救车到达，经120抢救无效死亡，×时×分××铁路公安处法医对尸体进行尸表检验，××车站派出所出具了“排除外伤性死亡”的死亡证明，×时×分尸体拉至××市殡仪馆（跑马山）存放。死者持×月×日×次×站至×站车票一张，票号×××××××。有同行人名×，××（男或女，×岁）自称是死者的××。持×月×日×次×站至×站车票×张，票号×××××××。车站收集了××、××旁证×份。</td></tr>
<tr><td colspan="7"></td></tr>
<tr><td colspan="7">××站</td></tr>
<tr><td colspan="7">××××年×月×日</td></tr>
</table>

附图23　死亡旅客速报

3. 其他台账

1）旅客人身伤害信息上报表见附表1。

附表1　旅客人身伤害信息上报表

<table>
<tr><td colspan="2">发生时间：</td><td>发生地点：</td></tr>
<tr><td colspan="2">旅客姓名：</td><td>身份证号：</td></tr>
<tr><td colspan="2">性别：</td><td>年龄：</td></tr>
<tr><td colspan="2">联系电话：</td><td>住址：</td></tr>
<tr><td colspan="2">随行人姓名：</td><td>与旅客关系：</td></tr>
<tr><td>性别：</td><td>年龄：</td><td>联系电话：</td></tr>
<tr><td colspan="3">车票信息（附车票复印件）：　　乘车日期：
发到站：　　车厢号、席别：
票号：　　车票加减情况：</td></tr>
<tr><td colspan="3">事情简要经过：

处理情况：

客运值班员：</td></tr>
</table>

2）旅客第三人伤害调解书见附图24。

旅客第三人伤害调解书

调解人：×××　职务：　列车长　担当车次：×××次

调解人：×××　职务：　乘警长　担当车次：×××次

当事人：×××　性别：　男　身份证号码：×××××××××××××××××

持票种类：客快卧　乘车区间：××至××　票号：×××××××××

受伤人：×××　性别：　女　身份证号码：××××××××××××××××××××

持票种类：客快卧　乘车区间：××至××　票号：×××××××××

一、事故原因：

×次列车运行×至×间，旅客×在行李架取行李时，因行李脱落，砸伤坐在边上的旅客×头部。

二、经调解，双方自愿达成如下协议：

×自愿赔偿×人民币贰佰元整，双方互不追究，后果自负。

三、本协议自双方签字之时起生效，并当即履行。再发生任何问题自行承担。

当事人：××

受伤人：××

调解人：××

四、本调解书一式三份，调解人、双方当事人各一份。

××××年××月××日

附图24　旅客第三人伤害调解书